多彩光谱
多元表现
——幼儿园韵律活动的实践研究

颜瑶卿 著

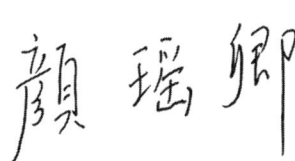

华夏出版社
HUAXIA PUBLISHING HOUSE

序

颜瑶卿老师是一位懂音乐、懂儿童，且非常具有教育敏感意识的教师。初遇她时，正是 2006 年。那一年，她将民族民间舞蹈《俏夕阳》设计成创造性韵律活动"快乐皮影人"，并作为浙江省唯一代表参加了第五届全国音乐研讨会。第二次见到她，是在 2010 年，她从心理学角度设计了原创活动"敲敲乐"，成为层级化教学的经典案例。而后，她在教育局的支持下，来到了南师大访学，我成了她的导师。在访学的一年里，她执着坚持且勤奋努力，无论何时，总能见到她为音乐着迷，为教育沉浸的状态。也正因为如此，2012 年她为经典名曲《化石》赋予有趣的故事、动作及富有创意的图谱，创编出让孩子们轻松驾驭的"长音乐"《魔仙的指法》。2014 年，她设计了"真假美猴王"，向孩子们传递了做"有勇气、有担当、有胸怀的人"的教育理念。2015 年，她从绘本切入设计了微戏剧活动"彩虹鱼找朋友"。2016 年，她从生命力视角出发设计了"老鼠和猫"。

这些原创活动在全国幼儿园音乐教育研讨会上陆续展示，教案连续四届获全国优秀研究成果一等奖，实录光盘面向全国发行。她坚持"创造性韵律活动"实践研究，全国公开教学 80 余次。她撰写的 30 多篇文章发表于《幼儿教育》《早期教育》《学前教育》等核心期刊杂志上，其中 4 篇论文获国家级一等奖。她还参与了多个教材的编写，并拍摄录制了教材配套微课视频近 50 个。

可以说，在韵律活动的道路上，她一直前行，从未停下研究的脚步。如今，她的《多彩光谱　多元表现——幼儿园韵律活动的实践研究》一书出版了，我甚感欣慰。细细看来，这本书既有一定理论高度，又有大量优质的幼儿园韵律活动实例。书中提供的论文系颜瑶卿老师原创，已发表在核心期刊上，并获得认可。书中提供的教案部分为颜老师原创，部分引用、改编自他人的教案。所引用的教案，颜老师尽力标注出原作者。这些论文和教案可以为幼儿教育工作者开展教研活动提供一定的借鉴与启示。

何为多元智能、何为多彩光谱、何为多彩光谱理念下的韵律活动，在本书的第一章做了详细且详尽的说明。

1983年，美国哈佛大学加德纳教授的《智能的结构》一书出版。时至今日，在三十四年的时间里，多元智能理论受到了教育界的广泛关注。"音乐智能"是多元智能理论中的一种智能类型，包括个体对音乐的表现力、创作能力和欣赏能力。其核心能力是对音调、节奏、旋律和音色敏锐地感知、辨别和表达的能力。

"多彩光谱项目"是加德纳与哈佛大学费尔德曼、玛拉克瑞谢夫斯基、珍妮特斯托克等人的零点项目组合作创建的一套确定学龄前儿童或者小学低年级学生智能轮廓的测试方法。它认为人的智力、潜能是多样的，并将其比作光谱上的各种色调。多彩光谱项目按多元智能理论把智能分为八个领域，根据八个领域的不同特点设计了不同的学习和评价活动。在音乐领域中，多彩光谱项目认为，音乐感知、音乐演奏与演唱、音乐创作是决定成功的"关键能力"。注重幼儿在音乐方面的个别差异，需要了解幼儿的智能强项并搭建桥梁，主张个别学习、小组学习、集体学习等。这样的多元视角，利于幼儿的个性化成长。

幼儿园教育作为基础教育的最基础部分，随着《幼儿园教育指导纲要》和《3-6岁儿童学习与发展指南》的实施，更关注教育的整体性、融合性、差异性、创造性。《多彩光谱　多元表现——幼儿园韵律活动的实践研究》一书，正是基于加德纳多元智能理论，在幼儿园韵律活动中开展的实践研究。本研究强调培养幼儿的创造意识，挖掘和发挥每个幼儿自身的特点和优势，追求幼儿全面化、多元化、差异化发展，旨在培养智慧、审美、生命多彩绽放的儿童。

- **让每一位儿童的智慧多彩绽放**

多彩光谱方案的理论前提认为，幼儿的智力有很多种，每一位儿童展现的能力各具特色，如同多彩光谱。基于这样一种基本理念，教师在实践过程中扮演的是观察者、支持者、合作者的角色。

• 让每一位儿童的审美多彩创造

多彩光谱理念下的幼儿园韵律活动,更强调音乐的审美性与幼儿的自主性,通过幼儿自主的体验与感受活动来实现多样化的表达与创造,强调音乐智能与其他智能的巧妙结合,强调教育目标的全面性以及组织方式的多样化。

• 让每一位儿童的生命多彩律动

音乐虽无形,却连结情感,源于生命,多彩光谱理念下的幼儿园韵律活动以尊重幼儿的个性化发展为前提,注重幼儿自主用身体来感受与表现音乐的多彩内容,在合乐的律动下探索音乐的节拍与段落。

本书在多元智能理论的基础上,建构出一套基于多彩光谱理念的幼儿园韵律活动体系,包括内容体系和策略体系,从理论和实务两方面来说明这一体系的建立过程。

一方面,甄选了满足幼儿兴趣需要的多样化主题和音乐素材内容。

本书第二章,作者梳理了生活、动物、花朵、职业、幼小衔接等九个主题类别,辅以不同的教学设计加以说明。这些主题在选择的过程中遵循三个原则:生活化原则、兴趣性原则、适宜性原则。因为儿童的学习以无意学习为主,贴近幼儿生活的、基于幼儿兴趣的、满足幼儿需要的,都可作为多彩光谱理念下的幼儿园韵律活动的内容素材。这些内容素材除了具备传统教案的基本元素之外,对设计意图部分做了重点说明,从音乐结构、性质等方面做了深入的分析,有一定的高度。

本书第三章,作者根据幼儿的审美偏好以及心理发展特点,对音乐素材的选择、剪辑处理等做了说明,这些音乐包括儿童音乐、流行音乐、经典名曲、民间音乐等。除了一一对应相应音乐素材的教学设计之外,最大的亮点在于本书中呈现了经过作者精心研究的多样化的设计方法。针对同一乐曲,从不同活动情境、不同活动类型、不同年龄层次、不同活动层次的角度,辅以优秀的教学设计以及专家的点评。

另一方面,梳理了多领域融合的教学活动设计、多样化儿童学习方法以及多样化教学策略。

本书第四章,作者将不同领域的知识与精神渗透在韵律活动中。在教学实践中更难能可贵地关注了幼儿人格素养的培养,所呈现的教学设计更符合多彩光谱理念,重视幼儿多元智能的发展。其中包括融入健康领域的"老鼠和猫"、融入语言领域知识的的"母鸡和狐狸"、融入科学领域知识的"小特工解密"、融入社会发展领域的"小猴找朋友"、融入多领域知识的"彩虹鱼找朋友"等。

本书第五章,作者从儿童的学习特点以及教师的教学策略两个维度,着重分析了多样化的儿童学习方法和教学策略。作者指出,儿童的学习方法是多样的,主要是观察模仿学习、探究创造学习、问题解决学习、合作分享学习以及反思评价学习;教师在韵律活动的教学过程中,可采取情境贯穿、角色扮演、戏剧冲突、游戏互动、层级递进等策略。这些策略,作者以不同的教学案例加以说明,将理论运用到具体实践中,便于读者更深入地理解这些方法。

目录

序 ··· 001

第一章 多彩光谱理念下幼儿园韵律活动的研究背景及理念 ········ 001
第一节 研究背景 ··· 001
第二节 理论基础与理念 ·· 015

第二章 多样化的主题及教学设计 ·· 021
第一节 日常生活主题 ·· 023
第二节 可爱的动物主题 ·· 035
第三节 美丽的花儿主题 ·· 044
第四节 好吃的食物主题 ·· 053
第五节 有趣的职业主题 ·· 061
第六节 神奇探秘主题 ·· 069
第七节 虚拟人物主题 ·· 079
第八节 快乐运动主题 ·· 088
第九节 幼小衔接主题 ·· 095

第三章 幼儿园韵律活动的音乐素材及多样化设计 ························· 099
第一节 多样化的音乐素材 ·· 099
第二节 音乐素材的多样化设计方法 ·· 135

第四章 渗透其他领域知识的韵律活动设计 —— 174

第一节 融入健康教育的韵律活动设计 —— 174
第二节 融入语言领域知识的韵律活动设计 —— 184
第三节 融入社会发展领域的韵律活动设计 —— 189
第四节 融入科学领域知识的韵律活动设计 —— 194
第五节 融入多领域知识的韵律活动设计 —— 203

第五章 多样化儿童学习方法及教学策略的分析 —— 210

第一节 多样化的儿童学习方法 —— 210
第二节 多样化的教学策略 —— 218

第六章 研究成果 —— 230

大班幼儿创造性韵律活动的实践研究 —— 234
轻松驾驭"长音乐"——以大班音乐活动"化石"为例 —— 244
幼儿园开展韵律活动的多样化评价策略 —— 251
浅析韵律活动中幼儿自我效能感提升策略
　　——以大班韵律活动"敲敲乐"为例 —— 257
渗透社会性的音乐活动的设计与实施——以"彩虹鱼找朋友"为例 —— 264
推进微型戏剧游戏设计与实施的有效教研 —— 273
从模仿走向原创——幼儿园原创韵律活动的实践研究 —— 286

后记：追求一个更好的自己 —— 295

第一章　多彩光谱理念下幼儿园韵律活动的研究背景及理念

第一节　研究背景

一、研究缘起

陈鹤琴先生认为"音乐的真正价值，在于我们和音乐接触，可由节奏的美，使肉体和精神引起共鸣共感，而表现节度的行动；由和声的美，使人感到调和统一，而养成调和性；再由旋律的美，使人感到永久的统一，而养成统一性"。音乐具有教育功能、促进个体情感协调发展的功能，还具有一定的社会和审美价值，因而从小培养幼儿的音乐素养是必要的。我国幼儿园音乐教育自20世纪以来，经历了曲折的发展。在2010年颁布的《幼儿园教育指导纲要（试行）》中，阐述了对幼儿园音乐教育理念的新认识，它更强调以幼儿为本，强调儿童的主动性，强调幼儿音乐教育对儿童自身的影响作用，以审美为核心，以情动人，以乐施教。[①] 幼儿园音乐教育活动内容多样，形式丰富，主要包含：歌唱活动、韵律活动、音乐欣赏活动、打击乐器演奏活动。而幼儿的律动活动是运用自然的身体动作来感受和表现音乐的艺术活动。幼儿园音乐教育活动中的韵律活动对幼儿发展的各个方面有一定的积极作用，但在具体的实践中，仍存在一定的问题。

---

① 《幼儿园教育指导纲要（试行）》解读. 2版. 江苏教育出版社，2002-09

（一）幼儿园音乐教育活动的价值所在

幼儿园音乐教育活动，是通过音乐与身体结合的节奏运动，促进幼儿音乐能力的发展，培养幼儿的音乐感受力和表现力，促进幼儿身体、语言、认知、情感、意志、社会性等多方面的发展。幼儿园音乐教育所包含的五种活动类型相互联系又相对独立，其中韵律活动不仅可以满足幼儿在身体活动上的要求，而且可以发展幼儿凭借自己的身体动作来感受和表现音乐的能力；不仅可以满足幼儿探究音乐的需求，而且可以满足幼儿创造性表现的需求。可以说韵律活动对发展幼儿表现与创造能力有着极大的促进作用，既能满足儿童对音乐参与、探究的需要，获得表现和交流的快乐体验，更能促进幼儿身体运动能力和协调性的发展，并提高幼儿的音乐感受力、表现力和创造力。①

（二）韵律活动在幼儿园音乐教育中所存在的问题

笔者在多年的实践中发现，幼儿园日常韵律活动的实施一度陷入了"教师用力过度、幼儿被动参与、双方快乐不再"的局面。通过实践总结与文献梳理，归纳出幼儿园韵律活动在活动目标、内容选择、活动实施与活动评价等方面存在的问题。

1. 目标单一，忽视整合

适宜的活动目标是实现有效韵律活动的基础。韵律活动的目标容易出现两个问题：

首先，目标较为单一。目前教师在制订韵律活动的目标时过于强调知识技能方面的培养，而忽视幼儿内在的音乐感受与情绪体验。全面的韵律活动目标应包含知识、能力和情感三个方面：获得相关音乐知识，如对乐曲风格、结构等音乐元素的认识；获得相关音乐技能，如合拍做动作等；发展积极的个性、情感、社会性品质。

---

① 赵延平.幼儿园韵律活动中幼儿非参与行为的研究——以长沙市 A 幼儿园为例［D］.湖南师范大学,2015.

其次，忽视目标的整合。幼儿的学习是综合的、整体的，制订韵律活动目标时，需要考虑它可以实现哪些与音乐相关的其他领域的目标，同时也需要考虑哪些韵律活动的目标可以在其他领域的教育中得以实现，使韵律活动目标成为以促进儿童的音乐发展为主线，同时促进儿童其他方面的发展的整体目标体系。只有树立了整合的音乐教育目标意识，才能实现音乐教育内容和方式的整合。当前韵律活动目标大多仅局限于音乐方面，缺少与其他发展领域的整合，韵律活动可以作为促进幼儿语言、健康、社会、科学全方位发展的媒介。

2. 内容既定，缺失生成

幼儿园韵律活动的内容选择过于依赖既定的教材，缺乏根据幼儿生活、兴趣生成的音乐活动内容。幼儿园韵律活动的内容选择既要适合幼儿的现有音乐能力水平，又要具有一定的挑战性；既要符合幼儿的现实需要，又要有利于其长远发展；既要贴近幼儿的生活与兴趣，又要有助于拓展幼儿的经验和视野。然而目前幼儿园韵律活动存在内容选择既定，缺失生成的问题，一线老师大都从教材中选择内容，较少根据幼儿的生活与兴趣生成内容，也缺乏具有时代性、民族性的音乐活动内容。幼儿园韵律活动应当借鉴多彩光谱课程理念，应更多地从幼儿生活与兴趣中生成综合性、趣味性、活动性、民族性的内容。

3. 活动固化，缺乏灵活性

首先，活动过程固化，音乐教育模式程序化。教学活动由开始部分、基础部分和结束部分组成，强调结构的完整性。开始一两分钟是入室、复习；基本部分是学习新的歌曲或舞蹈动作，占用大部分时间，最后是巩固。这样的方式过于死板，不符合幼儿高情境性的学习特征。其次，活动形式固化，过于强调机械动作练习，目前幼儿园教师过分注重幼儿动作技能的学习，以机械化反复练习的形式进行教学。最后，活动程序固化，韵律活动局限于集体教学活动。韵律活动可以融于生活活动之中，将韵律活动渗透到儿童日常晨间活动、间隙活动、过渡活动之中；韵律活动还可以融于游戏活动之中，在韵律活动中，教师常不能很好地运用生活、故事、游戏等情境与幼儿的生活经验相连接，教师所采用的教学方法多脱离幼儿的生活实际而呈形式化，儿童难以在韵律活动中真正受益。幼儿园韵律活动应借鉴多彩光谱理念，破除活动过程、形式的固化，提高韵律活动组织的灵活性。

4. 评价片面，不够多元

韵律活动迎合了孩子们好动、好模仿、好奇、好游戏的心性，深受儿童喜欢。然而，如果教师过分注重幼儿动作技能的学习，以机械化、重复、无目的练习的形式进行教学，就会让韵律活动原本具有的发展儿童多方面潜能的作用大打折扣，适得其反，挫伤幼儿学习的兴趣和动机。现行的韵律活动中教师由于过于关注动作技能的掌握结果，往往以单一的"像"或"不像"来评价幼儿的表现，重视幼儿的模仿性学习而忽视幼儿的创造性学习以及情感体验，这种片面的评价会扼杀幼儿的想象和创造的萌芽。一线教师迫切需要转变片面的评价方式，尝试多彩光谱理念下的多元化评价。

多彩光谱理念下的幼儿园韵律活动，强调音乐智能与其他智能的巧妙结合，强调教育目标的整合性、内容的生成性、实施过程的灵动性、评价方式的多元化。本研究旨在探索幼儿园开展韵律活动的多样化主题；多样化的音乐素材及多样化的设计方法；探求多样化的儿童学习方法、教学策略、评价内容、评价阶段、评价方式、评价主体等，帮助一线教师走出"教师用力过度"的困境，让师生双方共同享受韵律活动带来的多样化感受、多样化体验及多样化快乐，促进幼儿多元发展。

二、国内外同类相关课题研究综述

本研究立足多彩光谱课程理念，以幼儿园韵律活动为切入口，旨在借鉴多彩光谱课程先进的教育理念，促进幼儿园韵律活动深远发展。因此，文献的梳理回顾部分主要从幼儿园音乐教育、幼儿园韵律活动、多元智能理论与多彩光谱方案三大方面进行，以期全面了解相关领域的研究现状，并为下一步研究工作提供依据。

(一) 幼儿园音乐教育

音乐是世界的语言。[①] 音乐通过声音直抵人的内心，是听觉的艺术、表演的艺术，更是情感的艺术。音乐是人类生活中重要的一部分，无论是祭祀、庆典仪式还是日常闲暇时光，我们都需要音乐。对音乐的需要和喜爱是不分年龄段的，人从胎儿时期起就开始对音乐有了反应。《幼儿园教育指导纲要(试行)》中指出：音乐教育对幼儿全面综合素质发展起到相当重要的作用，也是艺术教育领域的重要组成部分。[②] 幼儿园音乐教育一般包含歌唱活动、律动活动、音乐欣赏活动、音乐游戏活动和节奏活动等，随着对音乐教育探索的不断深入，其内容和形式也在不断丰富。笔者以"幼儿园音乐教育"为主题，在中国知网进行文献检索，共发现文献127篇，所探讨的主要内容可概括为音乐教育的价值、音乐教育活动的组织、音乐教育中存在的问题等。

1. 幼儿园音乐教育的价值

(1) 音乐教育促进幼儿音乐能力的提升

所谓音乐能力，是指幼儿感受、表现以及创造音乐的能力，对于3-6岁的幼儿，音乐能力更侧重于对音乐的感受力和表现力。具体来说，是指幼儿从事演唱、演奏、欣赏、创作等音乐实践活动的本领。张春联、陈宝久等均认为，幼儿园音乐教育可以通过节奏感、听觉能力、发声器官等方面的练习来提高幼儿对音乐的感受力和表现力。[③][④] 陈晖认为，音乐教育可以发展幼儿的感知觉，音乐活动中幼儿的参与、探索、表演、动手实践使幼儿有机会独创、试验他们的艺术想象，[⑤] 这是幼儿音乐能力的重要方面。

[①] 郭亦勤. 学前儿童艺术教育活动指导[M]. 复旦大学出版社. 2009:80.
[②] 赵梦琳. 2010年至2014年关于幼儿园音乐课程研究文献综述[J]. 亚太教育. 2015.4.
[③] 张春联. 关于音乐教育促进幼儿发展的思考[J]. 大舞台. 2010.12.
[④] 陈宝久. 浅谈幼儿音乐教育的意义[J]. 大众文艺. 2011.8.
[⑤] 陈晖. 浅谈音乐教育在幼儿成长中的作用[J]. 丝绸之路. 2009.12.

(2) 音乐教育促进幼儿全面发展

幼儿园音乐教育是进行幼儿美育的重要手段,但其对幼儿发展的影响却是多方面的。陈晖认为,音乐教育有助于幼儿情感、协作意识、规则意识的发展,有助于培养幼儿自由表达与创造快乐的能力。[1] 郭亦勤在他的著作中指出,学前儿童音乐教育有利于开发儿童右脑,增进大脑功能,即对幼儿智力发育具有极大贡献。同时,音乐教育促进儿童听觉、语言、注意力、观察力、记忆能力、情感、个性、社会性、身体健康等各方面的发展,使儿童的身心得以健康全面地成长。周革新、宋二华等人认为,音乐教育提高了幼儿的自控能力、注意力、记忆力,培养了幼儿良好的品德和爱的情感,发展了幼儿的语言表达能力和形象思维能力,有助于幼儿良好个性的形成与发展。[2] 赵华英认为,幼儿园音乐教育促进幼儿情感、审美、智力、想象与创造以及社会交往能力的发展。[3] 可见,幼儿园音乐教育对幼儿的影响是全面的、综合的、整体的。

2. 幼儿园音乐教育活动的组织与实施

对于幼儿园音乐教育活动的组织与实施也是当前研究内容的重点之一。这里可以从组织策略和实施方式两方面进行文献的查找及整理。

关于幼儿园音乐活动实施方式的研究,是与音乐教学法相联系的。当前世界普及度较高的传统音乐教学法,主要有达尔克罗兹教学法、蒙台梭利教学法、奥尔夫教学法、普通学校音乐教学法、柯达依教学法以及铃木教学法,每种教学法都包括独特的音乐教育组织与实施模式,特别是奥尔夫、达尔克罗兹、柯达依及铃木教学法等在国内广泛传播。但与国内的音乐教学活动内容相对应的音乐教育模式并不多,国内最权威的是许卓娅的研究,很多幼儿园也在进行音乐教育模式园本化的探索。许卓娅对活动模式的研究最全面、最典型,此处只罗列许卓娅[4] 的部分研究成果,主要有:以歌唱为主要内容的活动模式,包括示范——模仿——练习、先熟悉后加工、先分解后累加、

---

[1] 陈晖. 浅谈音乐教育在幼儿成长中的作用[J]. 丝绸之路. 2009. 12.
[2] 周革新,宋二华. 幼儿音乐教育的价值与策略[J]. 学前教育研究. 2012. 3.
[3] 赵华英. 幼儿音乐教育与幼儿发展[J]. 文教资料. 2006. 30.
[4] 许卓娅. 学前儿童音乐教育[M]. 北京:人民教育出版社,1996:219-228.

边创造边熟悉等活动模式；以韵律活动为主要内容的活动模式，包括示范—模仿—练习、引导—探索—创编、模仿—创造性发展等活动模式；以打击乐器演奏为主要内容的活动模式，包括从总体布局入手、从主要声部入手等活动模式；以音乐欣赏为主要内容的活动模式，包括倾听欣赏模式、与韵律活动相结合的模式、与美术活动相结合的模式、与文学活动相结合的模式、与游戏和奏乐活动相结合的模式。幼儿园音乐教育活动内容的多元化决定了我们不能对所有形式的音乐活动采取一样的组织和实施方式，比如在韵律活动中，身体动作的练习是必要的一环，在打击乐中，认识乐器是前提。但是，无论是哪种形式的音乐活动，基本遵循着这样的规律：首先，选择适合幼儿的音乐素材，其遵循的基本原则是节奏明快、旋律优美、歌词富有童趣；其次是建构起幼儿与音乐相关的生活经验；再次，通过故事、游戏或者是设置悬念激发幼儿的音乐兴趣，展开音乐教学活动。在这个过程中，注重将音乐还原到幼儿的生活中去，注重幼儿的主体体验，避免技能训练；最后，创造性表现。并非所有的音乐活动都需要创造性表现，要根据音乐活动的内容以及幼儿对音乐的掌握情况而定。[1][2][3]

对于音乐游戏而言，韦晓芳指出了如下组织策略：第一，营造轻松自然的游戏环境，让幼儿感受音乐、理解音乐；第二，恰当地使用多样化的游戏形式，让幼儿更好地理解音乐；以动作为"调料"，让幼儿更好地表现音乐。[4] 李奕认为，体验是幼儿活动的内在方式，幼儿只有通过亲身的实践，才能真正理解教育内容的内涵，才能在参与活动的过程中获得体验快乐。因此笔者在幼儿园音乐唱歌中，尽量挖掘幼儿生活中的细节，为幼儿提供感兴趣的"体验场"，让幼儿主动学习，在体验中感受音乐，在音乐中感受生活。[5] 游戏化也是当前幼儿园音乐教育实施的重要理念之一。许卓娅从教学的目标与价值追求、教师的提问与反馈技巧、故事创编及讲述技巧、图谱设计及使用技巧、"配合表演"结构类型的设计技巧、提示设计及表达技巧、空间实践设计与调控

---

[1] 刘建文. 幼儿园音乐教育活动方向与策略［J］. 学周刊. 2016. 27.
[2] 高菲,李孟贤. 幼儿园音乐教学策略及其有效运用［J］. 教育导刊. 2009. 12.
[3] 赵亚南. 幼儿音乐教学的策略［J］. 吉林教育. 2017. 11.
[4] 韦晓芳. 幼儿园音乐游戏活动研究［J］. 教育教学论坛,2017(1):273-274.
[5] 李唯婕. 幼儿园音乐教育活动游戏化探究［J］. 教育观察. 2016. 4.

技巧等七大方面论述了游戏化音乐教学活动的实施要领。[①]王秀萍从音乐作品的选择与再设计、集体音乐教育活动的组织与实施、音乐教育在一日生活中的组织与实施三个方面论述了幼儿园音乐教育的组织策略和方法。如，在一日生活中的音乐教育的组织中，应当注重一日生活各个环节与音乐教育之间的相互渗透和整合；在一日生活中要创设丰富的音乐环境；在一日生活中要创设宽松的心理环境，尊重幼儿自发的、有个性的音乐表现和创造；充分调动各方资源，支持幼儿的音乐发展。同时，她将幼儿园音乐教师的实施内容分为歌唱活动、欣赏活动、打击乐活动、集体舞活动、音乐游戏活动以及一日生活中的音乐教育。[②]

3. 幼儿园音乐教育活动的评价

关于幼儿园音乐教育活动的评价研究相对较少，目前的研究主要集中在评价的主体、评价的目的、评价的内容以及评价的存效性等方面。认为，音乐教育活动的评价内容主要有活动基础、活动目标、活动内容、材料和环境、活动过程、活动效果；音乐教育活动从教育目标、现实条件、施行操作几方面考虑制定评价标准；游戏化教学活动的反思与评价包括教师的过程性评价指向、需要注意的方法问题，幼儿反思评价的内容包括评价的提问都属于学习的知识技能、常规的教学设计和特殊的教学设计。[③④]黄瑾认为学前儿童音乐教育的评价工作可以从儿童音乐能力发展的评价、学前儿童音乐教育活动的评价、幼儿园音乐教育工作的整体评价三个方面进行。[⑤]李晋瑗认为，评价的内容包括教师的工作和幼儿的表现。[⑥]王秀萍认为幼儿园音乐活动的评价主要包含幼儿园音乐评价的内容与标准以及评价的方法，主要指幼儿音乐感知与表现能力的评价体系以及五类音乐教育活动中幼儿发展的评价内容与标准、教师与幼儿行为评价内容与标准。评价方法有观察法、测试法及等级

---

① 许卓娅. 幼儿园音乐教学游戏化设计［M］. 江苏教育出版社，2014.
② 王秀萍. 幼儿园音乐领域教育精要：关键经验与活动指导［M］. 教育科学出版社，2015.
③ 许卓娅 学前儿童音乐教育［M］. 人民教育出版社，1996:219-228.
④ 许卓娅. 幼儿园音乐教学游戏化设计［M］. 江苏教育出版社，2014.
⑤ 黄瑾. 学前儿童音乐教育［M］. 上海：华东大学出版社，2011（5）：267-269.
⑥ 李晋瑗. 幼儿音乐教育［M］. 北京师范大学出版社. 1998:174-176.

评定量表法。①

可以看出，大家对幼儿园音乐教学评价的内容看法基本一致，基本上从音乐活动的目标、内容、方法等方面进行评价。

（二）幼儿园韵律活动

韵律活动是幼儿园音乐教育的重要组成部分。在《3-6岁幼儿学习与发展指南》中，艺术领域分"感受与欣赏"、"表现与创造"两个子领域设置目标。关于韵律活动的目标体现在"表现与创造"中，如，喜欢参加歌唱、律动、舞蹈、表演等活动；能跟随熟悉的音乐做身体动作；能用拍手、踏脚等身体动作或可敲击的物品敲打节拍和基本节奏；能用律动或简单的舞蹈动作表现自己的情绪或自然界的情景。另外，在"感受与欣赏"子领域，以及每个目标下的教育建议中，也提到了艺术欣赏时常用表情、动作语言等方式表达自己的理解，用自己的方式表达对音色、强弱、快慢的感受等涉及律动的表述。

笔者以韵律活动为主题在中国知网进行文献检索，共发现文献85篇，以"幼儿"、"韵律活动"为关键词，得到51条结果。所探讨的主要内容可概括为韵律活动的概念以及涉及的关键概念和能力、韵律活动的价值以及存在的问题等方面。

1. 概念

许卓娅认为，韵律活动（律动）是伴随音乐进行并与音乐相协调的身体动作表现活动。② 李健认为幼儿韵律体操是在音乐伴奏下的体操活动之一，在教学中将健康、艺术、社会等领域课程整合，创造性地将律动、音乐、动作、儿歌结合起来，根据幼儿身心发展特点，构建完整的教学内容体系。③ 吴巍莹认为，韵律活动是一种在音乐的伴奏下，运用一个或一组自然的身体动作来反映其音乐感受的写实性表现活动。④

---

① 王秀萍.幼儿园音乐领域教育精要:关键经验与活动指导[M].教育科学出版社,2015.
② 许卓娅.幼儿园音乐教育[M].人民教育出版社,2004.
③ 李健.韵律体操促进幼儿多元智能发展的研究[C]//2010多元智能国际研讨会.2010.
④ 吴巍莹.幼儿园"韵律活动"概念的历史发展与精确化[J].学前教育研究,2011(2):8-11.

综上可以发现,不同研究者都提出韵律活动中涉及两个要素:动作和音乐。教师组织一节高质量的韵律教学活动,需要具备对音乐形式特征的理解和分析能力,并且具备对幼儿动作发展水平的基本理解。对幼儿动作发展水平有深入了解,才能对幼儿在韵律活动中的反应、表现进行合理评价,并为幼儿动作发展及随乐性提供支架,引发幼儿进行创造性的身体表现。

2. 关键经验和能力

许卓娅提出,律动活动能力的评价维度可分为动作、随乐能力、合作协调、创造性表现四个方面。[①]吴巍莹认为,音乐与动作构成了韵律活动的基本构成要素。在韵律活动中,音乐始终占据着主导地位,音乐的主题、形象、情感、旋律、节奏、音强、音弱、音高决定着动作的外在形态。[②]

音乐的关键经验包括音乐的形式特征(节奏、旋律、结构、风格)、情绪意象(速度、力度)、内容意象,而情绪意象、内容意象都建立在音乐的形式特征上。我们将幼儿园韵律活动中的关键概念进行如下梳理:[③]

	形式特征、内容意象、情绪意象
协调的身体表现	运用协调的身体动作表现各种类型音乐的形式特征、内容意象和情绪意象
创造性的表现	运用有创意的身体动作表现各种类型音乐的形式特征、内容意象和情绪意象
与物体一起表现	与物体一起表现各种类型音乐的形式要素、内容要素、情绪意象
与他人一起表现	与别人一起表现各种音乐的形式特征、内容意象和情绪意象。

葛晓穗认为,可以从动作的丰富性、动作的结构、动作的意义、动作与语义的互译、动作的随乐性、动作与他人的协调性、动作与物体的协调

---

① 许卓娅. 幼儿园音乐教育 [M]. 人民教育出版社,2004.
② 吴巍莹. 幼儿园"韵律活动"概念的历史发展与精确化 [J]. 学前教育研究,2011(2):8-11.
③ 吴巍莹. 幼儿园韵律活动的教学任务分析研究 [D]. 南京:南京师范大学,2012.

性七个方面确定韵律活动的关键概念。①

除了从音乐及教育学角度讨论韵律活动的经验和能力，有学者从动作发展视角也提出了韵律活动的重要性。姜桂萍、纪仲秋等对60名幼儿进行对照试验发现，动作发展视角的韵律性身体活动在提高幼儿平衡能力方面优于一般性的韵律性身体活动。该研究设计的韵律性身体活动，注重采用不同形式和难度的平衡动作练习，将幼儿应掌握的基本动作技能融入其中，有效提高幼儿的平衡能力和动作发展。②

3. 存在的问题

在实际组织活动过程中，有研究发现，存在教师对不同年龄段的幼儿动作发展特点了解不明确的问题。吴升扣、熊艳等对北京市270所公立幼儿园进行问卷调查发现，多数教师在设计实践中并不清楚不同年龄幼儿具体的动作发展特点，很难从幼儿动作发展的视角出发，依据幼儿动作发展特征与规律设计韵律性身体活动。③

（三）多元智能理论与多彩光谱方案

1. 多元智能理论

多元智能理论由美国哈佛大学教育研究院的心理发展学家霍华德·加德纳（Howard Gardner）在1983年提出。他认为，儿童通过多种形式来学习和表现知识，我们的思维包括各种智力类型，而不仅仅是传统意义上包含在教育背景中的那一部分。④ 在《智力的结构》一书中，加德纳提出了一个新的智力的定义，即"智力是在某种社会或文化环境的价值标准下，个体用以解决自己遇到的真正的难题或生产及创造出有效产品所需要的能力"。根据新的智力定义，加德纳提出了关于智力及其性质和结构的新理论——多

---

① 葛晓穗.幼儿园韵律活动关键概念体系探讨——基于《3-6岁儿童学习与发展指南》中艺术领域的思考[J].内蒙古师范大学学报(教育科学版),2014,27(2):95-97.

② 姜桂萍,纪仲秋,焦喜便,等.动作发展视角的韵律性身体活动对3~6岁幼儿静态平衡能力的影响[J].中国运动医学杂志,2016,35(9):822-831.

③ 吴升扣,熊艳,王会会.动作发展视角下幼儿韵律性身体活动开展与设计的调查研究[J].北京体育大学学报,2017,40(4):89-96.

④ EVAL. ESSA.儿童早期教育导论[M].中国轻工业出版社,2012.

元智能理论。所谓的多元智能框架中相对独立地存在着7种智力,这7种智力分别是:

言语—语言智力(Verbal-Linguistic intelligence):这种智力主要是指听、说、读、写的能力,表现为个人能够顺利而高效地利用语言描述事件,表达思想并与人交流的能力。

音乐—节奏智力(Musical-rhythmic intelligence):这种智力主要是指感受、辨别、记忆、改变和表达音乐的能力,表现为个人对音乐包括节奏、音调、音色和旋律的敏感以及通过作曲、演奏和歌唱等表达音乐的能力。

逻辑—数理智力(Logical-mathematical intelligence):这种智力主要是指运算和推理的能力,表现为对事物间各种关系如类比、对比、因果和逻辑等关系的敏感以及通过数理运算和逻辑推理等进行思维的能力。

视觉—空间智力(Visual-spatial intelligence):这种智力主要是指感受、辨别、记忆、改变物体的空间关系并借此表达思想和情感的能力,表现为对线条、形状、结构、色彩和空间关系的敏感以及通过平面图形和立体造型将它们表现出来的能力。

身体—动觉智力(Bodily-kinesthetic intelligence):这种智力主要是指运用四肢和躯干的能力,表现为能够较好地控制自己的身体、对事件能够做出恰当的身体反应以及善于利用身体语言来表达自己的思想和情感的能力。

自知—自省智力(Intra-personal intelligence):这种智力主要是指认识、洞察和反省自身的能力,表现为能够正确地意识和评价自身的情绪、动机、欲望、个性、意志,并在正确的自我意识和自我评价的基础上形成自尊、自律和自制的能力。

交往—交流智力(Interpersonalintelligence):这种智力主要是指与人相处和交往的能力,表现为觉察、体验他人情绪、情感和意图并据此做出适宜反应的能力。①

在现有研究中,将多元智能理论与幼儿发展的各个方面结合论述的文章数不胜数,可见其对教育领域的影响之大。其中,关于多元智能理论与

---

① 霍力岩.加德纳的多元智力理论及其主要依据探析[J].比较教育研究,2000(3):38-43.

幼儿园音乐教育的文献主要集中于硕士论文中。

王媛媛论述了幼儿园音乐教育与多元智能发展的研究，揭示出音乐智能在人的多元智能中与其他智能培养和开发的多元关系。通过幼儿园音乐教育的教学实验、观察研究，总结出更能使幼儿智能得到全面发展的音乐教育方法和模式，并构建出一种能充分体现多元智能实质的幼儿园音乐教育课程方案—整合式主题活动。①

罗娜进行了多元智能理论在学前儿童音乐教学中的运用研究，初步探索了多元智能理论在学前音乐领域的运用策略和实践案例。②

侯敏进行了多元智能理论视角下的学前音乐教学策略研究。从学前音乐教学与多元智能理论相融合、将多元智能理论运用于教学的实施策略以及该理论视角下的音乐教学评价三方面论述了学前音乐教学中多元智能理论的应用策略。同时提倡利用体验式、合作式、启发探究式的教学方法开展教学，也在歌唱活动、欣赏活动、韵律活动和打击乐演奏活动方面做了教学案例研究。③

2. 光谱方案

"光谱方案"是20世纪80年代美国公立学校改进运动中的一支重要力量，是以哈佛大学加德纳教授（Howard Gardner）的多元智力理论（The Theory of Muliple Intelgences）及塔夫茨大学（Tufts University）费尔德曼教授（David Henry Feldman）的非普遍性理论（The Theory of Nonuniversal Development）为主要理论基础的课程和评估方案。它随着多元智力理论的发展而发展，是在实践中落实多元智力理论价值的结果。在批判传统的"只有一个正确答案"的评估方式的同时，"光谱方案"旨在了解儿童的多种智力表现和多种学习方式，从多方面进行评估，并提倡在了解并评估每一个儿童的智力、风格和倾向性的基础上，有针对性地提供活动材料，支持儿童的个性化学习与发展。④

---

① 王媛媛. 幼儿园音乐教育与幼儿多元智能发展的研究[D]. 华中师范大学,2006.
② 罗娜. 多元智能理论在学前儿童音乐教学中的运用研究[D]. 湖南师范大学,2012.
③ 侯敏. 多元智能理论视角下的学前音乐教学策略研究[D]. 长春师范大学,2016.
④ 霍力岩,孙蔷蔷. 西方经典学前教育课程模式及运用[M]. 北京师范大学出版社,2016.

光谱方案主张发展一种更为人道、宽泛的评估方案,他们认为儿童潜在的或者外显的能力远远超出了传统的智商测试或其他的标准化测试所能够反映的范围,要求发展出一种课程,能够给儿童提供各种活动材料,支持儿童以各种方式开展学习,发现并发展儿童的强项,力争使所有儿童都能够以最佳的方式进步。①

在现有文献中,将光谱方案和学前教育领域相结合的代表性研究主要有:

朱家雄发表了《超越儿童认知发展的普遍性——从"光谱方案"看当今学前教育发展的新动向》一文。具体介绍了光谱方案的理论背景、活动设计、评价体系以及对学前发展新动向的启示。②

于开莲、焦艳对评价功能问题进行了思考,介绍了两种新出现的以发挥评价的积极作用和促进功能为基本出发点的学前教育评价方案,即多彩光谱评价方案和米歇尔的作品取样系统评价方案,并对每种评价方案产生的理论基础、具体内容以及优缺点进行了分析,以揭示它们之间的异同及其对当前我国学前教育评价的启示。③

彭辉论述了多彩光谱项目对学前儿童发展评价的启示,指出应当注重幼儿的个体差异性;关注真实而有意义的评价情境;关注儿童的活动风格;透过关键能力,发现幼儿的强项智能;关注儿童发展的全面性,搭建桥梁促进儿童弱项领域的发展;合理使用多彩光谱文件夹进行动态评估。④

---

① 王春华.光谱方案述评——看实践中的多元智力理论[J].学前教育研究,2001(6):16-19.
② 朱家雄.超越儿童认知发展的普遍性——从"光谱方案"看当今学前教育发展的新动向[J].学前教育研究,2002(5):5-7.
③ 于开莲,焦艳.两种学前教育评价新方案的对比——多彩光谱评价方案与作品取样系统[J].学前教育研究,2009(8):9-12.
④ 彭辉.浅谈多彩光谱项目对学前儿童发展评价的启示[J].基础教育研究,2013(21):60-61.

第二节 理论基础与理念

一、什么是多彩光谱理念下的韵律活动

1. 多彩光谱理论

多彩光谱以加德纳的多元智能理论和美国图佛兹大学的大卫·亨利·费尔德曼的非普遍性发展理论为基础，旨在识别个体智能，一旦其智能概貌呈现出来，就提供扬其所长的有针对性的教育方式，培养学生的自尊及个性，拓展其生活经验，发展其智能的理论。

2. 多彩光谱理念下的韵律活动

多彩光谱理念下的韵律活动是指以加德纳多元智能理论为基础，尊重幼儿个性化发展，以多样化的合拍合乐的肢体动作来感受音乐和表现音乐，促进幼儿多元化发展的活动。

主要特征：

（1）多样性。基于幼儿的学习兴趣和需要，提供不同维度、不同形式、不同方法的教育内容、教育策略、教育评价。

（2）长项性。关注幼儿在能力技巧、个性发展、学习潜能等方面具备的显性或者隐形的优势、特长，激发或培养幼儿的优势潜能，为幼儿提供差异化教育。

（3）整合性。以追求幼儿的全面化、多元化发展为目标，强调教学内容的多元性、跨领域性；强调教学与评价的整合性。

多彩光谱理念下的韵律活动从活动内容的选择、组织实施、评价等都会伴随多样性、长项性以及整合性这三个特征，三个特征在幼儿的各个发展阶段呈螺旋式上升，相互联系并影响。但在每阶段所呈现的特征并不是均等的，而是各有优势的。

二、多彩光谱理念下韵律活动的理论依据

本研究基于多彩光谱课程理念,探索幼儿园韵律活动多元化开展路径。

(一)多元智能理论(霍华德·加德纳)

加德纳把智能定义为"被一个社会认为是有价值的解决问题或生产产品的能力"。该理论认为,人类所有个体在不同程度上都具有这相对独立的7个领域的智能,即语言、音乐、数学逻辑、空间、身体运动、人际交往和自我认识智能。加德纳最近还加了第8种智力——自然智能,表现为对自然的热爱。加德纳的理论不是单纯地说明儿童的智力水平有多高,而是试图显示儿童"各自在哪个方面聪明,在哪个方面成功以及他们各自怎样聪明、怎样成功"。多元智能理论承认环境和教育对人的发展程度和发展方向有重要影响,承认智力及其表现形式的多样性,由此决定了以多元智能理论为基础的光谱方案在课程和评估上对多样性的追求。另外,在多元智能理论看来,一种智力必须有一种或一套独特的关键运算和象征体系,而根据这些关键运算和象征体系,可以确定一些必须掌握的关键能力。而凭借这些已经被确定的关键能力又可以知道如何在学校内外支持和丰富儿童的强项并最终对儿童的发展程度进行评估。因此,光谱方案强调经验和指导是儿童发挥智力潜力的关键因素,强调为儿童提供一定的情境和相关信息,主张提供多种环境和活动材料以发展孩子的多种潜力,并对教师的指导有详细的阐述,从而明确了环境及教师在促进孩子的自我发展上的作用。

(二)非普遍性理论(费尔德曼)

"非普遍性"是相对于"普遍性"而言的。所谓"普遍性"即是皮亚杰所说的——所有个体,不管来自什么背景,只要是正常的环境,就必然依次经过几个发展阶段。而本理论是对皮亚杰理论不重视认知发展的个体差异和教育环境的特殊作用的挑战和补充。该理论的中心假设是:儿童和成人所从事的许多活动是发展性的,而未必是普遍性的。它们既不是每个

社会个体都必须或可能达到的,也不独立于一定的教育环境,人们在大多数时候都是在追求获得非普遍性领域内的专长。非普遍性发展理论指出,有许多活动"范畴"并非为所有个体或群体共有,这些范畴也不是每个人成功的保证。以弹钢琴和掌握经济理论为例,这两个活动都是发展性的,需要有一定的抽象思维能力;同时,这些活动也是非普遍性的,因为并不是每个人都能够或想胜任这些活动。可以看出,"非普遍性领域"这个概念旨在确认儿童在并不是所有人都喜欢或胜任的领域中的不同寻常的能力或兴趣,它意味着有许多不同的机会来实现个人的潜能,应该把每个儿童看作是具有独特的倾向性、在非普遍性领域内的个体。非普遍发展理论的一个基本观点是对过渡的理解,解释了个体在获得专业发展的同时,如何从一个发展阶段进入到下一个发展阶段。非普遍发展理论为多彩光谱项目应该评价哪些智能提供了一个框架,最终选定了7个评估领域:语言、数学、运动、音乐、科学、社会理解和视觉艺术。

(三)达尔克罗兹的体态律动

体态律动、视唱练耳和即兴三部分构成了达尔克罗兹的教学体系的主体内容。体态律动、视唱练耳、即兴三部分相互独立又相互渗透,其中体态律动部分是整个音乐教学体系的核心。

达尔克罗兹的体态律动强调人的身体本身就是一件"乐器",通过身体自然表现出来的肢体动作来体验音乐的要素与情感。达尔克罗兹认为"音乐与身体运动之间存在着相对应的表现要素"。他设计了大量的动作语汇,包括原地动作(拍手、晃头、指挥、踏步、旋转等)空间动作(跑、滑、蹦、跳、滚动等)、身体与音乐要素的关系(肌肉的收缩——力度、动作的幅度——速度、动作的起止——乐句的划分等)。动作语汇能构成多种不同的组合方式。它可以单一使用,也可以结合使用。例如空间动作可与原地动作组合,身体不同部位的动作组合。它可以是个人的头、脚、躯干、手臂不同部位的组合,还可以是多人的组合。根据生活经验、音乐累积能够创造出种类各异的表现形式。如用小组合作的方式表现曲式结构;用脚和身体的动作表示时值,用手臂表现节拍;用手臂在空间中划过表现旋律的乐句划分等等。①

在达尔克罗兹的音乐教育体系中,体态律动由于其独创性和科学性早已被人们公认为是卓有成效的音乐教育手段,并成为相对独立的学习领域。他主张音乐教育应从身心两方面同时入手训练、培养儿童,不仅学习用听觉去感受音乐,同时学习用动作和心灵去感受,表现音乐的节奏疏密、旋律起伏及情绪变化。这种音乐伴奏下的身体大肌肉动作不同于舞蹈动作和表演动作,而是一种自然、放松状态下的身体律动。达尔克罗兹认为,这种身体的律动充满了生命的节律和动感之美,故称之为"体态律动"。达尔克罗兹认为所有的人都具备天生的节奏本能,但需要加以诱发和培养。在幼儿音乐教育中,教师应尽可能多地去发现和研究儿童的身体活动和他们周围世界的自然节奏,将其自然地引入教学过程之中,从儿童本身所具有的节奏要素入手,以听音乐和身体运动为手段,去唤醒儿童天生的音乐本能②。

(四)奥尔夫教学法

奥尔夫教学法强调艺术教育的综合性。它把语言、律动和音乐教学相结合,通过节奏朗诵、肢体乐器演奏(例如拍手、跺脚等)、音乐游戏、歌唱、舞蹈、绘画、小型音乐剧表演、奥尔夫乐器演奏等多种形式,不仅能使孩子兴致勃勃地参与音乐活动,而且可以综合提高其语言能力、理解力和表演能力。

奥尔夫认为音乐活动是人类表达情绪和情感自我流露的方式。原始人表达情感最原始、最简单的形式,就是将各种声调的呼叫加上肢体动作,这就是音乐语言舞蹈的统一体的雏形。他推出的教法完全符合儿童的心理特征,从儿童本位出发,有利于调动和发挥他们的主动性和积极性。③

奥尔夫认为,节奏是音乐的生命,是音乐的动力与源泉。在音乐中,节

---

① 郅梦琳.达尔克罗兹音乐教学法在儿童音乐素养教学中的实践研究[D].山东大学.
② 陈旭.达尔克罗兹教学法运用于我国基础音乐教育的探索[D].苏州大学.
③ 王焱鑫.奥尔夫音乐教学法在幼儿园歌唱教学中的运用研究[D].信阳师范学院.

奏是比旋律更为基础的元素。^① 节奏可以离开旋律而存在，而旋律则不能脱离节奏；如果脱离了节奏，就会面目全非，不成其为旋律。节奏训练的方法有语言和动作的节奏训练，可以采用拍手、拍腿、跺脚、捻指、跑、跳等肢体运动进行节奏感的培养，体会不同音色的感受。还可进行"回声"演奏，即教师先拍一、二小节，然后学生们准确地按节奏接上加以反复。这些方法的训练，有助于训练精确的听觉、敏捷的反应、记忆力以及形式感[②]。

三、研究中遵循的理念

这些都是我们在进行多彩光谱理念下的韵律活动实践研究时遵循的理念。

1. 让每一位儿童的智慧多彩生成

多彩光谱方案的理论前提是认为幼儿的智力有很多种，光谱方案传递的理念是：每一位儿童所展现的能力各具特色，如同多彩光谱。基于这样一种基本理念，教师在实践过程中扮演的是观察者、支持者、合作者的角色，遵循以下四个原则：

第一，尊重差异，给儿童提供满足各种领域发展的活动环境，支持儿童以各种方式开展学习；第二，追求平等，多角度发现儿童的强项；第三，倡导合作，有针对性地发展儿童的强项；第四，重视实践和创造，通过各领域内容的迁移、学习方式的迁移及关键要素的迁移，力争使所有的儿童都能够以最佳的方式取得进步。通过光谱方案，在幼儿富有创造力和生命力的发展过程中，帮助幼儿认识自己的兴趣和强项，为幼儿提供展现自身强项的机会。

2. 让每一位儿童的审美多彩表现

音乐是一门具有思想、富有情感和感染力的学科，多彩光谱理念下的幼儿园音乐活动是以加德纳的多元智能理论和美国塔夫斯大学的大卫·亨

---

① 韩汝静. 奥尔夫教学法在幼儿钢琴教学中的应用[J]. 大众文艺：2012年第8期.
② 郑雪飞. 浅谈音乐教学中的几种节奏训练方法[J]. 大众科技：2011年第5期.

利·费尔德曼的非普遍性发展理论为基础，更强调音乐的审美性与儿童的自主性，通过幼儿自主的体验与感受活动来实现多样化的表达与创造。因此，多彩光谱理念下的幼儿园音乐教育中强调音乐智能与其他智能的巧妙结合。

音乐活动的价值在于通过聆听，自由表达与创造，极具审美性。多彩光谱理念下的幼儿园音乐活动，既注重通过音乐促进其他智能的发展，又强调通过其他多方面智能的调动促进音乐智能的发展，强调教育目标的全面性以及组织方式的多样化。

3. 让每一位儿童的生命多彩绽放

音乐在儿童的生命中是一种灵动的语言、一幅多彩的图画、一个天籁般的声音。音乐虽无形却联结情感，源于生命。幼儿园音乐活动大多分为四种类型：歌唱活动、韵律活动、打击乐活动和欣赏活动。不同类型的音乐活动给予儿童不同的感受。行走于音乐中，绽放生命不一样的光彩。

以幼儿园韵律活动为例，多彩光谱理念下的幼儿园韵律活动是以尊重幼儿的个性化发展为前提，以合拍合乐的肢体动作为形式来感受和表现音乐，采用有针对性的教育方式，培养幼儿的自尊及个性，拓展其生活经验，发展其多元智能。多彩光谱理念下的幼儿园韵律活动注重幼儿自主用身体来感受与表现音乐的多彩内容，在合乐的律动中探索音乐的节拍与段落。

第二章　多样化的主题及教学设计

　　幼儿园韵律活动主题的选择直接关系到幼儿对韵律活动的喜爱程度，越是贴近幼儿生活经验、尊重幼儿的兴趣与需要的主题，越能激发起幼儿对韵律活动的参与热情。多样化韵律活动的主题选择应遵循三个原则：生活化原则、兴趣性原则、适宜性原则。

　　首先，要实现多样化主题内容选择，应遵循生活化原则。幼儿的学习特点是以无意学习为主，他们很在意自己的生活，点滴不漏，并且看似无意地从生活中学到了很多东西，可以说有生活就有幼儿的学习。幼儿的学习还有一个突出的特点，就是直接学习，其认识依赖于他们亲身所获得的直接经验。幼儿通过动作及与具体事物的接触，在生活中尽情地活动和思考。[①] 所以凡是贴近幼儿生活的主题，都可以作为韵律活动的主题内容，包括以下三个方面：第一，日常生活主题，例如我们为节奏欢快的《洗澡歌》创设了用洗衣机洗衣服的主题，让幼儿在音乐伴奏下表演衣服放入洗衣机，漂浮、转动、甩干、洗好后晾开的各种造型动作；第二，可爱的动物主题，将动物欢乐可爱的形象融入音乐中，例如为改编后的《波斯集市》创设了老鼠与猫的主题情境，将老鼠自在散步、模仿猛兽叫声吓唬猫、猫对未知的害怕与猜测等故事主题融入活泼明快且节奏强烈的音乐中；第三，好吃的食物主题，以生活中常见的食物作为主题，例如为旋律诙谐动听的《遇见舞》创设烹饪美味蔬菜汤的主题，乐曲引子部分"啵啵啵"的音效好似烧开后冒泡的汤水，幼儿跟随音乐用动作表演蔬菜入锅、搅拌、出锅的情境等。

　　其次，应实现多样化主题来源选择，应遵循兴趣性原则。在选择主题内容时首先从幼儿感兴趣的事物中寻找富含教育价值的内容，[②]因此是幼儿

---

① 王春燕. 幼儿园课程概论. 北京：高等教育出版社［M］. 2007:76–79.
② 同上。

感兴趣的事物都可以作为多样化主题的来源。一线教师在选择韵律活动主题时视线常局限于幼儿的生活,除了日常生活之外,社会、科学、虚拟媒体世界都可以作为韵律活动主题的来源,主要包括三个方面:第一,有趣的职业主题,在赋予不同职业音乐的情境之下,幼儿自由体验喜爱的职业,例如,为《动物狂欢节》终曲创设了小小按摩师主题,表现为客人捏脸、甩手、切背、捶腿等按摩动作;第二,科学探秘主题,创设天外来客、星球探秘等情境,例如为动感十足的《Baby》创设去星球探秘的主题,让幼儿表现机器人在星球上漫步,找寻朋友后交换能量变成新的组合机器人的动作;第三,虚拟人物主题,动画片、电影、童话故事中有许多深受幼儿喜爱的虚拟人物形象,如为《动物狂欢节》"化石"片段创设了魔仙解救被石化了的王子和公主的主题等。这些主题能激起幼儿无限的探究欲望及想象力,凡是幼儿感兴趣的内容都可以作为多样化主题的来源。

最后,实现多样化主题选择,还应遵循适宜性原则。对于"适宜"的理解有两个方面:一是要适应需要,二是要促进发展,概括来说,"既适合幼儿的现有水平,又有一定的挑战性"。[①] 例如,大班下学期,为改编版《火影忍者》音乐创设了"时钟催我去上学"的主题,幼儿表演时钟摆动的动作及小学生看书、举手、写字等学习造型动作,该主题满足了大班幼儿与小学衔接的发展需要。

---

① 王春燕. 幼儿园课程概论. 北京:高等教育出版社 [M]. 2007:76-79.

第一节 日常生活主题

在孩子眼里，生活是天空飞过的小鸟、生活是和同伴在一起玩耍、生活是嘴里含着的棒棒糖……生活中我们遇到高兴的事情会哈哈大笑，遇到不开心时会哇哇大哭，日常生活中的每一个瞬间都值得珍藏和回忆。在活动过程中，我们把生活的点滴与跳动的音符结合在一起，让我们的日常生活变得细腻、丰富、有趣起来，并尝试用肢体语言和感性认知表达对生活的热爱与向往之情。置身游戏之中，生活便成了我们的好朋友，我们可以和妈妈的洗衣机做游戏，可以让小鞋子随时发出声音，可以让洗澡的蓬蓬头唱起歌来。

大班：洗衣机里的衣服

设计思路

1. 活动由来：现在几乎每一位孩子家里都有洗衣机，孩子们经常会围着妈妈观看妈妈用洗衣机洗衣服的过程，孩子们对洗衣机神奇的洗衣本领充满了好奇，并产生了浓厚的兴趣。在一次活动性游戏中，孩子们的积极表现出乎我的意料，从中我受到启发，认为应该引导孩子用不同的方式去表现生活中的某些情景。于是我就设计了这个音乐教学活动，让孩子们用动作去表现洗衣机的洗衣过程。

2. 音乐生动而富有情趣，适合孩子表现洗衣机的洗衣过程，特别是两次"嘀嘀嘀"和水声特别能引起孩子们的共鸣，被孩子们喜欢，使孩子们马上联想起真实的洗衣过程。这个音乐能给孩子们自由表达和想象的空间。**用游戏的方式使整个活动变得生动而富有情趣**，孩子们在原有生活经验的基础上，想象并创造性地表现自己这件脏衣服被妈妈拿起放进洗衣机、浮起来、转动、甩干，并晾在衣架上的样子。孩子们不仅用肢体语言表现生活的某些情景，更感受着生活的乐趣，体验着创造的快乐。

活动目标

1. 感受乐曲的节奏和韵律美,大胆地富有想象力地表现乐曲的ABC结构。
2. 根据乐曲的结构,创编衣服被放入洗衣机、漂浮、转动、甩干等动作。
3. 能在A段每个乐句结束时迅速摆出衣服掉入桶底的不同造型。

活动准备

1. 音乐磁带。
2. 幼儿熟悉洗衣机洗衣程序,并充分观察衣服放入洗衣机里,以及漂浮、转动、甩干等样子。
3. 进行过活动性游戏:洗衣机。

活动过程

1. 完整欣赏音乐,引导幼儿感受。

(1)引导幼儿倾听音乐,激发幼儿能随着音乐的变化想象游戏情节。

(2)欣赏后提问:"你听到了什么?"

2. 分段欣赏音乐,引导幼儿表现。

(1)欣赏A段音乐,引导幼儿用身体动作表现脏衣服被妈妈放进洗衣机里的样子。

① 倾听A段音乐,想象脏衣服被妈妈拿起放入洗衣机的样子。

② 随着音乐,幼儿自由表现衣服掉入洗衣机的样子。

③ 教师唱谱,请个别幼儿展示。

教师扮演妈妈,幼儿扮演衣服,教师拎起幼儿衣服的不同部位,(如:袖子、衣角、领口、裤腿等。)请幼儿表现衣服掉入洗衣机的样子及在乐句结束时摆出衣服掉入桶底的造型。

④ 老师提示:衣服被妈妈拎起后是很放松下垂的,衣服可以晃一晃掉下去,也可以转一圈掉下去,还可以扭一扭掉下去等等。

⑤ 集体表现衣服的不同部位被妈妈拎起并放入洗衣机的动作以及造型。(鼓励幼儿摆出不同的姿势。)

⑥ 合着音乐表现脏衣服放入洗衣机的动作以及造型。

(2)欣赏B段音乐,引导幼儿用身体动作表现洗衣机进水时脏衣服浮起来的样子。

老师提示语：衣服放好了，妈妈再放点洗衣粉，"嘀嘀嘀"，"哗哗"放水了，衣服开始怎么样了？教师一边说一边用夸张的动作表现。（衣服开始浮起来了。）

① 提问：衣服是怎么浮起来的？（鼓励幼儿夸张地做动作，如：我看见这件衣服晃晃悠悠地漂起来了；我看见这条裤腿也一扭一扭地漂起来了，等等。）

② 合着音乐表现衣服浮起来的动作。

（3）欣赏 C 段音乐，引导幼儿用身体动作表现衣服在洗衣机里转动和甩干的样子。

① 欣赏 C 段音乐，想象衣服在洗衣机里转动、甩干时的动作。

② 请个别幼儿表现衣服在洗衣机里转动、甩干的样子。

教师鼓励不同的转动动作。教师引导孩子沿着洗衣机的边上做甩干动作。

③ 合着音乐表现衣服在洗衣机里转动、甩干的样子。

④ 围成圆圈和老师一起做洗衣筒转动、甩干的动作。

3. 游戏：洗衣机洗衣服

教师扮演妈妈，部分幼儿扮演脏衣服，其余幼儿扮演洗衣筒，游戏进行两遍。

活动延伸

教师带领孩子走出活动室并提示：妈妈将洗衣盆里的衣服全都晾在了户外"衣架"上。幼儿创造性地表现衣服挂在衣架上的各种样子。

友情提示

1. 妈妈在拎起衣服的时候，有时要拎起许多件衣服，只要双手夸张地做一下提拎动作，用语言提示孩子"妈妈把大大小小的衣服全都拎起来了"，用不着真的去拉孩子的衣服。

2. 幼儿围成圆圈和老师一起做洗衣筒转动、甩干时，教师可用小小的头部暗示和语言提示，来提醒幼儿洗衣筒转动的方向。

乐谱

洗衣机里的衣服

1=F 4/4

根据《钟表店》和《洗澡歌》改编
改编者 颜瑶卿 金广南

[乐谱]

动作建议

游戏共分三个角色:"妈妈""衣服""洗衣机"。

A段:妈妈把脏衣服(脏裤子)放入洗衣机中。

第 4 小节：妈妈拎起衣服的袖子（衣角、后背或裤腿）（分别见图 1– 图 4）。

第 5 小节：衣服（裤子）掉入筒底并在最后一个音上摆个造型（参考造型见图 5– 图 10）。

第 6、8、10、12、14 小节与第 4 小节大致相同，妈妈又拎起了其他衣服的领口（或下摆）。

第 7、9、11、13、15 小节与第 5 小节相同。

（妈妈有时可拎起一件衣服或裤子，有时可拎起两件衣服，衣服掉入筒底表现造型后，一直停到第 15 小节 A 段音乐完；第 14 小节妈妈把剩下的所有衣服都拎起来，表示妈妈将大大小小的衣服全都放进了洗衣机里。）

B 段："嘀嘀嘀"：设置洗衣程序。（妈妈做按按钮动作三下。）

"哗哗哗"：洗衣机放水了。（妈妈从上往下抖动双手表示放水了。）

第 20-28 小节：衣服漂起来了（袖子——双手、裤腿——脚、身子随着音乐做慢慢漂浮的动作。）

C 段：衣服（裤子）转动——甩干——衣服洗好了。（贴在洗衣机的边上。）

第 29-44 小节：衣服转动。（衣服可随着洗衣筒转动的方向转动，上下肢自由动作，如：袖子在上面转动，袖子上下翻腾转动，拱着后背转动，两件衣服的袖子缠在一起转动，衣服沿着洗衣机的边上转动等等。）

第 29-44 小节：衣服甩干。（衣服沿着洗衣筒边上做各种转动动作）。

"嘀嘀嘀"：衣服自由地贴在洗衣机的边上（可以一件衣服的袖子和另一件衣服的领口贴在一起；可以裤腿和袖子缠在一起；衣服横着贴在洗衣机边上；三件衣服贴在一起等等。）

部分内容已刊登在华东师范大学出版的《幼儿园建构式课程》中班下。

动作建议图

图 1　妈妈拎起衣服袖子

图 2　妈妈拎起衣服衣角

图 3　妈妈拎起衣服后背

图 4　妈妈拎起裤腿

第二章　多样化的主题及教学设计　29

图 5　袖子搭在两边

图 6　袖子耷拉在一起

图 7　裤腿翘起来了

图 8　袖子搭在领口上

 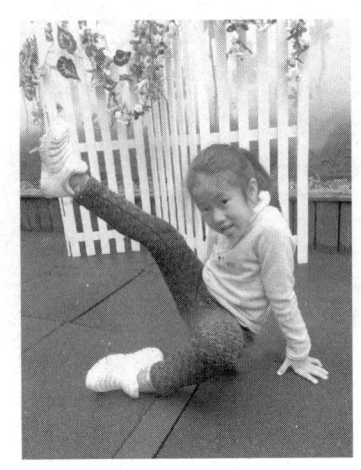

图9　裤腿伸得那么长　　　　　图10　裤腿翘得那么高

大班：棒棒乐

设计思路

在一次观看演出时，我发现加油的充气棒颜色美观，非常轻巧，敲击的声音非常轻，不影响音乐的审美流畅性，不小心碰到别人，也没有安全问题，真是随物表现非常好的道具。于是我利用充气棒设计了一节我和孩子们一起来体验随物玩音乐的活动！

音乐选用原创活动"敲敲乐"的音乐《蕲竹舞》，音乐为 AB 结构，两段乐曲具有鲜明的对比效果：A 段旋律非常活泼欢快，表现敲击身体的动作；B 段旋律强烈，富有震撼力，音乐的乐句为 a+b 结构，并以对答句的形式呈现，前半乐句 a 有旋律，依据此部分创编造型的动作，后半乐句 b 仅由排鼓按 XXXX XX | XXXX X | 的节奏演奏，此部分创编敲击动作。随乐表演时让幼儿轮换选择 a 部分或 b 部分进行表演，使幼儿有比较和充分的思考反应时间。

如何让活动设计的每一个环节始终保持在孩子的最近发展区内，给孩子适宜的认知挑战，让孩子体验成长快乐，从而增强幼儿的自信心，提升自我效能感是我这段时间一直思考的问题。活动设计遵循了循序渐进的原则，从易到难，从简到繁，由浅入深；从上肢到下肢，由静到动；从徒手表现到随物表现。

环节设计

首先探索一个以手做鼓面，面向不同方向的造型动作，通过观察模仿学习，搞清楚动作模型，完成左右手的互动；接着让孩子迁移经验，创编一只手拿棒造型、敲击动作，再过渡到两只手拿棒，变换造型，并创设问题情境，完成两两拿棒合作造型并做敲击动作。

活动目标

1．感受乐曲的旋律和结构，并能用棒儿敲击身体和敲击棒儿等动作表现 A 段的欢快与 B 段节奏的强烈。

2．在敲击棒儿的互动情境中，尝试探索用一根棒儿进行造型、用棒儿敲击棒儿等动作来表现 B 段乐曲的应答句式。

3．体验使用棒儿与同伴合作造型、敲击，共同游戏的快乐。

活动准备

1．剪切好的音乐。

2．每人一根充气棒。

3．幼儿探索使用棒儿进行各种造型。

活动过程

1．导入。

（1）教师：告诉你们一个好消息，我们要来玩一玩敲鼓的游戏，我们要来敲出各种各样有力量的鼓。在敲鼓前，我们先来敲敲身体做做热身运动。

（2）感受 A 段乐曲，并随 A 段音乐表现敲击身体的某个部位，做热身准备。

我们可以用手敲身体的哪里呢？（根据幼儿的回答，随 A 段音乐敲击身体的一个部位。）

2．感受 B 段乐曲，尝试用一只手掌当鼓面，另一只手敲击"鼓面"表现 B 段乐曲应答的句式。

（1）以够用为原则探索一个鼓面不同方位的造型动作。

教师：热身运动做好了，我们的手上没有鼓怎么办？（把手掌变成鼓。）

现在我用一只手掌来变鼓，仔细看我是怎么变的。（教师示范变鼓动作，幼儿模仿。）

教师：鼓除了在上面还可以在哪里呢？（全体幼儿根据回答做出用手掌向下、向左、向右的造型动作。）

（2）欣赏教师随乐表演变一个鼓面的造型动作。

教师：现在我先来变鼓，看看我变了几次？（四次。）每一次变得一样吗？（不一样。）

（3）幼儿跟随教师表现一个鼓面的造型动作。

教师：我们一起来变一变，注意在"准备，一、二"的时候做好准备，在"变"的时候马上变出来。（幼儿模仿练习一遍。）

教师：第四次和前面变得有什么不一样？

教师：第四次变了很长时间才停住的。（教师哼唱第四句，幼儿随乐表现第四次变鼓动作。）

教师：前面三次是变出来马上停住的。（教师哼唱前三句，幼儿随乐表现前三次变鼓动作。）

（4）跟随B段慢速版音乐进行一个鼓面的造型敲击动作。

教师：鼓变好了，让我们在"一二、一二三四"的时候来敲一敲，鼓变来变去好调皮，我们可一定要在敲之前先找到鼓面。

（5）跟随B原速音乐进行一个鼓面的造型敲击动作。

教师：这一次我们的音乐有点快，有没有信心跟上？

3. 随乐表现A、B两段乐曲的敲击动作。

教师：现在我们将敲身体和敲鼓连起来玩一遍。

4. 两两合作随A、B两段乐曲用一根棒儿摆出造型，做敲击的动作。

（1）出示一根棒儿，尝试一只手拿棒儿摆造型，另一只手掌敲击棒儿的动作。

教师：刚才我们是敲用手掌变的鼓，现在你们看，这是什么？加油棒！我们要来敲棒，我们一只手拿棒可以怎么敲呢？变敲敲、变敲敲、变敲敲、变——停敲敲敲敲？那么我们可以用棒儿敲身体的哪里呢？（播放音乐AB段，师幼随A段音乐敲击身体的某个部位，B段乐曲尝试一只手拿棒儿摆造型，另一只手掌敲击棒儿。）

（2）幼儿尝试用两只手拿棒儿摆造型做动作，教师用棒儿敲击。

教师：刚才我们是一只手拿棒儿的，除了一只手，我们还可以（两只手）拿棒儿，两只手拿棒儿可以怎么变造型？除了这样变，还可以怎么变？（教师积极评价。）

教师：你们的两只手都拿棒变造型了，那谁来敲呢？（找好朋友，说"那我来做你的朋友，敲一敲"。）注意这一次我不用动作提醒，你们可要自己变出各种各样有力量的造型。（播放 A、B 段音乐。）还有许多的棒儿没让我敲到，这一次你们可要变出更多有力量的造型，让我来敲一敲。（播放 A、B 段音乐。）

（3）教师两只手拿棒儿摆造型做动作，幼儿用棒敲击。

教师：你们拿棒变出了那么多有力量的造型，我也来变一变，你们来为我"嘿嘿"敲一敲。

（4）请一位自告奋勇者表现两只手拿棒儿的造型动作，教师用棒儿合作敲击棒儿动作。

教师：你们为我"嘿嘿"加油，我的棒儿越变越有力量了，现在谁来拿棒来变造型，让我和他合作敲一敲。你来变，我来敲。你们帮我们一起"嘿嘿"加油噢！

教师：你们觉得我们合作得怎么样？好在什么地方？（引导幼儿评价。）

（5）幼儿两两合作表现拿棒儿造型、敲击动作，引导幼儿积极发现问题。

教师：现在你们和好朋友来合作，先商量好谁来变，谁来敲。变的举手告诉我，敲的也举手告诉我。准备好了？（幼儿在位置上随乐两两拿棒合作造型，敲击第一遍。）

教师：你们在合作的时候有没有遇到什么问题？

（6）交换角色，幼儿在位置边上两两合作造型敲击。

教师：现在请你们交换角色，再来玩一遍。变的举手告诉我，敲的举手告诉我。（幼儿在位置边上随乐两两拿棒儿第二遍合作造型、敲击。）合作成功耶！

（7）找空位置两两拿棒合作造型、敲击连续两遍。

教师：现在请你们和好朋友找个空位置，商量好谁来变，谁来敲，这一次我们要连起来玩两遍，中间我们直接换角色。（幼儿找空位置两两合作表现乐曲两遍。）

（8）邀请"客人"老师两两拿棒合作造型、敲击连续两遍。

乐谱

敲 敲 乐

1=F 4/4
1=G 4/4

根据《薪竹舞》改编
改编：颜瑶卿 金广南

♩=100 欢快、跳跃的

| X X XX OX O X | X X XX OX O X |

| 6 66 5 6 1. 3 2 3 1 | 6 66 6 1 5. 6 5 2 | 2 22 2 3 5. 3 2 1 2 |
| X - X - | X - X - | X - X - |
敲身体

| 1 11 2 3 1. 2 6 5 6 | 6 66 6 1 1. 3 2 3 1 | 6 66 6 1 5. 6 5 2 3 |
| X - X - | X - X - | X - X - |
敲身体

| 2 22 2 3 5. 3 2 1 2 | 1 11 2 3 1. 2 6 5 6 | 1=G 快活的 强烈的
6. 6 1 6 6 |
| X - X - | X - X - | X - X - |
敲身体　　　　　　　　　　　　　　　　　　造型

| XXXX XX XXXX X | 6. 6 1 6 2 | XXXX XX XXXX X |
| X X | X | X X |
敲击　敲击　　　造型　　　敲击　敲击

| 3. 3 5 2 3 | XXXX XX XXXX X | 5 6 5 3 2. 3 2 6 |
| X X | X X | 双手划圈--------- |
造型　　　敲击　敲击

| 6. 1 6 5 6 - | XXXX XX XXXX X | XXXX XX XXXX X |
| X | X X | X X |
造型　　　敲击　敲击　　　敲击　敲击

从头反复

第二节 可爱的动物主题

动物是幼儿的亲密朋友,在日常的谈话中,常常会听到这样的对话:"我家的小狗叫乐乐,昨天晚上我和妈妈一起给乐乐洗澡,真好玩。"孩子家中经常饲养小动物,动画片中的动物形象也深受孩子的喜爱。在活动中,一方面,我们将动物活泼可爱、动态十足的形象元素融入音乐里,以此赋予幼儿丰富的情趣和想象力,便于幼儿更好地理解音乐的关键性经验;而另一方面,音乐本身的灵动性帮助我们了解动物,萌发喜爱动物之情,在主题的引领下丰富肢体动作,表现动物的形态,释放对动物的喜爱之情,在幼儿单纯的心灵中埋下关爱动物、保护动物的情感小种子。让孩子们时而化身为机智的小老鼠,时而化身为快乐的小青蛙,时而化身为翩翩起舞的花蝴蝶。

大班:救救小企鹅

大班幼儿正在进行"鸟儿,我们的朋友"的主题活动,祺祺带来一张小企鹅的光碟,孩子们从讨论企鹅是不是鸟的话题开始,对住在南极的小企鹅产生了浓厚的兴趣。孩子们对全球气温越来越高,影响企鹅的成长环境甚是担忧,如何救救小企鹅呢?于是我们设计了"救救小企鹅"的韵律活动。"救救小企鹅"的活动根据广东东莞长安中心幼儿园在全国音乐研讨会中展示的"企鹅与冰山"活动改编,音乐作品结构为ABA',作品由管弦乐队演奏,主题鲜明,结构严谨,既有小企鹅的活泼可爱,又有冰山的壮观宏伟。A段,小快板,由再现的六个乐句组成,提琴演奏引出小企鹅的主题,旋律动感精致,前五个乐句在八分音符节奏的衬托下,一只只小企鹅快乐地行进,在冰山下自由自在地玩耍。从第六乐句开始节奏突然放慢,预示着主题的变化,音乐情绪自然地过渡到B段。B段乐曲为行板,由四个乐句组成,旋律悠扬,与A段一静一动,形成了鲜明的对比,表现一座座冰山在慢慢地融化。此后节奏与主题形象又回到了A段,此次曲风更加激烈欢快,表现为想办法用各种器具给冰山降温,八分音符快速的音阶上下行、主调和弦的反复出现,一气呵成，酣畅淋漓，具有不可阻挡的气势，将全曲推向高潮，表现了冰山恢复后小企鹅又开心地跳起了舞。

活动目标

1. 感受乐曲的旋律和结构，能合乐用企鹅摇摇摆摆走路、跳舞动作表现 A 段的活泼欢快，用冰山融化等动作表现 B 段的悠扬。

2. 尝试与同伴合作创编，表现各种形态的冰山以及用各种器具给冰山降温的动作。

3. 在游戏情境中，主动寻找给冰山降温的方法，萌发保护环境、热爱小动物的情感。

活动准备

企鹅舞蹈《快乐大脚》、冰山融化的视频、企鹅头饰，幼儿对企鹅的生活习惯有初步了解。

活动过程

1. 情境导入，律动进场。

（1）情境导入

教师：小朋友们，告诉你们一个好消息，野生动物园里创建了企鹅自然家园，你们想不想去看看呀？

（2）教师带领幼儿随音乐模仿企鹅走路的样子进场。

教师：现在让我们合着音乐一起来做做小企鹅的动作，出发吧！

2. 观看企鹅跳舞的视频，学习企鹅跳舞的动作。

（1）播放《快乐大脚》视频。

教师：多么可爱的企鹅宝宝呀，我们来看看他们在干什么。

教师：企鹅宝宝们在快乐地跳舞，它们是怎么跳的呢？我们一起来学一学。

（2）教师哼唱旋律，带领幼儿模仿企鹅一摇一摆的动作。

（3）教师引导幼儿用不同的身体部位表现小企鹅的舞蹈动作。

教师：小企鹅除了身子一摇一摆很可爱，还会用什么动作呢？它的头会怎么动？小手会做哪些可爱的动作呢？

（4）教师哼唱旋律，请个别幼儿示范小企鹅的动作。

（5）播放 A 段音乐，幼儿随乐用身体动作表现。

教师：你们真棒，想了这么多好看又可爱的动作，现在我们合着音乐来试一试。

3. 幼儿合作表现融化的冰山。

（1）观看冰山融化的视频。

教师：小企鹅们跳得正高兴，突然发生了一件可怕的事情，会是什么事情呢？（幼儿讨论。）

教师：我们赶紧来看看吧！你们看到了什么？（冰山融化了，变成了各种各样的小冰山。）

（2）引导幼儿根据自己已有的经验变成各种不同形态的冰山。

教师：冰山有尖尖的山峰，还有各种各样的形状，大家来表现不同样子的冰山。

捕捉幼儿的表现，请他们在大家面前进行展示，并进行提升引导。

（3）幼儿合作表现冰山造型。

教师：我觉得你们刚才变的冰山还不够大，现在我们一起把冰山爷爷请出来，我们和他一起变一座大大的冰山好吗？

教师：好大的一座冰山呀，可是刚才我们看到冰山爷爷融化变成了水，小企鹅们离开了冰山爷爷，他们的生活又会是怎么样的呢？他们还能继续快乐地跳舞吗？你们有什么好办法救救小企鹅，帮助小企鹅让冰山爷爷恢复原来的样子，让小企鹅重新找到生活的乐趣吗？（幼儿讨论回答：给冰山爷爷吹空调，拿扇子扇扇。）

（4）幼儿尝试表现拿来各种器具，做给冰山降温的动作。（如扇、风扇转圈等。）

（5）合乐表现冰山融化，用各种办法帮助冰山爷爷恢复原来的样子。

4. 游戏：企鹅与冰山。

（1）教师引导幼儿表现小企鹅快乐舞蹈、冰山爷爷融化，一起想办法用各种器具降温，小企鹅又自由自在开心玩耍的情景。

（2）幼儿分成两组，一半与冰山爷爷拼成一座大冰山，一半扮演小企鹅舞蹈，随音乐用各种办法帮助冰山爷爷恢复原来的样子。

（3）互换角色完整合乐游戏一遍。

38　多彩光谱　多元表现——幼儿园韵律活动的实践研究

乐谱

救救小企鹅

1=F 4/4

(2 2 5 7 5 6 #4 5) ‖: 3 5 5 5 3 5 5 5 | 4 4 3 2 7 1 3 5 | 3 5 5 5 3 5 5 5 |

渐慢

2 2 5 7 5 6 #4 5 :‖ 3 5 5 5 3 5 5 5 | 4 4 2 7 1 3 5 | 3 5 3 5 4 1 1 1 |

1 3 4 2 1 5 1 ‖

B
1 - 7 6 | 5 - - - | 6 7 1 3 3 | 4 2 1 - | 5 1 - 7 |

6 5 - - | 6 7 1 3 3 | 4 2 1 - | 5. 4 5 1 - | 5. 4 5 1 - |

3 5 5 5 3 5 5 5 | 4 4 3 2 7 1 3 5 | 3 5 5 5 4 1 1 1 | 1 3 4 2 1 5 1 1 |

7 6 5 4 3 2 1 1 | 7 6 5 4 3 2 1 | 3 5 3 5 | 4 5 6 7 1 5 |

3 5 3 5 | 4 5 6 7 1 - | 7 1 2 3 4 5 6 7 | 1 3 5 - |

7 1 2 3 4 5 6 7 | 1 1 1 1 | 3. 1 2. 7 1 1 1 1 | 3. 1 2. 7 1 0 0 0 |

C
3 5 5 5 3 5 5 5 | 4 4 3 2 7 1 3 5 | 3 5 5 5 3 5 5 5 | 2 2 5 7 5 6 #4 5 |

渐慢

3 5 5 5 3 5 5 5 | 4 4 2 7 1 3 5 | 3 5 3 5 4 1 1 1 | 1 3 4 2 1 5 1 ‖

游戏动作建议

A 段：表现小企鹅摇摇摆摆地行走、快乐跳舞的动作、冰山造型动作。

B 段：合作表现冰山慢慢融化的动作。

C 段：表现想办法拿各种器具给冰山降温的动作。

A' 段：表现小企鹅摇摇摆摆、开心跳舞的动作。

大班：幸运兔

设计意图

孩子们进入大班，有很多老朋友，也多了不少新朋友，与朋友们通过相互模仿、合作、共同挑战等形式参与游戏，能进一步增进彼此间的友谊，体验快乐。活动音乐选自澳洲流行女歌手 Lenka 的歌曲 Trouble is a friend，歌曲的风格轻快，节奏感强，活动以"谁是幸运兔"为主线开展。通过故事引题、律动模仿、挑战游戏三个环节来层层递进，让幼儿感受、欣赏、表现与创造。

这个活动是根据太原金路幼儿园大班的韵律活动"倒霉兔"改编的，在挑战和游戏的环节上做了比较大的改变，从原来的圈上游戏调整为幼儿散点交换伙伴两两游戏。在挑战和游戏环节，第一个挑战环节是在 A 段加入猜拳后的反应动作，也就是兔耳朵的上升和下降，这两个动作由教师提供，而打平动作是由幼儿创编，教师选取；第二个挑战是加入 B 段的镜像模仿动作，在这一挑战中，从教师与幼儿集体对战，到教师带一名幼儿与幼儿集体对战，再到教师与一名幼儿对战，最后到幼儿之间两两对战，流程的层级逐步推进；第三个挑战就是交换伙伴连续完成游戏。

在整个活动中，故事引题调动起幼儿的生活经验，让他们迅速进入情节，引起情感的共鸣；在律动模仿环节，通过音乐的聆听，模仿参与，尝试用表情、动作、语言等方式来表达自己对音乐的感受与理解；挑战游戏并尝试与同伴相互配合，逐步增加人际合作、竞争、创造性表达等高级要求。

活动目标

1. 感受音乐诙谐的情绪和 AB 段的结构，能在游戏中用创造性的动作、表情等表现音乐。

2. 迁移"石头剪刀布"的游戏玩法，能通过镜像模仿大胆创编动作，并准确模仿出同伴的动作。

3. 在与同伴的两两对战中友好游戏，不怕失败，体验合作游戏的快乐。

活动准备

1. 物质准备：音乐 CD。

2. 经验准备：幼儿有镜像模仿游戏的经验。

活动过程

1. 故事导入。

在美丽的大森林里生活着一群可爱的小兔，他们是一群好朋友。每只小兔都认为自己是最聪明、最幸运的小兔。你会是幸运的小兔吗？我们比比看。请你仔细听小兔们在较量的时候说了什么，它们又是用什么方法来比出谁是幸运小兔的。

2. 整体感知完整音乐，加入动作感受音乐诙谐的旋律、情绪和猜拳游戏的乐趣。

（1）教师在座位上示范律动游戏的玩法，幼儿模仿参与游戏。

教师：刚才幸运兔在较量的时候，说了什么？（教师最终示范一遍正确的语言节奏和动作：幸运的小兔就是我，比一比。）它们用的是什么方法？（石头剪刀布）

（2）幼儿随乐完整游戏一遍。

教师："石头剪刀布"这个游戏的规则是什么？（在最后的"比"字一起出拳；出大的为赢，出小的为输，大小依次为石头——剪刀——布——石头；出一样的为平局。）

（3）教师与全体幼儿的互动，验证游戏的输赢规则。

教师：哈哈，这次战胜我的幸运小兔都有谁呀，祝贺你们哦！与我打平局的有哪些？哪些又输了呢？

3. 完整随乐游戏，加入 A 段猜拳后的反应动作。

（1）教师示范讲解游戏规则，选取幼儿创编猜拳输赢后的反应动作。

教师：取得胜利的小兔们，你们开心吗？你开心的时候会用什么动作表现？（教师及时捕捉一位幼儿的表现，进行提升，如：开心的兔耳朵往上越长越长了。）

教师：如果失败了又会用什么动作表现？（幼儿自由回答，教师引导幼儿进行表现，捕捉一位幼儿的表现，进行提升，如：兔耳朵往下垂了下来。）

（2）教师与全体幼儿进行互动，一边走动一边随语令游戏 A 段，选取幼儿"打平"的动作。

教师：打平了，大家可以用什么动作表现？（选取一个动作，如握手。）

（3）教师与全体幼儿进行互动，合乐进行完整游戏。

教师：胜利的小兔在较量中成了幸运兔。可是失败的小兔子们，你们也不要放弃，因为只要第四次猜拳获胜的幸运兔愿意把它的本领传给你们，你们也可以变成幸运兔的。

4. 完整随乐游戏，加入 B 段镜像模仿游戏。

（1）教师扮演幸运兔，带领幼儿学习 B 段镜像模仿游戏。（教师哼唱 B 段音乐。）

教师：请问幸运兔的本领是什么？（耳朵会伸长和缩短。）这个本领表现了几次？

（2）教师扮演幸运兔，随乐进行 B 段镜像模仿游戏验证次数（播放 B 段音乐。）

教师：这个本领难不倒你们，谁愿意把你的本领教给大家？

（3）幼儿扮演幸运兔，教师带领一位高级榜样与全体幼儿示范 B 段的模仿游戏。（播放 B 段音乐两遍。）

（4）教师与高级榜样随乐完整示范游戏一遍。

教师：现在我要请一位朋友来和我玩一玩。

教师：我们合作得怎么样？好在什么地方？怎么样才能做得更好？

引导幼儿进行评价，并通过提升评价的方式告诉幼儿在两两合作时应该注意的事项。如眼睛看着对方；模仿的动作要准确；要遵守猜拳的规则，在最后说"比"字时出拳……

5. 幼儿和幼儿两两合作游戏数遍。

（1）幼儿和幼儿在座位上两两合作游戏一遍，引导幼儿进行反思性的自我评价。

教师：现在我们和旁边的小朋友也来一起玩一玩。（播放音乐一遍。）

教师：你们在合作的时候有没有问题？出现了什么困难？

（2）幼儿自由结伴，两两随乐游戏。

教师：我们现在自己找一个朋友，在空位上一起来玩一玩！

（3）间奏时交换伙伴，连续游戏。

教师：怎样让我们跟更多的伙伴一起游戏呢？在间奏的时候我们换个新朋友一起游戏。

教师：幸运兔，祝贺你们哦！让我们拥抱好朋友们吧！

第二章 多样化的主题及教学设计 43

乐谱

幸运兔（Trouble is a friend）

1=♭E 4/4

Lenka 词曲

动作及玩法建议

基本动作：

A：1-4 小节，捶腿 1*6 拍（6 下）， 猜拳 1*4 拍，双手做成空心拳在胸前屈肘交替向内外连续环绕 1*6 拍。（重复四次共 16 小节。）

B：17-24 小节，晃手 4 次。

25-26 小节，尾声部分剪刀手从眼前划过。

游戏玩法

A：1-4 小节，向前移动踏步 1*6 拍（6 下），猜拳 1*4 拍，根据输赢交换位置 1*6 拍。（重复四次共 16 小节。）

B：17-24 小节，镜像模仿动作 4 组。25 小节，尾声部分剪刀手从眼前划过。

第三节　美丽的花儿主题

　　大自然是美丽又珍贵的，一年四季、花鸟鱼虫，美不胜收。在大自然中，花儿与动物总有好多有趣的故事发生，孩子们常常看到花儿竞相开放，蝴蝶和蜜蜂在花丛中飞来飞去的美丽场景。千变万化的音乐，就如千姿百态的花儿一般，或优雅或动感十足。当花儿遇上音乐，可谓相得益彰。幼儿在优美、动听的音乐中感受到大自然的可爱、美丽与亲切，感受到植物生长的强大的生命力，也让幼儿萌发爱护大自然的情感。

大班：赶花会

　　春天来了，花园里的花都开了，公园里举办花展，我便有了萌发设计《赶花会》的冲动，这个活动的创意是我曾听到过南京市游衬西街幼儿园研究团队分享，虽然时间久了但还有印象。我找到音乐素材，分析了赶花会这个音乐作品，这个音乐作品的速度比较快，孩子很难合拍，我便想起许卓娅老师经常提到的简单快乐，采用的技术就是做减法和加法。减法就是将教学任务进行简化。我在不改变音乐性质的基础上减慢了一点速度，A 段音乐结构 2a+2b+2a+2b 由原来的两次走路游泳剪辑成 1 次走路游泳。B 段在第一课时让孩子创编 8 个乐句会负担过重，所以我就简化成 4 个乐句。一个音乐活动的难度调整恰当后，在教学过程中如何让孩子们始终维持在最近发展区内，在每一个环节都有适度的挑战，都能获得成功的快乐，就需要做加法了。许老师经常说：加点料加点料，这个加点料也包括了情趣，比如活动中的关门以及睡觉、起床。在这个活动中从音乐 A 段、B 段、A'段，再到 ABA'，再加引子。动作从上肢—下肢—躯干，再从单人、两人到三人合作造型，都遵循了循序渐进的原则。让孩子们在小步递进的环节中获得成功的快乐！

活动目标

1. 感受乐曲的旋律与结构，并用小鸭子赶路和看花等动作分别表现 A 段的欢快与 B 段的悠扬。

2. 尝试用身体动作表现花的各种造型，表现 B 段各句的起止和过程。

3. 体验与同伴合作造型、共同游戏的快乐。

活动准备

1. 组织幼儿观察幼儿园里各种各样的花。
2. 剪辑好的音乐、录音机。

活动过程

1. 故事情景导入。

教师：春天天气真好，鸭妈妈带着小鸭子急急忙忙地去花园里看花展，他们走过草地、游过小河来到了花园里。那里开满了各种各样漂亮的花，天黑了，鸭妈妈带着小鸭子赶紧走呀走，游过小河回家了。

2. 随 A 段音乐表现小鸭子赶路去花会。

教师：瞧，小鸭子来了，我们仔细听听，音乐里什么时候说的是小鸭子在走，什么时候说的是小鸭子在游泳。

（1）尝试表现小鸭子走路的动作。

教师：音乐里的小鸭子在干什么？（走路。）小鸭子是怎么走的？（教师哼唱，师幼随乐模仿小鸭子走路的动作。）

（2）教师哼唱游泳旋律，幼儿尝试表现游泳动作。

教师：小鸭子在干什么？（游泳。）游泳是怎么游的？你是两只手一前一后交替游的，你是两只手像青蛙一样游的。那我们先来试试像青蛙一样游泳的动作。

（3）师幼随 A 段乐曲表现小鸭子摇摇摆摆走路、游泳的动作。

3. 欣赏 B 段乐曲，并用不同的动作造型表现花儿的开放。

（1）创编开花动作。

教师：到花园了，小鸭子们都看到了哪些好看的花儿，做给我看一看，你是一朵什么花？

教师及时捕捉一位表现慢慢开放动作的幼儿，请这位幼儿展示手慢慢往外画圆的动作，大家进行模仿，教师嘴里提醒"开花啦"！

（2）用"拍照情境"引导幼儿做出花的静止造型。

教师：我来拍照啦，花儿停住不动，才能拍得更漂亮！

（3）观察教师开花的次数，发现每一次花的造型的不同。

教师：仔细地看看我开了几朵花，每一次花的造型一样吗？

（4）教师边清唱旋律边与幼儿共同表现开花的动作和造型。

教师边清唱旋律边用手臂向外画一个大大的弧形再模仿幼儿的造型，并提醒幼儿在每句的前两小节画一个大弧形表现一朵大花；在后两小节表现花的造型。

教师积极评价：刚才颜老师看到有几位小朋友，在开花时把花开得大大的，在拍照时马上停住不动了！

（5）跟随B段音乐，表现开花的动作和造型。

教师：现在我们要合着电脑里的音乐，音乐有点快，有没有信心跟上？注意在前半句开花，在后半句停住拍照！

（6）请幼儿在座位边上跟随B段音乐表现开花的动作和造型。

教师：刚才我看到小朋友不仅能合着音乐，而且还变出了更多不一样的花儿，现在你们可以在位置边上玩，这样可以变出更多不一样的花儿。

教师积极评价：你看她是站着开花的，她是跪着，他是半蹲，他是一只脚在后面的，并积极引导做出下肢及躯干动作。

（7）幼儿完整欣赏乐曲B段并做动作，教师可用动作及语言给予提示。

4. 再现A段音乐，表现小鸭子回家。

教师：天黑了，鸭妈妈赶紧带着小鸭子走呀走回家了。

教师：回家了，可别让坏人进来，小鸭子们应该怎样做？（关门）练习：关门了，关门了，准备关门了。现在我们合着音乐来试一试，注意音乐里是在什么时候关门的。

5. 游戏：鸭子赶花会。

（1）梳理故事情节。

教师：现在我们一起来回忆一下这个故事。

（2）教师带领幼儿在座位上完整地跟随音乐游戏一遍，并独自创编造型动作。

（3）前奏导入，随音乐完整表演。

教师：现在我来扮演鸭妈妈，你们来当小鸭子，小鸭子们睡觉了；揉揉眼睛，伸伸懒腰，起床了。

（4）引导幼儿合作开花的动作和造型，再次完整地跟随音乐游戏一遍。

48　多彩光谱　多元表现——幼儿园韵律活动的实践研究

教师：刚才我看到两朵花是靠在一起的，请自告奋勇者上来展示。鼓掌。现在我们也来试一试，要变出各种各样两朵花在一起的样子。

（5）请"客人"老师和小朋友共同随乐游戏，共同表现开花的动作和造型。

教师：下面我们要邀请"客人"老师和我们一起玩游戏，注意变出两朵一左一右、一高一低、一前一后不一样的造型，还可以变出三朵花的造型。

我们要把这个好玩的游戏教给其他的小朋友，大家一起来分享，还要告诉我们的爸爸妈妈，让他们来当鸭爸爸、鸭妈妈，和我们一起来玩这个好玩的游戏。

部分内容刊登在《幼儿园建构式课程》中班（下）中。

乐谱

赶花会

1=C 2/4

（乐谱略）

中班：蜜蜂和花

设计意图

蜜蜂和花对孩子们来说再熟悉不过了。一年四季，花儿绽放得多姿多彩，蜜蜂则勤劳地采蜜，这样的场景总能唤起孩子们内心对动植物的情感。

《加沃特舞曲》采用三步曲式，第一段由对称的乐曲组成，紧凑跳跃的八分音符和顿挫有力的四分音符一前一后，相辅相成，形成活泼明快又略含幽默的色彩。第二段旋律较平稳，带有歌唱性，跟前后两部分形成对比。整体乐曲风格活泼，就像一群蜜蜂在花丛中飞舞采蜜。因此，教师设计了蜜蜂和花之间的角色互动场景，在 A 段明快活泼的旋律中表现蜜蜂快速飞舞、寻找花儿采蜜的情境；在 B 段略微平稳的旋律中表现蜜蜂和花儿之间的快乐互动，彼此摇摆，飞舞着做游戏。

活动目标

1. 初步感受乐曲的旋律与 AB 结构，尝试随着乐曲用身体动作表现 A 段小蜜蜂飞舞、亲吻花朵采蜜的情景以及 B 段和小花游戏的情景。

2. 一名幼儿尝试用手作花，在 A 段创编把花开在不同的身体部位；一名幼儿扮演蜜蜂，两两合作表现蜜蜂到花园采蜜的情景。

3. 在同伴互动游戏中，感受蜜蜂与小花之间的快乐情感，体验韵律活动的愉悦。

活动准备

1. 教学图片（蜜蜂 4 只、花儿 4 朵）。

2. 音乐磁带。

活动过程

1. 故事情景导入。

教师：有一群可爱的蜜蜂飞呀飞呀来到了花园里。花园里开满了美丽的小花，她们睡得甜甜的。小蜜蜂飞过去亲亲小花，小花苏醒了。两个好朋友快乐地玩起了游戏。

2. 表现 A 段蜜蜂飞舞、采蜜。

（1）倾听完整音乐（教师随乐哼唱）。

教师：飞呀飞呀飞呀飞呀，亲亲亲（重复8次），摇摇摇摇，亲亲亲，摇摇摇摇，亲亲亲（重复4次）。

（2）集体讨论 A 段小蜜蜂飞舞、亲吻采蜜的动作并随乐练习。

① 教师哼唱，幼儿练习飞舞、亲吻采蜜动作（座位练习）。

教师：音乐里小蜜蜂飞呀飞呀飞呀飞呀，在小花上亲了几下？（3下）

教师：小花可以开在我们身体的哪个地方呢？

② 幼儿随乐练习飞舞、亲吻采蜜的动作。

教师：我们合着音乐去亲醒沉睡中的小花。

③ 教师与一名幼儿合作随乐练习。

教师：老师也想做小蜜蜂，请一个小朋友来当我的小花。

④ 幼儿合作随乐练习（A 段音乐，站位练习）。

教师：轻轻地找一个好朋友，用动作来告诉我谁是小蜜蜂，谁是小花。小蜜蜂准备起飞！

3. 表现 B 段小花摇摆。

（1）教师扮演蜜蜂，配班教师扮演花，合作示范表现一遍。

教师：沉睡中的小花被小蜜蜂亲醒了，他们快乐地玩起了游戏。他们会怎么玩游戏呢？我要请上我的小花，请你们仔细看看我们俩是怎么玩游戏的。

（2）教师哼唱，与幼儿在座位上扮演小花合作练习。

教师：小蜜蜂飞到这边，说"我不亲你"，小花特别想让小蜜蜂亲到，它会摇向哪一边呢？请在座位上开一朵小花试一试。

（3）教师扮演小蜜蜂，与扮演小花的全体幼儿站位合作互动，随 B 段音乐表现一遍。

教师：请小花找到一个舒服的位置开放。我来做小蜜蜂，我们合着音乐玩一玩。

4. 游戏：蜜蜂和花。

（1）教师带领 2-3 位幼儿扮演蜜蜂，其他幼儿扮演小花随完整音乐游戏一遍。

教师：谁愿意做蜜蜂和我一起去采蜜？

（2）一位幼儿扮演蜜蜂，一位幼儿扮演小花，两两合作，随乐游戏。

教师：请找一个好朋友，商量好谁做小蜜蜂，谁做小花，我们合着音乐完整地做一遍游戏。

（3）交换角色，随乐游戏。

乐谱

蜜蜂和花（选自《加伏特舞曲》）

1= D 4/4 小快板

[比利时] 戈赛克 曲
词曲修改 陈波

56 53 45 42 | 1 7· 1 0 | 45 42 34 31 | #45 5 0 | 56 53 45 42 |
飞呀 飞呀 飞呀 飞呀 亲 亲 亲 飞呀 飞呀 飞呀 飞呀 亲 亲 飞呀 飞呀 飞呀 飞呀

1 7· 1 0 | 3 16 1 6#4 | #45 5 0 | 24 35 43 | 21 7 2 4 0 |
亲 亲 亲 飞 呀 飞 呀 飞呀 亲 亲 飞呀 飞呀 飞呀 亲 亲 亲

35 46 54 32 | 1 3 5 0 | 65 54 43 32 | 2 4 6 0 | 53 71 42 67· |
飞呀 飞呀 飞呀 飞呀 亲 亲 亲 飞呀 飞呀 飞呀 飞呀 亲 亲 亲 飞呀 飞呀 飞呀 飞呀

1 7· 1 0 | 3 3 4 4 | 51 71 5 0 | 1 1 2 2 | 35 #45 6543 2 0 |
亲 亲 亲 摇 摇 摇 摇 亲 亲 亲 摇 摇 摇 摇 亲 亲

3 3 4 4 | 51 71 5 0 | 1 1 2 2 | 1 1 1 0 ‖
摇 摇 摇 摇 亲 亲 亲 摇 摇 摇 摇 亲 亲 亲

故事

有一群可爱的蜜蜂飞呀飞呀来到了花园里。花园里开满了美丽的小花，她们睡得甜甜的。小蜜蜂飞过去亲亲小花，小花苏醒了。两个好朋友快乐地玩起了游戏。

动作建议

游戏中有两个角色，"蜜蜂"和"花儿"。

第1小节：蜜蜂绕着花儿飞舞。（上肢模仿翅膀摆动，以花儿为圆心转圈。）

第2小节：蜜蜂亲吻采蜜。（两手轻按"花儿"的身体部位3下，如肩膀、脸部等。）

第3-16小节：每两节为一组，动作同第1-2小节（如第3、4小节为一组）。

活动建议

1. 允许蜜蜂找不同的花儿亲吻采蜜，也允许蜜蜂停留在一朵花儿上。

2. 花儿可以自由造型，在蜜蜂绕圈飞舞时，可与蜜蜂进行眼神的交流。

第17小节：花儿左摆一次，右摆一次（花儿身体摆动，上肢可自由动作）。蜜蜂与花儿向同一方向摇摆。

第18小节：蜜蜂和花儿亲亲（蜜蜂两手轻按"花儿"的身体部位3下，如肩膀、脸部等）。

第19-24小节：每两节为一组，动作同第17-18小节（如第19、20小节为一组）。

在与花儿互动时，要求蜜蜂只找准一朵花进行摇摆互动。

教学辅助材料（参考图）

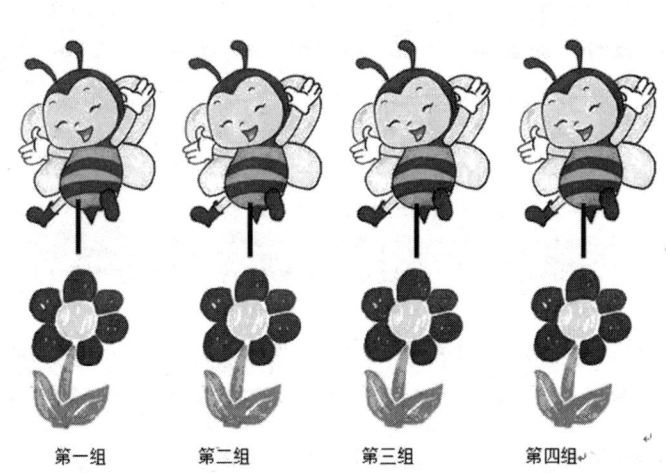

① 1只蜜蜂和1朵花为一组。

② 第1-2小节："飞呀飞呀飞呀飞呀"：手指蜜蜂的图片上下舞动表现飞舞。

"亲 亲 亲"：在花的图片上点3下。

第 3-4 小节：第二组蜜蜂和花，动作同第 1-2 小节。

第 5-6 小节：第三组蜜蜂和花，动作同第 1-2 小节。

第 7-8 小节：第四组蜜蜂和花，动作同第 1-2 小节。

第 9-16 小节：重复前四组动作。

③第 17-18 小节："<u>摇 摇 摇 摇</u>"：以花的叶子为两边，左摆动一次，右摆动一次。

"<u>亲 亲 亲</u>"：在花的图片上点 3 下。

第 19-20 小节：第二组花，动作同第 17-18 小节。

第 21-22 小节：第三组花，动作同第 17-18 小节。

第 23-24 小节：第四组花，动作同第 17-18 小节。

部分内容刊登在《幼儿园建构式课程》中班（下）。

第四节 好吃的食物主题

每每谈起食物，孩子们都非常兴奋。和爸爸妈妈在旅途中遇到的美食、家中妈妈做的饭菜都是孩子爱吃的食物。生活中各类食物都富含其独特的营养价值，毋庸置疑，我们的孩子需要摄取均衡的营养以保证身体的健康发展。但同时，有些孩子有着偏食、挑食的不良习惯。在"好吃的食物"主题活动中，我们以孩子们生活中常见的食物作为形象，结合音乐的特色，进行韵律课程的开发，帮助孩子们通过新的感官体验来感受食物、感受音乐，以及二者之间的美妙碰撞，帮助幼儿在愉悦的情境中接纳各类食物，同时也是健康领域的渗透整合。开展这样的主题，既贴近幼儿的日常生活又具有现实意义。

中班：狗熊和面包

设计思路

　　面包是幼儿在日常生活中常常接触到的食物，香香甜甜又软软的，深受幼儿的喜爱。学习制作面包，对幼儿来说也是一次非常新奇的尝试。而当美味的面包遇上馋嘴的狗熊时，又会发生哪些有趣好玩的事情呢？这就是源于幼儿的生活经验又充满童话色彩的中班韵律活动《狗熊和面包》。活动的故事情境以制作面包为主线，辅以狗熊角色的出现，增加整个活动的戏剧冲突，让幼儿在情境中感知音乐结构，尝试用身体表演制作面包的过程，并在游戏中学会保护自己的方法。

　　《狗熊和面包》这个活动是受南京师范大学附属幼儿园研究团队的启发设计成的，其音乐选自经典乐曲《兔子与狼》的片段，根据幼儿的学习特点以及教学活动设计的需要，将原作品进行改编，调整音乐为ABC结构。A段和B段音乐欢快活泼，幼儿扮演面包角色，用身体动作表现制作面包的过程。其中A段音乐表现和面、揉面团的情境；B段音乐按照顺序做刷黄油、撒佐料、放进烤箱等动作；C段音乐曲调略微低沉，就如狗熊走路时重重的步伐，表现的是面包睡觉时，一只贪吃的小狗熊带走一个面包的情境。

教学目标

　　1. 感受乐曲ABC段不同的情绪，尝试随音乐创编捏面团、做面包、烤面包的动作。

　　2. 借助已有的生活经验，尝试随乐创编在身体不同的部位捏面团的动作。

　　3. 体验用身体动作制作面包的快乐。

活动准备

　　1. 面包、剪辑好的音乐。

　　2. 做面包、烤面包的知识铺垫。

　　3. 玩过"猜猜谁不见了"和"一二三，木头人"的游戏。

活动过程

1. 出示面包,教师和幼儿讨论面包制作过程,幼儿创编动作。

(1)讨论面包制作步骤。

① 教师:哇哦!好香啊!猜猜这里面是什么好吃的?

　　幼儿:面包。

② 教师简单介绍制作面包的过程。

(2)请幼儿创编制作面包的动作。

2. 创编各种捏面团的动作,并随乐(A段)做捏面团的动作。

(1)请幼儿创编制作面包的动作。

教师:小朋友,你们想不想自己动手来做面包呢?

幼儿:想!

教师:好!那我们一起来变变变,变成一个个大面包!首先要来捏一捏,把面团捏捏松,怎么捏?

(选取一名幼儿的动作,合着音乐,大家模仿学习,强调节奏"一下一下"地。)

教师:还可以捏哪里?(创编各种不同身体部位的捏面团动作。)

(2)随乐(A段)做捏面团动作。

3. 师生共同创编刷黄油、撒佐料、烤面包的动作,并尝试随乐(B段)

做完整动作。

教师：面团捏好了！接下来我们就要在面团上刷什么了？

教师：对了！要多刷点黄油，还撒了许多好吃的佐料，这样面包烤出来才是香香的、油油的！怎么刷？（选取个别幼儿的动作，若幼儿创编不出来可以老师做。）

教师依次带领幼儿做撒佐料和烤面包的动作。

教师：好香的面包啊！这次我们来跟着音乐做面包吧！

4．完整随乐表现 AB 两段音乐。

5．倾听 C 段音乐，玩游戏"狗熊吃面包"。

教师：你们烤的面包真香啊，香味飘呀、飘呀、飘到了森林里，森林里的大狗熊闻到了，瞧！把它馋得口水都流下来了。快看！它张大嘴巴朝我们走来了，我们怎么办呀？（把眼睛闭起来，身体不动。）

教师：太好了，大狗熊走了，哎呀！好像少了一个香喷喷的面包！你们快看看是谁被狗熊抓走了？

6．教师带领全体幼儿随完整的 ABC 结构做相应的动作 3-4 遍。

（1）讨论怎样快速猜出谁不在了的方法。

教师：太棒了！你们真聪明！你们怎么知道是 XX 小朋友被狗熊抓走了的？那我们要怎样才能很快地猜出是谁被抓走了呢？（每个小朋友先看看左右两边的朋友是谁，游戏后看他们还在不在。）

（2）坐在座位上完整玩两次游戏。

（3）教师邀请全体幼儿起立，自由交换座位，并告知：是因为面包师不小心把盘子弄翻了。虽然游戏变难了，但是相信小面包们也会变得更能干的。

教师：你们真是太聪明了！这次要考考你们了，请你们换个位置。

教师：好，你们身边的朋友是不是变了？想想我们马上游戏时，你怎样才能很快猜出是谁被狗熊抓走了？

（4）再玩2-3遍，每次结束后都要重新交换位置。

乐谱

狗 熊 与 面 包

（兔子与狼）

1=F 2/4

汪爱丽曲

♩=120

A段：
$\dot{1}$ 3 | 5 5 6 5 | $\dot{1}$ 3 | 2123 2 | $\dot{1}$ 3 | 5 5 6 5 | $\dot{1}$ 3 | 2123 1 ‖

B段：
5 6 $\dot{1}$ 5 3 | 5 5 6 5 | 5 6 $\dot{1}$ 5 3 | 2123 2 | 5 6 $\dot{1}$ 5 3 | 5 5 6 5 | 5 6 $\dot{1}$ 5 3 | 2123 1 | $\dot{1}$ 5 | $\dot{1}$ 0 ‖

C段：
6 3 | 6 3 | 6 7 $\dot{1}$ 2 | $\dot{3}$ - | 3 3 | 3 3 | 3 2 1 7 | 6 - ‖

游戏玩法建议

小朋友一起来做面包。

A段音乐：先揉面团，再刷黄油，最后再撒上香甜的佐料。

B段音乐：送进烤箱烤一烤，好吃的面包烤好啦！

C段音乐：面包们睡觉的时候，一只贪吃的小狗熊闻到面包的香味，跑过来把一个面包抱走了。究竟是哪一个面包不见了呢？我们把他找回来吧。请全体幼儿蒙上眼睛，教师扮演小狗熊进入小朋友圈内，用一块布盖住一个幼儿，表示面包被带走了。这时请全体幼儿睁开眼睛，猜哪一个"面包"被带走了。

注意事项

第一，游戏开始时，教师有意识地藏平时胆子大一点的幼儿。

第二，提醒幼儿不能偷看。

第三，每完成一次游戏，需要幼儿自由交换一次座位。

中班：酸奶和饼干

设计意图

中班律动游戏《酸奶和饼干》的故事角色选择了幼儿日常最熟悉的酸奶和饼干，创设了一个神秘的饼干王国，启发幼儿变成各种各样的饼干造型去饼干王国玩，激发幼儿的学习兴趣。到达饼干王国后，创设情境冲突，当女王用酸奶枪来欢迎饼干们时，酸奶枪打在了饼干的身上，饼干就会变软，激发幼儿自主创编倒下的动作。

该活动根据南京三八保育研究团队原创的《饼干喝酸奶枪》改编，音乐选自海顿的《惊愕交响曲》。乐曲为 AB 曲式结构。A 段音乐速度比较缓慢，每个音都是一顿一顿的，好像在捏饼干。B 段音乐相对比较强烈，有矛盾冲突，利用这一特点，在 B 段音乐中设计了赛跑发令员的快速反应游戏。整个教学活动中，孩子们始终保持着在"玩中学"的积极性，创设这一游戏，大大提高了幼儿的快速反应速度，同时也增强了游戏本身的趣味性。

活动目标

1. 熟悉音乐 AB 段结构，重点对 AB 段结尾音做出反应。
2. 尝试创编各种饼干逐渐变软的形体动作，并随音乐缓缓地倒地。
3. 饼干倒地以后旁边的饼干才能开始跑，锻炼幼儿的自控能力。

活动准备

音乐、圆圈座位、玩过"切西瓜"的游戏、看过《娇滴滴和憨出出》的动画片。

活动过程

1. 倾听故事，随乐用动作表现故事情境。

（1）教师讲述故事，幼儿理解故事情境。

女王听说我们都长大升中班了，所以想邀请我们去她的饼干王国里玩。不过，女王有个条件，小朋友要把自己变成一块饼干。女王还有一把酸奶枪，她用酸奶枪来欢迎小饼干们，酸奶枪往天空一打，酸奶溅到饼干上，饼干就会慢慢融化。

2. 用不同的动作表现AB段结构，熟悉音乐。

（1）教师示范，用语言提示动作，感受音乐。

教师：你们愿不愿意跟我一起做饼干？请你们一边听音乐一边看看我做的是什么饼干？

（2）重点感受枪声"啊"和"变软"动作。

教师：我刚才做了一个什么样的饼干？酸奶枪打到我的脖子上，我的脖子就软掉了。打到我的肩膀上，我的肩膀就怎样了？

教师：我刚才把嘴一捂发出了什么样的声音？酸奶枪打到我身上，我害怕软掉就发出"啊"的声音，你们会不会？

（3）请个别幼儿创编变饼干的形象动作。

（4）幼儿在座位上跟随音乐游戏。

（5）幼儿离开座位站起来跟随音乐游戏。

（6）重点练习创编各种饼干逐渐变软的形体动作。

教师：前面酸奶溅到我的腿上，我的腿就变软了，我看到很多小朋友被溅到不一样的地方。酸奶枪打到你身上，变软的动作怎么做？

（7）幼儿在圈上随音乐完整游戏。

3. 强调游戏规则，完整游戏。

（1）强调枪声最后想起之后的游戏规则。

教师：女王给了我一把酸奶枪，她说我们的欢迎仪式已经结束了。现在呢，我们每个人都要做一块不一样的饼干，那你们来看一看我现在做的跟刚才有什么不一样的地方？

教师：我"啪"了一下，酸奶枪"啪"了谁？本来酸奶才刚刚干，现在我又给她补了一枪，那她现在会怎么样？

（2）教师示范慢慢软下去的动作。

（3）熟悉游戏规则，完整地玩一遍游戏。

教师： 女王说了，哪一块小饼干中枪倒下，谁就成为短跑比赛的发令员。当这块饼干被酸奶枪打中慢慢变软倒在地上以后，他旁边的两块饼干就要向两边跑，谁先跑到原来的位置谁就是下一个打酸奶枪的人。

（4）随教师口令游戏两遍，重点练习倒下以后再跑的规则。

（5）完整随乐游戏。

乐谱

酸奶和饼干（惊愕）

海顿 曲

1=C 4/2

（乐谱）

动作建议

1. 音乐A段，随乐做捏饼干的动作。第1-4小节随乐做8个捏—捏—捏—捏，捏—捏—捏—捏的动作。

2. 第5-8小节做捏成一块兔子饼干的动作。

3. 第9-12小节随乐做刷—刷—刷油啦的动作。

4. 第13-15小节做闻—闻—闻—闻的动作。

5. 第16小节，站在圆圈中间打酸奶枪的人往空中打酸奶枪，其余的小饼干做双手捂住耳朵的动作，并发出"啊"的声音。

6. 音乐B段，被打中的小饼干做软掉了的动作……

7. 音乐结束，当这块饼干被酸奶枪打中慢慢变软倒在地上以后，他旁边的两块饼干就要向两边跑。

游戏玩法

所有小朋友围成一个圈,选一名幼儿做打酸奶枪的人,哪一块小饼干中枪倒下,他就成为短跑比赛的发令员。当这块饼干被酸奶枪打中慢慢变软倒在地上以后,他旁边的两块饼干就要向两边跑,谁先跑到原来的位置谁就是下一个打酸奶枪的人。

第五节 有趣的职业主题

孩子对于职业的认知来源于他所处的社会生态,常见的有医生、老师,也有对于某一种职业的崇拜和幻想,比如警察、宇航员。社会中的各行各业对于孩子们来说既熟悉又陌生,孩子熟悉职业的名称和特征,但却体验不到职业的分工价值和真正内涵。在有趣的职业主题的音乐活动中,我们通过职业特征与音乐特点的融合,在音乐赋予不同职业的情境之下,孩子可以尽情体验、表达表现自己喜爱的职业,并沉浸其中,从而萌发对职业的认同感,产生对各行各业劳动者的喜爱与尊敬,为自己的梦想打下扎实的基础。

大班:小小按摩师

设计思路

孩子经常跟随父母去理发店,看过理发店里叔叔阿姨们给爸爸妈妈做按摩服务,上班辛苦了一天的爸爸妈妈身体得到了很好的放松。"五一"劳动节到了,为了感恩父母,同时体验职业的趣味性,让孩子们当一回小小按摩师为辛苦了一天的爸爸妈妈进行按摩放松活动吧!于是我们有了进行"小小按摩师"活动的想法。

《小小按摩师》的活动根据南京市第一幼儿园研究团队在全国幼儿园音乐研讨会上设计的活动《按摩师》改编,音乐素材为圣-桑的经典名曲《动物狂欢节——终曲》，这首乐曲的整体风格非常欢快，由管弦乐的序奏为前导，音效由如火花的钢片琴声引出欢快的主题，谱出热闹的场面，最后在灿烂的高潮中结束。整首乐曲有5个段落，一、三段的乐曲旋律是相同的，具有重复性，A段的曲调活泼轻巧，用捏脸来表示；B段流畅的音阶弹奏用甩手的动作表现；A段重复捏脸的动作；C段节奏感较强的爬音用切背的动作表现；D段以强烈的交响乐合奏结束，配以捶腿的动作。在扮演按摩师和顾客的游戏情境中，孩子们能愉悦地配合ABACD比较复杂的音乐结构完成动作。

我借用了原活动的开头和后面的延伸部分，欣赏卓别林滑稽幽默的表演，不仅能激发孩子的兴趣，同时又能启发孩子将生活化的按摩动作和音乐结合。最后欣赏2017央视六一晚会《动物狂欢节》拓展孩子的思维，让孩子懂得同一首乐曲可以表现生活中的不同事物，并启发探索用同一乐曲玩各种好玩的游戏。中间部分为了充分发挥孩子的主动性，我对原设计进行了调整，首先对音乐的速度进行了调整使之更适合幼儿的年龄特点，更有利于幼儿的表现。我在不改变音乐性质的前提下稍微放慢了乐曲的速度。其次让孩子先完整地欣赏音乐、享受音乐、感受音乐，因为只有在感受的基础上才能更好地去想象和创造。这样改变了原设计中老师说、孩子们做的被动局面，让孩子自己探索为音乐配上合适的动作，给孩子更多自主想象的空间。

活动目标

1. 在按摩师角色中学习用捏脸、甩手、切背、捶腿等动作来表现音乐，知道音乐可以运用到不同的场合中。

2. 为数字、图示匹配相应的动作，根据图示随乐做动作，感受乐曲ABACD的结构。

3. 愿意两两合作"按摩师"的游戏，体验按摩师礼貌热情、耐心服务的工作特点。

活动准备

1. 电影《大独裁者》中刮胡子的片段。

2. 音乐《动物狂欢节——终曲》。

3. 按摩动作图示（如图）。

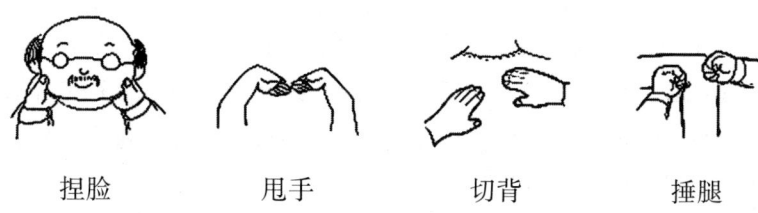

捏脸　　　甩手　　　切背　　　捶腿

活动过程

1. 欣赏电影《大独裁者》中刮胡子的片段。

（1）教师：一位高明的理发师把刮胡子的动作和音乐结合在了一起，我们一起来欣赏一下！

（2）提问：你们能感觉到理发师和顾客的心情是怎样的吗？

2. 探讨按摩师的按摩动作，感受音乐的结构。

（1）了解按摩师的按摩动作。

① 理发店里除了理发还有哪些服务？（按摩。）

② 你们知道按摩都有哪些动作？（甩手、捏脸、捶腿、切背）教师根据幼儿的回答出示相应的按摩图示。

（2）倾听完整音乐，初步感受乐曲的结构。

① 教师：按摩师的按摩秘诀就藏在音乐里，我们先来听一听按摩师的按摩音乐。（教师一边听音乐一边按乐句出示数字1、2、3、4、5。）

② 提问：共有几个按摩秘诀？（5个。）这些数字对应什么按摩动作呢？（回答不一。）那我们一起来听一听音乐，看看适合哪个动作。

3. 运用数字、图示匹配相应的按摩动作，尝试创编按摩动作。

（1）数字1——捏脸。

① 教师哼唱第一句，回答的幼儿做动作，看是否匹配。提问：第一句最适合做什么动作？（捏脸。）你们觉得这个动作合适吗？（合适。在数字1下面贴"捏脸"图示。）

②播放A段音乐。师幼随第一乐句尝试做捏脸动作。教师语言提示：捏、捏、捏捏捏捏捏捏；捏、捏、捏捏捏捏捏捏……

（2）数字2——甩手。

①播放B段音乐。提问：第二句最适合做什么动作？（甩手。）我们一起来试一试。师幼随乐尝试甩手动作。语言提示：左手甩、左手甩；右手甩、右手甩；两只手上下甩。真的很不错！（在数字2下面贴"甩手"图示。）

②师幼随乐做甩手的动作。

（3）数字3——捏脸。

①播放A段音乐。提问：第三句做什么动作？（捏脸。）是的，原来第1句和第3句是一样的音乐，我们一起做捏脸的动作吧。（在数字3下面贴"捏脸"的图示。）

②师幼随乐做捏脸动作，教师可用语言继续提示。

（4）数字4——切背。

①教师哼唱第四句。提问：第四句适合做什么动作？（关注回答的幼儿做的动作，看是否匹配，如有不同意见，请幼儿尝试做一做，看哪个动作更匹配。）那你们现在觉得哪个动作更合适？（切背。在数字4下面贴"切背"图示。）

②播放C段音乐。师幼随第四乐句做切背动作。教师用语言提示：切、切、切……

（5）数字5——捶腿。

提问：那最后一句应该是什么动作呢？（捶腿。）现在我们合着音乐试一试，师幼随第五乐句做捶腿动作。

（6）看图示完整随乐做不同的按摩动作。

教师：现在我们已经掌握了按摩的秘诀，捏脸有几次？（两次。）其他的是几次？（一次。）那我们把这套按摩动作合着音乐连起来玩一遍！（鼓励幼儿合乐进行捏脸、切背、捶腿、甩手的按摩动作，在换下一个动作的时候教师要发出预令"准备捏脸"、"准备甩手"、"准备切背"等。）

完整图示如下：

   1   2   3   4   5

4. 游戏：按摩师。

（1）两名教师完整表演"按摩师"的游戏。创设情境，对"客人"说：瞧！我的顾客来了，欢迎光临！今天想要什么样的服务？配班教师：我想按摩一下。教师扮按摩师，配班教师扮客人进行按摩演示。

（2）请所有的孩子当按摩师，教师当顾客。教师：你们都学会按摩的秘诀了吗？如果你们忘记了可以用什么办法提醒自己呢？（引导幼儿学习看图示。）那我来当顾客，看看你们都学会了吗？（教师坐在椅子上当顾客，让所有的孩子站立在原位当按摩师。）

（3）教师请两名高级榜样（表现出色，能起到示范作用的幼儿）当按摩师和顾客，并商量角色。

（4）请一半幼儿当按摩师，一半幼儿当客人，进行按摩练习。

（5）引导幼儿问一问顾客是否感到舒服，有何建议。

（6）幼儿互换角色进行按摩，重点表现按摩师和客人的心理感受。

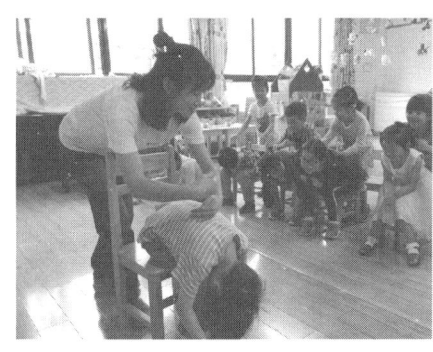

5．欣赏2017年央视六一晚会《动物狂欢节》终曲片段。

（1）教师：刚才我们合着音乐做的"小小按摩师"的游戏真有趣！六一节，叔叔阿姨和小朋友们又用这首乐曲表演了什么节目呢？我们一起来看一看。

（2）这首圣－桑的《动物狂欢节》给我们带来了那么多的惊喜，下次我们还可以用这首好听的乐曲玩其他好玩的游戏。

友情提示

1．表演时，要求按摩师按节奏做各种按摩动作，表现出一定的力度；要求客人给予一定的配合，也体现出节奏感。

2．在游戏环节，教师可以引导顾客表现被按摩后舒服的神情。

3．在教学活动中，教师可以自己预设动作并放在后面表演，可以避免幼儿模仿教师的动作、限制幼儿的创造力，教师丰富的肢体动作对幼儿来讲也能促进其审美能力的提高。

第二章　多样化的主题及教学设计

乐谱

小小按摩师

[法]圣·桑 曲

1=C 4/4

游戏动作建议

角色分为按摩师和顾客。顾客坐在椅子上,按摩师站在顾客的后面。

前奏(第1-6小节):双手做拿围布、抖围布、围围布的动作。

A段音乐(第7-22小节):捏脸

捏脸动作:按摩师将双手放在顾客脸颊两侧做捏的动作。

第7、9、11……单数小节,每一小节做两次捏脸的动作。

第8、10、12……双数小节,每一小节做快速捏脸的动作。

第22小节:教师语令——准备甩手

B段音乐(第23—39小节):甩手

甩手动作需要一名幼儿抓住另外一名幼儿的手进行甩手的动作。

第22-26小节:按摩师抓住顾客右手进行上下甩手动作(每两小节做一次甩手动作,共两次。)

第27-30小节:按摩师抓住顾客左手做两次上下甩手的动作。(每两小节做一次甩手动作,共两次。)

第31-38小节:按摩师双手抓住顾客双手做两次上下甩手的动作。(每两小节做一次甩手动作,共4次。)

第39小节:教师语令——准备捏脸。

第40-56小节:重复A段捏脸的动作。

第57小节:教师语令——准备切背。

C段音乐(第58-72小节):切背

第59-66小节:五指分开并拢双手交替在顾客的背上做切背动作。两拍一次每小节两次。

第67-72小节:动作同第59-66小节。一拍一次每小节4次。

第73小节:教师语令——准备捶腿。(按摩师走到顾客的侧面蹲下。)

D段音乐(第74—86小节):捶腿

双手握拳在顾客的腿上做捶腿的动作。

根据节奏两拍一次,双手交替或者一起做捶腿的动作。在即将结束时可以加快捶腿的频率。

部分内容收录在《幼儿园建构式课程(大班)》下。

第六节　神奇探秘主题

伴随着神州十一号飞船的升空，宇宙的奥秘、宇航员的太空漫步令孩子们产生无限遐想。对于神奇的外太空的一份渴望与追求激发了幼儿的探索精神和创新意识，同时也激发了幼儿构建对于美好未来的愿景。这份愿景是幼儿想象力和创造力的源泉。而"神奇探秘"主题的音乐活动，就像一座桥梁，将愿景与现实连接起来。儿童通过夸张的肢体动作、丰富的面部表情和特有的对话等模仿天外来客。在音乐中享受自己从未体验过又无比向往的星球漫步。这是一种渴望成为科学家的狂想，这是一种源于音乐的表达。

大班：星球漫步

设计意图

在科技是飞速发展的当下，机器人对于孩子们来说并不陌生。博物馆、科技馆，甚至动画片里的机器人深受孩子们的喜欢和崇拜。电影《变形金刚》里一个个鲜活的机器人形象深受大家的喜爱。大黄蜂、擎天柱的模型更是被男孩子们所珍藏。在幼儿园活动性游戏中，孩子们常常会自主模仿机器人走路、说话、做动作，孩子们渴望自己有一天能变成真正的机器人，充满力量与智慧。于是，我选择了孩子们熟知并喜爱的机器人作为活动的主角，在游戏情境中感受机器人动作的非连续性,并体会机器人动作的一顿一顿与力量,尝试在游戏中根据音乐的节奏控制身体和肢体的大关节,唤起孩子们内心深处对于机器人的喜爱与憧憬。

大班韵律游戏"星球漫步"是南京市第一幼儿园研究团队的原创活动,音乐素材选自贾斯汀·比伯演唱的英文歌曲 Baby,音乐旋律欢快,曲调风格活泼。根据教学内容的设计以及幼儿学习的特点,我对原作品进行了删减,选取了其中 1 分 16 秒的乐曲。删减后的音乐为 AB 结构。A 段旋律流畅、明快活泼,表现地球人来到别的星球上找寻机器人朋友,左右看、上下看的情形。B 段旋律主要是英文说唱部分,表现地球人在星球上漫步,找到机器人朋友后交换能力变成新的组合机器人。音乐与故事情境非常切合,通过地球人来到别的星球、找寻朋友、星球漫步到最后找到朋友的情境设计,在游戏中感受音乐的韵律之美。

活动目标

1. 感受乐曲的 AB 结构,根据故事情节模仿机器人看东西、走路、说话的方式。

2. 迁移已有经验,通过观察、模仿、讨论,表现机器人的不同造型。

3. 愿意和同伴合作,体验表现机器人不同造型的乐趣。

活动准备

1. 物质准备:剪辑好的音乐、星球 PPT。

2. 经验准备:合作造型的经验。

活动过程

1. 难点前置,感受创编机器人"看"的动作。

(1) 比较、创编机器人动作。

教师:你们看过机器人吗?机器人做动作和我们地球人做动作一样吗?有什么不一样?

幼儿:机器人做动作是一下一下会停顿的。

教师:今天,我要来当地球人,请你们来当机器人,地球人要做一个向左看一下的动作,机器人会怎么做?(幼儿自由尝试模仿机器人的动作,老师——全体幼儿。)

（2）教师提炼动作节奏，幼儿集体练习。

教师：今天我们的机器人做动作是有程序的。机器人做动作的程序是"看—看—看—回"，记住这个程序了吗？我们一起来试一试。幼儿集体练习。

（3）引导幼儿模仿机器人讲话的方式，感受机器人讲话的趣味性。

教师：现在地球人不做动作了，地球人要说话了。地球人说："你们好吗？"机器人会怎么说？请一位幼儿试一试："你—们—好—吗？"我们一边像他这样说一说，一边像机器人一样一顿一顿地看一看。

2. 教师讲述故事，为幼儿提供音乐线索。

教师：在遥远的外太空，有一群爱旅行的机器人，他们喜欢乘坐飞船到不同的星球去旅行。有一天，他们来到了一个星球上找他们的机器人朋友，他们左看看，右看看，看得能量都用完了，它们充上电，又继续寻找，上看看下看看，找到机器人朋友了，就交换能量变成了一个新的机器人。

机器人们，我们一起登上飞船，准备出发！（幼、师合乐进行上肢动作表现。）

3. 引导幼儿完整感受音乐。

（1）初步感受音乐，幼、师随乐做相应动作，教师通过语言明确提示机器人动作程序：看—看—看—回。

教师：刚才机器人在看来看去找朋友，你们知道它是按照什么顺序找朋友的吗？

幼儿：左—右—上—下的顺序。

教师：左右做了几次？上下做了几次？

幼儿：各两次。

（2）再次用动作完整感受音乐。

教师：刚才我一直都在提醒你们左右上下，这次我不提醒你们了，你们能够按照顺序做一做、看一看、找一找吗？登上飞船！

4. 创编机器人的不同造型。

（1）完整游戏，引导幼儿随乐合拍模仿机器人行走。

教师：刚才机器人一直坐在座位上，现在他要来走一走了，机器人走路是什么样子的呢？谁能来学学看机器人走路的样子？（教师—全体幼儿。）

① 集体游戏

教师：现在我们要来测试机器人的走路功能。我是机器人指挥官，请机器人听好指令，轻轻起立。现在测试机器人的走路功能，听好指令：向前走，向后转，向前走，向后转，请坐下！走路功能测试合格，准予起飞！

② 随乐游戏。

离开座位，跟着教师，上下肢一起随乐做动作。

（2）第二次游戏，创编不同单个机器人造型。

教师：刚刚每个人的造型都和我一样，有没有和我不一样的？现在测试机器人的造型功能，请机器人听好指令，机器人造型开始！

（3）第三次散点游戏，引导幼儿两两合作创编机器人造型。

教师：我们的机器人走路功能、造型功能都已经测试合格了，指挥官决定带着所有的机器人到太空去旅行，我们去的第一个星球是木星。

教师：在木星上，需要两个机器人组合成一个大的机器人，必须在交换完能量后，两个机器人才能变成一个大机器人，那两个机器人怎么交换能量呢？（幼儿自主创编动作。）机器人准备好了吗？登上飞船！

（4）教师可根据幼儿造型进行评价，引导幼儿根据姿势、高低、前后等不同方位进行机器人合作造型创编。

① 幼儿随乐进行左右型机器人组合。

教师：我们圆满完成了木星上的任务，看一下我们要去的下一个星球——金星。金星上需要由两个机器人组合在一起的大机器人，不过需要一左一右的左右型机器人。准备起飞！

② 幼儿随乐进行高低型机器人组合。

教师：现在金星上的任务我们已经圆满完成了，我们要出发前往下一个星球，这个星球离太阳非常遥远，是太阳系之外一个未知的星球，叫作蓝月星球，这个蓝月星球需要一高一低的高低型机器人，准备好了吗？登上飞船！

（5）引导幼儿创编4人一组的合作造型。

① 讨论四人一组交换能量的动作。

教师：我们一口气完成了三个星球的任务，现在看看我们下一个要去

第二章　多样化的主题及教学设计　　73

哪一个星球？地球。地球上居住着地球人，地球人需要四个机器人组合在一起变成超级机器人，刚才我们两个机器人是这样交换能量的，那四个机器人怎么交换能量？

② 集体随乐合作游戏。

5. 结束。

教师：机器人，时间不早了，我们要赶快赶回我们自己的星球，我们要跟地球人说什么？（再—见—地—球—人），登—上—飞—船（音乐起），回去咯！

师、幼伴随音乐离场。

乐谱

BABY

作曲：特里基·斯图尔特

$1=$ ♭E　$\frac{4}{4}$

（曲谱略）

登上飞船：
出发：左看看　回　右看看
回　左看看　回　右看看　回
能量用完　充上电　　　　上看看
回　下看看　回　上看看　回
下看看　回　　找寻朋友……
滴滴滴 —　X X X X
交换能量　造型开始！

动作建议

第 1-2 小节：起飞倒计时 3：双手举过头顶，指尖相对。

第 3-4 小节：起飞倒计时 2：双手掌心相对，放在耳朵两侧的位置。

第 5-6 小节：起飞倒计时 1：双手掌心相对，置于胸前。

第 7-9 小节：双手掌心相对置于胸前，头随手的方向转动（一拍一顿），先向左：看—看—看—回。

第 10-12 小节：双手掌心相对置于胸前，头随手的方向转动（一拍一顿），向右：看—看—看—回。

第 13-15 小节：重复 7-9、10-12 小节。

第 16-17 小节：双手掌心相对置于胸前，手和头随节奏向下，作能量用完状。

第 18-19 小节：双手掌心相对置于胸前，手和头随节奏向上，作充电状。

第 20-21 小节：双手掌心相对置于胸前，头随手的方向转动（一拍一顿），向上：看—看—看—回。

第 22-23 小节：双手掌心相对置于胸前，头随手的方向转动（一拍一顿），向下：看—看—看—回。

第 24-27 小节：重复 20-21、22-23 小节。

第 28-34 小节：随节奏一拍一顿作机器人走路状。

第 35-36 小节：双手掌心相对（合作游戏时与同伴掌心相对）交换能量，造型。

中班：魔力火车钻山洞

设计意图

小火车贴近幼儿的生活，它是幼儿非常喜爱的交通工具，无论男孩女孩都喜欢做开火车的游戏。我以幼儿园园本主题"南星小火车"为契机，在主题教学中通过图片欣赏、实地观摩，帮助幼儿建立对小火车的认识。因此，基于中班幼儿对火车的知识经验和已有的动作发展水平，我根据北京东路小学附属幼儿园的"火车钻山洞"改编了这节中班韵律活动，通过活动引导孩子们感受乐曲ABA'的曲式结构，用开火车的动作表现乐曲中火车欢快前进的特点，通过游戏情境体验开火车的乐趣。

歌曲《魔力火车钻山洞》来自动画片《托马斯小火车》的主题曲，音乐情境性比较突出，有火车呜呜的鸣笛声，也有火车行驶的快慢节奏变化，是非常适合游戏情境的律动。其中乐曲的B段是重复乐句，创设了对动作密码的游戏关卡，引导幼儿通过观察模仿，在节奏中做出相应动作，具有一定的挑战。

活动目标

1. 感受乐曲的旋律和ABA'结构，用开火车、对动作密码、钻山洞等动作表现乐曲欢快前进的特点和结构。

2. 通过观察模仿，尝试在B段准确、有节奏地对出动作密码。

3. 游戏中能和同伴友好合作，控制自己的开火车速度，不互相碰撞，车厢不脱节。

活动准备

1. 幼儿具备一定的火车知识。

2. 音乐。

活动过程

1. 观察模仿动作密码。

（1）教师做一组动作密码，幼儿模仿。

（1）教师做三组动作密码，增加动作难度。

教师：这一次我的密码会变多，你们还能准确地做出来吗？我们来试一试！注意哦，我先做，等我做完了你们再做。开始对密码！

（3）教师哼唱B段音乐做动作，幼儿模仿。

（4）练习洞门打开的动作。

教师：这下你们的动作密码对上了，什么打开啦？我们一起把洞门打开吧。

2. 感受音乐并用动作表现开火车。

（1）选取幼儿动作，表现火车前进。

① 表现火车开动的鸣笛声。

教师：我是魔力山洞，你们是魔力火车，我们来做一个开火车的游戏，火车开动前我说准备，你们要给自己加油打气说"哦哦"！我说出发，你们说"哦哦"！

② 表现小火车前进。

教师哼节奏：咔嚓、咔嚓……幼儿模仿开火车动作。（两只手在胸前一下一下开。）

（2）倾听音乐，重复练习一遍。

① 随乐表现开火车时不同的速度。

教师：音乐里火车行驶的速度一样吗？

教师总结：火车行驶的速度越来越慢了，等下我们在开的时候，也要和着音乐，越开越慢。

②多人合作变火车，在座位上随乐练习。

每个人做车厢，相互连接成一列长长的火车。

③起立，反方向原地随乐开一次。

④邀请配班老师做山洞，幼儿离位随乐练习。

配班老师和小朋友变出山洞，教师带领其他幼儿钻山洞。

教师：小火车要起身钻山洞。（音乐尾声，提醒幼儿回到自己座位。）

3．合作游戏。

（1）教师做火车头，幼儿跟着火车头起身向前开。

教师：小火车要开到更远的地方去？你们要去哪里？小火车一开始就要一个跟着一个开，我们要开咯！

（2）一名幼儿做火车头，其他幼儿跟着火车头向前开。

教师：还可以开到哪个更远的地方？请一名幼儿和我一起做火车头。注意哦，做密码的时候要看火车头，如果看不到可以看前面的小朋友。

4．律动离场。

教师：我们开到了北京，接下去小火车要去更远的地方了，我们要和客人老师说再见咯！

乐谱：

魔力火车钻山洞

1=C 4/4

♩=120 欢快地

[乐谱略]

动作设计

前奏：加油手势，一拍一个。

A 段火车前进：双手握拳在胸前做从里往外的交替转动，每两拍交替一次。

B 段对密码：教师做一个密码动作，小朋友模仿动作，一共做四组，密码对上洞门打开：两手臂举起，向外画弧打开。

A 段火车进站：双手握拳在胸前从里往外交替转动，由快到慢直到音乐结束。

第七节　虚拟人物主题

当今社会已经步入电子媒体时代，动画片、flash、电影中的动画形象色彩鲜明、形象可爱，深受孩子们的青睐，成为幼儿之间经常讨论的话题。这些虚拟人物的出现深深影响着孩子们的童年感受。然而，动画片市场的商业化气息越来越重，动画片质量良莠不齐，对于身心发展尚未健全的孩子来说，潜在的不良影响正在发生。因此，在虚拟人物主题的音乐活动中，我们需要引导幼儿感受、理解正确的价值观，有选择、有针对性地将虚拟人物引入活动，通过价值筛选后，再带给孩子。在音乐游戏中尝试用夸张的体态扮演角色，融入音乐情境中，体验角色扮演带来的快乐。

大班：小魔仙的生日派对

设计意图

本音乐的特点是具有游戏性，旋律节奏明快，易激发幼儿的兴趣。A段与B段都以连续音、停顿音为主要特点，连续音旋律节奏鲜明，适合以律动的形式表现，易让幼儿熟悉并掌握；音乐配器也极具特色，停顿音犹如动物的叫声一般，易拓展想象力，受幼儿喜爱。

由于音乐本身趣味性强，我与团队倪娉婷老师选择了幼儿熟悉的卡通人物巴拉拉小魔仙为切入点，创建了一个小魔仙邀请动物王国的小动物们一起庆祝生日、玩游戏的音乐情境。通过学习"魔法"，熟悉A段连续音节奏的快慢区别、停顿音音乐配器的动物特色，"魔法"的音乐图谱也紧贴音乐旋律，"挥舞魔棒，变、变出动物"很容易让幼儿掌握A段的旋律节奏特点；B段音乐的特点更加明显，因此音乐图谱也相对简单明了，可以鼓励幼儿以自主创编的肢体动作来表现连续音、停顿音，通过玩游戏的方式，使幼儿熟悉掌握B段的旋律节奏特点；最后结合小魔仙生日派对的音乐情境，将AB段完整地体现出来。

本音乐活动，不仅使幼儿掌握了连续音、停顿音的节奏特点，提高了解读音乐图谱的敏锐性,锻炼了自主创编律动的能力,并体现了"玩中学"在音乐活动中的实效性。

活动目标

1. 通过聆听音乐,结合音乐图谱初步掌握音乐旋律及连续音、停顿音的节奏。

2. 尝试创编连续动作以及静止造型动作表现连续音和停顿音。

3. 乐意在"生日派对"的情境中享受与同伴一起游戏的快乐,能在停顿音处控制自己的身体动作。

活动准备

音乐课件、四色吸铁石、四色圆点不干胶、旋律谱写纸、黑色水笔、动物图示、魔棒。

活动过程

1. 引入主题。

(1)听辨"魔法"和"游戏"两段不同的音乐。

① 今天老师为你们请来了一位小客人,瞧!这是谁?(出示音乐课件)

② 今天是小魔仙的生日,她想举办一个生日派对,于是就把魔法王国里的小动物们一个个从睡梦中变了出来,小动物们一边为小魔仙庆祝一边玩游戏,可热闹啦!

③ 小魔仙也邀请你们去魔法王国玩一玩。我们先来听一听他们什么时候变魔法,什么时候玩游戏,音乐分了几段。(完整听一遍音乐)

(2)如有需要,可听第二遍,略作提示。

2. 学习"魔法。"

(1)欣赏"魔法"音乐。

① 你们知道小魔仙是用什么变魔法的?怎么变的?(请一位幼儿示范一下。)

② 下面我们就来听听小魔仙是怎么变魔法的,变出了什么小动物。

③ 听一遍《魔法》音乐。(配合体态语作为提示。)

④ 她变出了什么小动物?

(2)画出"魔法"的音乐旋律。

① 这回老师把魔法画出来，你们来看看小魔仙是什么时候把小动物变出来的。

② 能看懂这个魔法吗？（请幼儿来猜想。）

挥舞魔棒（大圈小圈、变一个小动物需要挥几次）+ 变（吸铁石、喊）+ 动物（图示、叫声）

（3）学习"魔法"。

① 伸出你们的小魔棒（食指），我们来学一学这个魔法。（练习一遍。）

② 我们把剩下的三只小动物也变出来吧。（注意喊"变"，配合动物叫声。）

（4）"魔法"游戏。

① 配合音乐，教师变"魔法"，（施展"魔法"时，幼儿呈睡姿。），幼儿变小动物。（动物叫声、造型）。

② 注意到"变"的吸铁石有什么特别？（四色。）

③ 配合音乐，请幼儿对应与吸铁石相关的颜色变小动物。

3. 熟悉"游戏"节奏。

（1）欣赏"游戏"音乐。

① 学会魔法，把小动物变出来之后，我们就可以玩游戏啦！还记得他们怎么玩游戏的吗？（聆听"游戏"音乐。）

② 你觉得他们在玩什么游戏？

（2）画出游戏规律。

① 第二遍听，画出游戏。

② 请幼儿来说说其中的规律，加以引导。

（3）熟悉"游戏"节奏型。

① 请幼儿尝试用肢体动作来表现连续音与停顿音。（请一位幼儿示范。）

② 配合音乐，用各自创编的动作来表现节奏。

③ 强调停顿，幼儿随即摆出造型，再配合音乐练习。

4. 音乐游戏。

(1)学会了用魔法变小动物,还掌握了游戏规则,请举起你们的小魔棒,我们开始生日派对吧!(请幼儿于教室中心,各自寻找空位玩音乐游戏,注意开头与收尾。)

(2)拿出准备好的魔棒,请幼儿使用各自创编的动作来表现"游戏"节奏,注意连续音与停顿音的区别,可先由教师充当小魔仙开始游戏,之后还可让幼儿来当当小魔仙。

附录

1. 魔法音乐图谱。

2. 游戏音乐图谱。

动作说明（结合图谱）

1. 魔法部分

（1）挥舞魔棒：食指为魔法棒，一个大圈（一拍一个），两个小圈（半拍一个）。

（2）变：食指伸直向前，并大喊一声"变"。

（3）动物：摆出动物的造型（如在半蹲的情况下，起立摆造型），并配以两下相应动物的叫声。

2. 游戏部分。

连续音：用连续的肢体动作表现。

停顿音：用造型或暂停的动作表现。

乐谱

小魔仙的生日派对

1=C 4/4

♩=100

根据《火影忍者》主题曲改编
改编者：颜瑶卿

$\underline{3\ 5}\ \underline{3\ 1}\ \underline{\dot{5}}\ \ 0\ |\ \underline{2\ 4}\ \underline{2\ {}^\flat7}\ \underline{{}^\flat6}\ \ 0\ |\ \underline{3\ 5}\ \underline{3\ 5}\ \underline{3\ 1}\ \underline{1\ {}^\sharp1}\ |\ \underline{2\ 2}\ \underline{{}^\sharp2\ {}^\sharp2}\ 3\ 0\ |$

A

$\|:4.\ \ \underline{1}\ \underline{{}^\sharp2\ 3\ 2}\ \underline{{}^\flat2\ 1}\ |\ 4.\ \ \underline{1}\ \underline{{}^\sharp2\ 3\ 2}\ \underline{{}^\flat2\ 1}\ |\ 4.\ \ \underline{1}\ \underline{{}^\sharp2\ 4\ 2\ {}^\sharp1}\ \underline{{}^\flat1\ 7}\ |\ 1\ \ 0\ \ 0\ \ 0\ :\|$

${}^\flat7.\ \ \underline{4}\ \underline{{}^\sharp5\ 6\ 5}\ \underline{{}^\flat5\ 4}\ |\ {}^\flat7.\ \ \underline{4}\ \underline{{}^\sharp5\ 6\ 5}\ \underline{{}^\flat5\ 4}\ |\ {}^\flat7.\ \ \underline{4}\ \underline{{}^\sharp5\ 6\ {}^\sharp5\ 4}\ \underline{4\ 3}\ |\ 4\ \ 0\ \ 0\ \ 0\ |$

$4.\ \ \underline{1}\ \underline{{}^\sharp2\ 3\ 2}\ \underline{{}^\flat2\ 1}\ |\ 4.\ \ \underline{1}\ \underline{{}^\sharp2\ 3\ 2}\ \underline{{}^\flat2\ 1}\ |\ 4.\ \ \underline{1}\ \underline{{}^\sharp2\ 4\ 2\ {}^\sharp1}\ \underline{{}^\flat1\ 7}\ |\ 1\ \ 0\ \ 0\ \ 0\ |$

B

$\underline{3\ 5}\ \underline{3\ 1}\ \underline{\dot{5}}\ \ 0\ |\ \underline{2\ 4}\ \underline{2\ {}^\flat7}\ \underline{{}^\flat6}\ \ 0\ |\ \underline{3\ 5}\ \underline{3\ 5}\ \underline{3\ 1}\ \underline{1\ {}^\sharp1}\ |\ \underline{2\ 4}\ \underline{2\ {}^\flat7}\ \underline{{}^\flat6}\ \ 0\ |$

$\underline{3\ 5}\ \underline{3\ 1}\ \underline{\dot{5}}\ \ 0\ |\ \underline{2\ 4}\ \underline{2\ {}^\flat7}\ \underline{{}^\flat6}\ \ 0\ |\ \underline{3\ 5}\ \underline{3\ 5}\ \underline{3\ 1}\ \underline{1\ {}^\sharp1}\ |\ \underline{2\ 2}\ \underline{{}^\sharp2\ {}^\sharp2}\ 3\ 0\ |$

$4.\ \ \underline{1}\ \underline{{}^\sharp2\ 3\ 2}\ \underline{{}^\flat2\ 1}\ |\ 4\ \ 0\ \ 0\ \ 0\ \|$

大班：选拔代理猴王

设计意图

第九届全国幼儿园音乐教育研讨会的主题是：我感恩、我担当、我幸福。这个主题正是许卓娅教授根据当时人们缺少担当、责任、感恩的品质提出来的，我非常希望能够围绕这个主题，创作一个体现大会精神的音乐活动。如果要将这个价值内涵渗透在故事情境中自然而然地传递给孩子，那找到一个优秀的故事情境就非常重要了。仔细地思考了很久，最后我选定了非常适合的故事"选拔代理猴王"。首先主角孙悟空是一个非常有担当、会感恩的正面角色，他是孩子们崇拜的偶像、经常谈论的对象，应该为孩子们所喜爱。而选拔代理猴王的故事讲述的是孙悟空马上要陪师父唐僧西天取经了，花果山要选拔一位有担当、有责任心的代理猴王，于是猴子们练起了打斗、七十二般变化的本领。最后选中其中最能干的两位，迁移切西瓜的游戏。当听到"嚓"声时，猴王手在两人中间一挥。在音乐结束前，两人先跑回的为赢，成为代理猴王；如未跑到，另外一位金箍棒一甩，这位猴子假装被打晕死过去"倒地"，另外一位为赢，成为代理猴王。

作品选择了具有中国民间以及流行元素的《金箍棒》，根据故事情节将原先将近 5 分钟的音乐重新编辑成现在 1 分半左右的音乐。音乐里有变化打斗、追逐的段落，自然地隐含了富有神话色彩的有关孙悟空的故事情境。将游戏设计成两两合作打斗，圈上追逐游戏的形式。通过试教后，发现这个活动在一个课时里容量非常大，适合两两合作进行"真假美猴王"游戏后，第二课时增加挑战再完成圈上游戏。

活动目标

1. 感受乐曲的旋律和结构，并能用打斗、变化、追逐等相应动作表现乐曲的结构。

2. 在"打斗"的互动情境中，尝试通过两两合作一对一"挥棒击打"、"快速躲闪"、"对打"等动作来表现 B 段乐曲的三段乐句。

3. 锻炼快速反应能力，在未被猴王选中时，不感到沮丧和气馁，愿意为同伴加油鼓劲。

活动准备

1. 剪辑好的《金箍棒》音乐。

2. 了解真假美猴王的故事。

活动流程

1. 根据故事，尝试创编简单的动作

（1）孩子们，金箍棒是谁的武器？（孙悟空。）孙悟空经常得意地称自己为"俺老孙"。

（2）孙悟空家住哪里？（花果山。）花果山可以用什么动作表示？

（3）孙悟空得到的如意宝贝是什么？（金箍棒。）金箍棒怎么拿？（你看他的动作，好最神气。）。

（4）孙悟空有哪些本领？（变，72变的本领。）如果你是孙悟空你想变成什么？例：小兔。（我说变的时候你们就慢慢地变出来。）你还想变成什么？（教师说"变"，练习，还想变什么？小花。）

2. 跟着教师边做动作边完整感知音乐。

（1）幼儿跟着教师一边做动作一边感受音乐一遍。

教师：今天颜老师就给小朋友带来了一首关于猴王孙悟空的音乐，我们一起来玩一玩。（播放完整音乐1。）

提问：音乐里最后两句孙悟空在干什么？（像在追打。）

（2）幼儿跟着教师一边做动作一边进一步感受音乐。

我们再来玩一玩，看看是不是像大家说的一样在追打呢？（播放完整音乐2。）真的像大家说的一样，在追打呢。

3. 进一步感知B段音乐，尝试用打斗、躲闪、对打动作表现B段乐曲。

（1）教师哼唱，尝试用打斗、躲闪、对打动作表现B段乐曲。

教师：在花果山，孙悟空每天都要教小猴子们打斗的本领，瞧他们是怎么练习打斗的。

（2）随B段音乐，教师与全体幼儿互动，做打斗、躲闪、对打动作。

4. 教师与一位幼儿两两互动完整表现音乐。

5. 幼儿和幼儿两两合作完整表现音乐。

6. 游戏：竞选"代理猴王"。

（1）教师交代游戏规则。

教师：告诉大家一个消息，猴王孙悟空接到紧急任务，明天就要陪师傅唐僧去西天取经了，需要选一个像孙悟空一样不仅勇敢，而且还有担当的代理猴王来管理花果山。孙悟空准备举行一个"临时猴王"的选拔赛，怎么选呢？谁最会追打妖怪我就选谁做猴王，在"齐天大圣""啊哈"后面"砰"一声之后，将手指向两位小朋友中间，这两位幼儿就按逆时针方向追逐。先回到位置上的赢，没有回到位置上的，被另外一位一棒打晕。

（2）教师扮演孙悟空，幼儿扮演猴子，完整做一遍游戏。

（3）"代理猴王"加冕仪式。

乐谱

选拔代理猴王

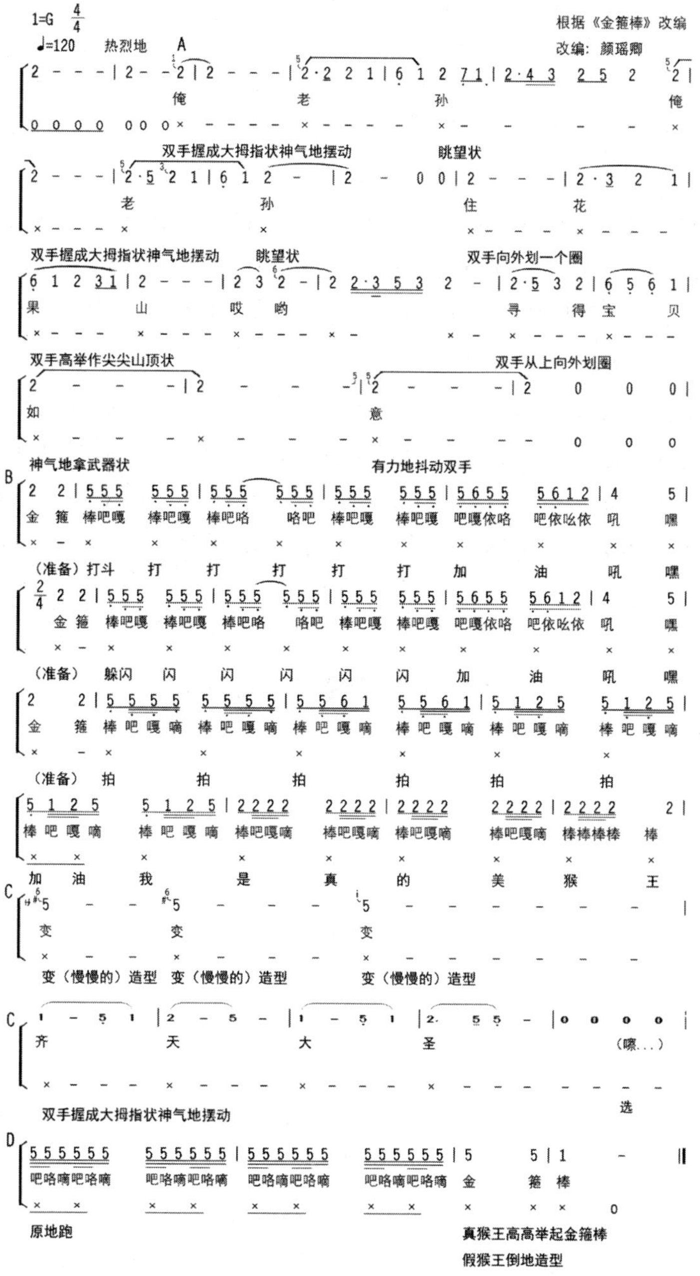
1=G 4/4
♩=120　热烈地
根据《金箍棒》改编
改编：颜瑶卿
俺　老　孙　俺
双手握成大拇指状神气地摆动　眺望状
老　孙　住　花
双手握成大拇指状神气地摆动　眺望状　双手向外划一个圈
果　山　哎　哟　寻　得　宝　贝
双手高举作尖尖山顶状　双手从上向外划圈
如　意
神气地拿武器状　有力地抖动双手
金　箍　棒吧嘎　棒吧嘎　棒吧咯　咯吧　棒吧嘎　棒吧嘎　吧嘎依咯　吧依吆依　吼　嘿
（准备）打斗　打　打　打　打　打　加　油　吼　嘿
金　箍　棒吧嘎　棒吧嘎　棒吧咯　咯吧　棒吧嘎　棒吧嘎　吧嘎依咯　吧依吆依　吼　嘿
（准备）躲闪　闪　闪　闪　闪　闪　加　油　吼　嘿
金　箍　棒吧嘎嘀　棒吧嘎嘀　棒吧嘎嘀　棒吧嘎嘀　棒吧嘎嘀　棒吧嘎嘀
（准备）拍　拍　拍　拍　拍　拍
棒吧嘎嘀　棒吧嘎嘀　棒吧嘎嘀　棒吧嘎嘀　棒吧嘎嘀　棒吧嘎嘀　棒棒棒棒　棒
加　油　我　是　真　的　美　猴　王
变　变　变
变（慢慢的）造型　变（慢慢的）造型　变（慢慢的）造型
齐　天　大　圣　（嚓...）
双手握成大拇指状神气地摆动　选
吧咯嘀吧咯嘀　吧咯嘀吧咯嘀　吧咯嘀吧咯嘀　吧咯嘀吧咯嘀　金　箍　棒
原地跑
真猴王高高举起金箍棒
假猴王倒地造型

第八节　快乐运动主题

生命在于运动，运动伴随着孩子的健康成长。每天幼儿来园都需保证2小时的户外运动时间，其中包括户外晨间运动、早操和户外体育锻炼。幼儿园操场上充满着孩子们运动的身影。运动的过程是孩子交往、分享、合作、体验的过程。运动不仅仅能给我们带来身体上的健硕，更赐予我们精神上的愉悦。同样的，动听的音符、优美的旋律和富有韵律的节奏也能给予我们身心的享受。在"快乐运动"主题开展中，我们将运动与音乐相结合，带给孩子的将是不一样的感受。无论是运动歌曲（《奥林匹克进行曲》《运动员进场曲》《我和你》），还是富有动感、节奏性强的流行音乐，都可以成为这个主题的音乐素材。幼儿在快乐运动中用肢体动作等感知音乐结构，在享受音乐、表现音乐的过程中提高自身大、小肢体动作的协调性、平衡性等。这个主题也将音乐领域和健康领域巧妙地结合起来，具有一定的指导意义。

大班：我是奥运小健将

设计思路

奥运会是全世界人民关注的焦点，班级里时常有小朋友带来奥运项目图片、有关奥运的光盘、书籍等资料，奥运题材内涵丰富，极具教育价值，我和孩子们共同生成了开展"奥运小健将"主题活动的想法。当孩子们积累了大量的有关奥运的知识经验和有关奥运项目的动作经验后，一个能让孩子们以音乐的方式表达他们对奥运会的情感的活动开始在我的脑海里酝酿……

乐曲《我是奥运小健将》是根据流行音乐《奥林匹克花》改编而成的，音乐欢快、强烈并富有动感。由于原来的乐曲不管从长度、结构、速度上都不适合幼儿进行主动探索、创造性的表现，因此我将乐曲改编为ABA'结构，A段音乐活泼、跳跃，并富有激情，表现运动员们开心地跑出来向大家招手，号召大家一起来运动的各种动作。B段音乐节奏强烈并富有动感，是由一些具有现代时尚气息的拟声词和复杂的伴奏织体构成。B段音乐为a+b结构，前半乐段（a）中拟声词"oh"、"ai"、"wan"间断出现，后半乐段（b）的歌词连续快速，犹如在进行项目的连续运动。动作结构为：a部分创编奥运项目造型动作，b部分创编奥运项目连续运动过程的动作。如此设计为幼儿的创造性表达提供了自由空间和秩序保证，并为幼儿随乐创编奥运项目造型动作提供了自由空间。

活动目标

1．理解并能用动作表现作品 ABA 结构。

2．能根据奥运项目创编 B 段音乐中运动健将的各种造型动作和连续运动动作。

3．在间段出现拟声词时，能够迅速控制自己的身体并做出有创意的造型。

4．感受运动员朝气蓬勃、努力拼搏的精神，产生参与奥运、热爱奥运的情感。

活动准备

1．《我是奥运小健将》音乐磁带。

2．幼儿熟悉奥运会运动项目，观看过各项运动比赛过程的录像片段并尝试模仿画面中的动作、造型。

3．熟悉 A 段音乐并探索过 A 段乐曲中奥运健将快乐入场的各种动作。

活动过程

1．随 A 段音乐做奥运健将快乐入场的各种动作进入活动室。

2．自主探索奥运健将的各种比赛动作。

（1）欣赏 B 段音乐，引导幼儿表现奥运健将的运动造型动作和连续运动动作。

① 欣赏 B 段音乐。

提示语：奥运健将开心地跑出来了，接下来，奥运健将又要干什么呢？仔细地来听一听！

提问：你觉得这一段乐曲中，奥运健将又在干什么？

② 边听音乐边尝试表现奥运健将的各种样子。

指导语：现在我们合着音乐把自己的想法用动作表现出来！

③ 教师引导幼儿分析幼儿的造型、运动动作，并请幼儿尝试练习。

教师：刚才老师看到有两位小朋友的动作特别有意思，我们请他们上来表演给大家看看！（播放B段乐曲，请两位小朋友表演同一项运动比赛，且一位表演几个造型，一位随乐表现自己连续运动的动作。假设幼儿表演的是骑自行车项目。）

教师：现在请小朋友们来猜一猜这两位小朋友在表演什么。（引导幼儿说出一位在表演骑自行车，一位正在表演连续骑车的动作。）

教师：他们正在参加骑自行车比赛呢，这两位小朋友的动作很有意思，我们都来玩一玩。现在我们来听听这段乐曲什么时候适合摆骑车造型，什么时候适合表演连续的骑车动作？（启发引导幼儿说出在前面"oh"、"ai"、"wan"拟声词间断时适合运动造型表演，在后面歌词连续出现的时候适合表演连续的骑车动作。）

教师：现在请大家来试试，在前面间断出现"oh"、"ai"、"wan"的时候摆运动造型，在后面连续出现歌词的时候表演连续的比赛动作。

（教师引导幼儿边听B段音乐，边有意识地用自己的体态语提醒幼儿在间断出现"oh"、"ai"、"wan"时摆出骑自行车造型，在后面连续出现歌词的时候表演连续骑车动作，并及时地捕捉几位表现不错的孩子。）

教师：现在请谁来表演给大家看看？

（请这几位孩子上来随着音乐展示，其余的幼儿模仿他们的动作。）

④ 变换运动项目，创编各种运动健将的造型动作。

教师：除了自行车比赛，奥运会还有什么比赛项目？（如幼儿回答游泳。）

教师：游泳比赛可以怎么造型呢？（如一幼儿上来展示游泳双手合掌准备跳水等动作。）

教师：除了可以做准备跳水的造型动作，还可以做什么造型动作？（教师根据幼儿的回答，让他们上来展示，如：跳水时、在水里游泳时的造型，并用夸张的动作加以模仿，进一步引导幼儿，每一个运动项目都可以变化出好多环节的造型动作。）

教师：游泳时除了可以摆这样的造型，还可以摆什么造型？（教师根据幼儿的回答，让他们上来分别展示仰泳、蛙泳、自由泳、蝶泳、花样游泳的造型，并用夸张的动作加以模仿。进一步引导幼儿每一个环节都可以变化出各种各样的动作。）

教师：现在我们合着音乐来玩一玩游泳比赛的造型动作！（教师间断唱拟声词"oh"、"ai"、"wan"，引导幼儿表演游泳项目造型动作。）

教师：刚才我们表演了骑自行车和游泳等比赛项目，我们还可以表演哪些奥运会的比赛项目呢？它们都有哪些造型动作呢？（教师根据幼儿回答的每一项比赛，启发幼儿迁移已有经验变化出各种各样的造型动作。）

教师：现在请小朋友找空位置选择最喜欢表演的奥运项目进行一组造型表演（幼儿自由地表演，教师巡回指导，积极地评价幼儿的动作。）

⑤ 幼儿自愿选择一项奥运比赛，合着音乐完整地创编 B 段造型动作和连续动作，并进行数次。

指导语：现在我们合着音乐来玩一玩自己最喜欢表演的奥运比赛项目动作。

（2）欣赏 A' 段音乐，引导幼儿表现奥运健将比赛结束后开心地跑动并欢呼的动作。

指导语：比赛结束了，真精彩，奥运健将们开心地庆祝、欢呼！

3. 游戏：我是奥运小健将。

（1）师幼一起随音乐，完整表现奥运健将开心跑出来、进行项目比赛、欢呼等动作。

（2）完整地再玩一遍游戏。

延伸活动

在未来的活动中，教师进一步引导幼儿探索合作类的奥运项目比赛动作，引导幼儿进行合作表演。

92　多彩光谱　多元表现——幼儿园韵律活动的实践研究

乐谱

我是奥运小健将

1=C 4/4

根据《奥林匹克花》改编
改编：颜瑶卿　金广南

♩=140　欢快、激情的

动作建议

A 段：奥运健将快乐入场。

第 1-4 小节，前奏准备。

第 5-22 小节，做运动员们开心地跑出来并向大家招手的各种动作。

B 段：奥运健将开始进行奥运项目比赛啦。

第 23 小节，第 1 拍迅速摆出奥运比赛项目造型动作并控制住自己的身体，第 2、3、4 拍静止不动。

第 24、25 小节同 23 小节，做连续运动动作。

A'段：奥运健将们开心地庆祝、欢呼（基本重复 A 段动作）！

造型动作参考图

骑自行车造型 1

骑自行车造型 2

骑自行车造型 3

游泳准备造型

游泳跳水造型

自由泳造型

蝶泳造型 　　　　　仰泳造型 　　　　　蛙泳造型

跑步造型 1 　　　　跑步造型 2 　　　　跑步造型 3

棒球造型 1 　　　　棒球造型 2 　　　　棒球造型 3

骑马造型 1　　　　骑马造型 2　　　　骑马造型 3

举重造型 1　　　　举重造型 2　　　　举重造型 3

第九节　幼小衔接主题

对大班幼儿来说，"离别"是一种必然的经历。因为他们要告别幼儿园生活，迈入小学大门。并且，在离别之际，大班幼儿还带着一份对小学生活的憧憬。因为，对他们来说，小学是一个陌生而又向往的地方，小学的一切都是那么新鲜，小学的老师、小学的同学也是值得期待的。音乐是表达思想情感的艺术。在幼小衔接的关键期，我们用动听的旋律、美妙的歌声尽情地表达对幼儿园人、事、物的怀念与感恩，疏解离愁；同时，我们也将小学的人、事、物巧妙地与音乐元素结合起来，把小学的集体学习和生活变得生动、有趣、丰富起来，通过音乐激发幼儿对小学生活的热爱和向往，帮助幼儿体验积极的情绪。通过音乐游戏培养合作精神、规则意识以及自我服务等能力，为走进小学奠定基础。

大班：时钟叫我上学去

设计意图

《时钟叫我上学去》的音乐选自动画片《火影忍者》的主题曲，整个音乐旋律节奏明快，声音清脆。A 段与 B 段都以连续音、停顿音为主要音乐特点，连续音旋律节奏鲜明，适合以律动表现，易让幼儿熟悉并掌握；音乐配器也极具特色，停顿音犹如时钟停顿一般，易拓展想象力，受幼儿喜爱。整体游戏性、趣味性强。

以幼儿熟悉的时钟为切入点，用幼儿最喜欢的机器人角色创设机器人时钟，模拟小学生活的音乐情境。通过模仿机器人时钟运动和静止的动作，熟悉 A 段连续音节奏的快慢区别、停顿音音乐配器的特色。在 B 段鼓励幼儿以自主创编的小学生生活中的肢体动作来表现连续音、停顿音和旋律节奏特点。最后结合切西瓜游戏，表现幼儿急忙去上学的情境。整个游戏过程，动作来源于幼儿的生活经验，也让幼儿对小学生活充满向往。

活动目标

1. 感知并理解乐曲的 AB 结构，尝试在"去上学"的游戏情境中用动作表现乐曲结构。
2. 尝试创编 B 段音乐中小学生的各种生活造型动作。
3. 乐意参加团体游戏活动，并产生喜欢上小学的积极情感。

活动准备

1. 机器人时钟一只（或图片）、音乐 CD。
2. 幼儿参观过小学生的一日生活。
3. 在活动前最好有玩过切西瓜游戏的经验。

活动过程

1. 出示机器人时钟，模仿 A 段机器人运动、静止的动作。

（1）幼儿用动作表现机器人断顿、有力的动作。

教师：机器人是怎么动的呢？

（2）倾听音乐 A 段，观看老师表演机器人动作。

教师：请幼儿仔细听听机器人是在音乐的哪个阶段静止不动的？（每句结束的时候。）

（3）幼儿跟随教师随 A 段音乐表现机器人运动、静止的动作。

2. 倾听 B 段乐曲，尝试创编各种小学生生活造型动作。

（1）小学生的一天。

教师：前段时间我们参观了小学校，看到小学生们在干什么？（举手、写字、升旗、运动……）

（2）模仿幼儿举手动作。

教师：机器人时钟也会做出举手的动作，谁来试一试？我们大家也来学学举手的动作。

（3）自由尝试，表现其他生活造型动作。

教师：你们还会用动作表现小学生的其他活动吗？（写字、升旗、打排球、吃饭等姿势。）

（4）幼儿跟随教师随 B 段音乐做出各种各样的小学生生活造型动作。

教师：现在我说转转1的时候你们就马上做出小学生生活的造型，说"转转2"就变换其他造型。

教师：我们跟着音乐试一试。

3. 游戏：时钟叫我上学去。

（1）师幼完整表现 AB 乐曲。

（2）交代游戏的玩法，并尝试做一次游戏。

全体幼儿围成圆圈成为一个大时钟，教师在中间做中心点。

A 段乐曲：全体人员做机器人时钟运动静止动作。

B 段乐曲：圈上幼儿随 B 段做小学生生活造型动作，中心点教师做"转转1、转转2、转转转转转3、转转5、转转7、转转转转转8"。（在说"转的时候双手握拳，拳心相对，顺时针绕圈，在说数字的时候手指伸出做出数字状）。说数字时前面可随机，最后的转必须说"8"，表示8点钟，教师将手指指向两位幼儿的中间，这两位幼儿必须作背起书包状沿圆圈向两边跑（表示赶着去上学），谁先回到位置上谁赢。赢的到中间做中心点。中心点的人换到赢的幼儿的圈上位置。

（3）教师当中心点随乐游戏一次。

（4）完整地进行游戏数次。

活动建议

1. 做机器人动作时，随着音乐节拍振动肌肉和关节。当肌肉连续地瞬间收紧，再突然放松，并带动关节，就会产生瞬时停顿、骤然开始的动作效果。本活动中的机器人动作诙谐有趣，既有利于幼儿感知乐曲的节拍，又能让幼儿悄然产生向往富有乐趣的小学生活的情感。

2. 在日常游戏中，教师进一步引导幼儿探索小学生生活、学习、运动的造型动作。

乐谱

时钟催我去上学

根据《火影忍者》主题曲改编
改编者：颜瑶卿

1=C 4/4
♩=100

第三章　幼儿园韵律活动的音乐素材及多样化设计

第一节　多样化的音乐素材

音乐素材是韵律活动教学的基础，教师需要根据幼儿的审美偏好以及心理发展特点进行多样化的音乐素材选择。

首先，音乐素材形象选择要多样化，可以选择贴近幼儿生活的动物、人物、游戏材料等。

其次，音乐素材的来源选择要多样化，既可以选择喜闻乐见的流行音乐，如幼儿喜爱的动画片主题曲、节奏轻快的成人流行乐曲等，也可以选择富有特色的民间音乐，一些曲风欢快、节奏重复性强的民间乐曲经过改编，也可以成为很好的音乐材料。

最后，音乐素材可以选编处理。很多经典音乐具有很高的欣赏价值，但这些经典音乐的长度超过了幼儿的生理耐受能力，需要进行多种形式的选编处理，方可作为韵律活动的材料。我们可以通过剪辑，缩短音乐的长度并保留其试听的完整性，同时可以为经典音乐赋予幼儿能理解的故事和动作。

一、形象鲜明的儿童音乐

形象鲜明的儿童音乐为多彩光谱理念下的音乐活动提供了方便取用又丰富的资源。贴近幼儿生活的儿童乐曲具有活泼欢快、朗朗上口、富有情趣等特点,幼儿会随着音乐的节拍自然地律动。如乐曲《小陀螺》,幼儿对各种小动物形象的小陀螺非常感兴趣,播放这首乐曲时,幼儿在前奏部分就开始自然地做陀螺转动的动作,在音乐结束时还会自动摆出陀螺静止的造型。又如乐曲《我的房子呱呱叫》,幼儿对建筑工人盖房子的场景非常熟悉,能在乐曲前面的部分创编砌砖、推小车、钉钉子、锯木头等动作,在音乐结束部分——"盖得呱呱叫"——合作创编一栋房子的多种造型。

小班:小陀螺

设计意图

早晨来园时,有位小朋友带来了一个音乐陀螺,孩子们对这个既会唱歌又会旋转的小陀螺表现出了很大的兴趣,有的孩子还跟着小陀螺的音乐模仿起了小陀螺旋转的动作。从幼儿感兴趣的素材入手,能够更好地激发幼儿对音乐游戏的喜爱,也便于幼儿在音乐活动中更好地进行游戏。于是我就有了设计关于小陀螺的音乐活动的想法。

我选择了一首孩子们耳熟能详的儿童音乐《小陀螺》。歌曲讲述的是可爱的小金鱼想借小陀螺玩一玩的有趣故事。整首歌曲由两部分组成,A段有歌词,B段是和前面旋律一样的轻音乐,最后有一句尾奏。我将动作设计为:A段随乐曲的节拍左右摇摆表现动物陀螺的动作;B段随乐句顺时针及逆时针方向原地转动;尾奏让幼儿创编陀螺停止转动后的各种造型。

最后用小金鱼和小陀螺的故事来引入音乐游戏,教师扮演小金鱼,幼儿扮演小陀螺。小金鱼邀请小陀螺一起游戏,被邀请到的小陀螺就可以跟着音乐旋转起来。幼儿在游戏中感受歌曲的内容,用身体旋转来表现音乐的节奏,孩子们真正地在音乐中玩得开心,玩得快乐!

活动目标

1. 理解音乐的情境,学习按节奏向两个不同的方向旋转。
2. 尝试创编各种有趣的动物陀螺造型,能根据音乐的不同段落进行表现。
3. 乐意参与音乐游戏,感受活动的乐趣。

活动准备

1. 剪辑好的音乐、小羊陀螺玩具。
2. 曾经玩过的小陀螺玩具。

活动过程

1. 教师出示玩具小陀螺，引起幼儿兴趣。

教师：老师带来了一个很有趣的东西，看！这是什么？这是一个小羊陀螺。（教师示范转陀螺。）它是怎么转的？（引导幼儿用手指表现转圈的动作。）转转转转转转转。除了往这边转，还能往哪边转？（教师的指导手势动作幅度要大一点，动作提示陀螺幼儿向另一边转。）

2. 完整感受音乐。

教师：小羊陀螺还有一首好听的歌曲，我们一起来听一听。（教师一边引导幼儿认真听音乐一边用手模仿羊角，播放 A 段音乐时随节拍摇摆，播放 B 段音乐时教师用手指表现转动。）

教师：这首歌真有意思，歌曲里小陀螺怎么了？我们再来仔细地听一听，听完后请你们告诉我。

教师演唱：小陀螺（罗括罗）真好玩／不小心掉到池里怎么办／小金鱼游过来向我问好／它要小陀螺借它玩一玩。转转转转转转停。转转转转转转停。转转转转转转停。转转转转转转停。（转的时候念白声音轻一点，配上表示转动的动作。）

3. 引导幼儿理解 A 段歌词，并尝试用手指表现 B 段陀螺旋转的动作。

① 教师引导幼儿理解歌词内容。

教师：小陀螺怎么了？（不小心掉到池里了。）谁游过来了？（小金鱼。）是怎样转的？（这边转一转，那边转一转。）

② 幼儿跟随教师引导，身体随 A 段音乐自然摇摆，在 B 段用手指表现陀螺旋转的动作。

教师：现在我们来当小羊陀螺，看看音乐里是不是这样说的。

4. 尝试向右顺时针方向、像左逆时针方向转着走，表现 B 段中陀螺的旋转动作。

① 教师随 B 段音乐表现小羊陀螺旋转的动作。

教师：你们转得真好，除了用手指转，小羊陀螺还想用身体转转看，仔细看看小羊陀螺是怎么转的。（教师将一只手指竖起放在耳边扮小羊陀螺的样子，边念白边转圈。）

教师：刚才小羊陀螺是怎么转的？（先朝一个方向转，再朝另一个方向转。）小羊陀螺是在说完哪个字后准备往相反的方向转的？（"停"字后。）

② 幼儿跟随教师随B段音乐表现小羊陀螺旋转的动作。

教师：现在你们都是小羊陀螺，一二三，变！（教师引导幼儿用手模仿羊角放在头上。）

一定注意要在转的时候转，在停的时候马上停下来，做好向反方向转的准备。

③ 师幼共同随完整音乐表现小陀螺摇摆、旋转等动作。

教师：现在我们合着整首曲子来玩一玩，注意什么时候转，什么时候停。

（随A段音乐引导幼儿合着节拍做身体自然摇摆的动作。随B段音乐做身体向右顺时针方向、向左逆时针方向转着走的动作。）

5. 尝试创编各种动物形象的陀螺的动作，并完整表现音乐内容。

① 教师根据幼儿说的动物形象进行创编，幼儿跟随教师完整表现音乐内容。

教师：我们除了能变成小羊陀螺，还能变成什么小动物陀螺呢？（如幼儿回答：青蛙。）用动作告诉我青蛙是什么样的。（教师优化幼儿的青蛙动作。）幼儿跟随教师合着整首音乐表现青蛙陀螺摇摆、旋转的动作。

② 请一位幼儿示范创编动物陀螺的动作，教师哼唱，其他幼儿一起进行模仿。

教师：除了青蛙陀螺，还有什么小动物陀螺呢？（如一幼儿回答：兔子。）那么兔子陀螺会怎么玩呢？请你上来做给大家看一看！教师一边哼唱一边和这位幼儿一起表现兔子陀螺的动作，其他幼儿模仿。

③ 幼儿创编不同动物造型的陀螺的动作，并随完整音乐进行表现。

教师：现在每一位小朋友变成自己喜欢的动物陀螺来玩一玩，注意听音乐，该转的时候转，该停的时候停。

6. 教师扮演小金鱼，幼儿扮演陀螺进行音乐游戏。

① 教师扮演小金鱼，请一名幼儿随着音乐示范玩小陀螺游戏。

教师：小动物陀螺真好玩，小金鱼也想和小陀螺一起玩。请所有的小动物陀螺准备好！看看小金鱼是怎么和小陀螺玩的？（教师站起来演唱，唱到"小金鱼游过来向我问好"的时候，教师走近幼儿，唱到"借它玩一玩"时邀请小朋友起立，在幼儿头顶转手指，提示幼儿转圈。）

② 邀请两到三名幼儿玩小陀螺游戏。

教师：刚才的小陀螺表现得真好，接下来小金鱼要请更多的小陀螺一起玩。请小陀螺准备好！

③ 邀请所有幼儿随乐曲玩小陀螺的游戏。

教师：这次小金鱼要请所有的小陀螺一起来玩了！待会儿小金鱼游过来的时候，请所有的小动物陀螺都转起来。现在把你们的动物陀螺变好。（到歌词结束时请所有的幼儿一起参与旋转。）

④ 在玩小陀螺游戏的同时引导幼儿尝试摆造型。

教师：刚才小金鱼在水里都没有看清楚小陀螺的样子，这次请小陀螺在音乐结束的时候把你的小动物造型摆好，让小金鱼来猜一猜，你们都是什么动物陀螺。

5. 小陀螺歌曲情景游戏。

教师：请小朋友们到椅子后面准备好，椅子前面是一个大大的池塘，等歌曲唱到"不小心掉到池塘里"时，我们就到椅子前面的"池塘里"。等一会儿我小金鱼的手指到谁，谁就转起来，如果我指到很多的"陀螺"，这些"陀螺"都要一起转起来。这个游戏真好玩，我们的小陀螺都要准备好。（教师暗示性地站到椅子后面。）跟着好听的音乐一起来玩吧！

6. 结束活动。

教师：小动物陀螺太好玩了，我们一起去外面玩一玩吧。

乐谱

小 陀 螺

1=C 2/4

```
5  33 | 43 21 | 5  3 | 2 - | 3  55 | 66 66 |
小 陀螺 克勒克勒 真 好 玩,     不 小心 掉到池里

i  3 | 5 - | 5  33 | 43 21 | 5  5 | 2 - |
怎 么 办?   小 金鱼 游 过来  向 我 问 好,

3  5 5 | 6 6 5 | 6 6 7 7 | i - ||
它  要    小 陀 螺   借 它 玩 一 玩。
```

(轻音乐)

```
5  33 | 43 21 | 5  3 | 2 - | 3  55 | 66 66 |
(转 转转 转转转转 转 转 停)   (转 转转 转转转转

i  3 | 5 - | 5  33 | 43 21 | 5  3 | 2 - |
转 转 停)    (转 转转 转转转转 转 转 停)

3  5 5 | 6 6 5 | 6 6 7 7 | i - ||
(转 转 转   转 转 转   转 转 转 转 停)
```

(注：括号内文字为教师提示性语言)

二、喜闻乐见的流行音乐

除了儿童音乐，喜闻乐见的流行音乐也可以作为多彩光谱理念下音乐活动的音乐素材，如幼儿喜爱的动画片主题曲、节奏欢快的成人流行乐曲等。这些流行音乐具有旋律朗朗上口、节奏感强的特点，容易调动幼儿的兴趣。如贾斯丁·比伯的《Baby》节奏感强，我为幼儿创设了外星人来到地球探险的故事情节，让幼儿模仿外星人，将起床、玩耍、运动等动作做得断顿有力。又如《洗澡歌》欢快而富有动感，乐曲的前奏和尾奏都以"噜啦啦"来哼唱，乐曲的欢快性和重复性深受幼儿喜爱。我们创设了洗衣机洗衣服的情节，让幼儿表现衣服放入洗衣机，漂浮、转动、甩干、洗好后晾在衣架上等各种造型动作。

大班：真假美猴王

设计意图

一天，我看到宋老师的儿子一边听音乐一边非常开心地跟着音乐哼唱"棒吧嘎、棒吧嘎"，我觉得这首歌曲非常有意思，他告诉我这是龚琳娜演唱的新神曲《金箍棒》。我观看了龚琳娜表演的《金箍棒》视频之后，对作品进行了分析，发现整首乐曲包含中国传统京剧、民乐以及流行音乐的元素，同时音乐里隐含着孩子们非常喜欢的富有神话色彩的故事情境，比如孙悟空的"百变"、"棒吧嘎"的打斗情境、"吧嘎嘀、吧嘎嘀"跑的情境等。因为曾经看过有老师将神曲《忐忑》设计成非常有意思的《狐狸和小鸡》的音乐游戏，我就想利用《金箍棒》的音乐设计一个音乐游戏活动。

如何让这首家喻户晓的神曲《金箍棒》成为很好的幼儿音乐教学素材呢？怎么组织相应的音乐活动才能让幼儿始终积极地投入其中呢？为此，我在以下几个方面进行了探索。

1. 重新编辑音乐，让作品更符合孩子的兴趣和需要。

为了能让《金箍棒》这一作品更加符合幼儿的兴趣和内在需要，我们对音乐做了编辑，让音乐的长度、速度、情节更适合幼儿，能真正地被孩子们所喜欢。《金箍棒》整首曲子的时间太长，有 5 分多钟，同时音乐元素比较多。A 段乐曲相对舒缓、悠扬，对于幼儿来说显得比较拖沓；B 段音乐速度则太快，幼儿较难合拍。根据孩子们最喜欢的神话故事情境，如"变"的情境、"棒吧嘎"的打斗情境、"吧嘎嘀、吧嘎嘀"跑的情境，我先选取了以叙述孙悟空为主线的 A 段音乐，并在不改变音乐性质的情况下加快 A 段的速度；再选取有打斗情境的 B 段音乐，并放慢 B 段乐曲的速度，让幼儿能够合拍进行游戏；而后选取了"变"和"吧嘎嘀、吧嘎嘀"的音乐元素，最后将音乐编辑成 1 分 15 秒，ABCD 结构。虽然音乐有 4 段，但每一段音乐的特征非常明显，而且每段音乐都有简单的故事情节，同时音乐本身的歌词也能提醒幼儿随乐曲表现，降低了音乐的难度。可以说改编后的音乐，无论是长度、速度还是情节，都更适合孩子的年龄特点，更符合孩子的兴趣和需要。

2. 挑选并给孩子讲述故事，让活动更富有情趣和意义。

《西游记》是家喻户晓的故事，孩子们通过动画片和故事书早就熟悉了故事情节，而主角孙悟空更是孩子们崇拜的偶像。应该说作品中的故事和角色是孩子们喜欢的，是符合儿童经验的。我在《西游记》众多的故事中选择了"真假美猴王"这一情节，并使音乐更加符合故事中角色的性格。为增加戏剧冲突，让"打斗"、"72变"更富有情趣和意义，在感受B段打斗乐曲前，我渲染了故事的感情色彩：真猴王虽然被师父赶走了，但他还一心想着师傅。当他得知假猴王打伤了师父后，非常伤心，火速跑去找到假猴王，拿起金箍棒朝假猴王打去。故事的讲述不仅使打斗富有趣味，而且让孩子感受到孙悟空是一个有责任、有担当的人。在活动结束前，音乐尾声处，增加了如下故事情境：经过打斗和72变，真假美猴王还是分不出输赢，最后如来佛让假猴王现了原形，真猴王赶紧跑上前去高举金箍棒打假猴王，假猴王被打后晕倒在地。这时孩子们要表现假猴王各种晕死的样子，同时真猴王要用不使对方难受的动作去检查。这一情节的设计不但使得活动更富有情趣，使孩子们对活动始终保持很大的兴趣，同时向孩子们传递了"我成长，我担当，我幸福"的人格品质教育理念。

3. 游戏设计层层递进，让孩子们在每个环节体验成功的快乐。

音乐活动中无论是动作的编排、师幼互动还是空间位置的安排都要根据幼儿的年龄特点，遵循循序渐进的原则，从易到难，从简到繁，从上肢到下肢，从坐到站，再到找空位，层层递进。比如游戏一开始先根据故事情节，创编简单动作并使之与整首曲子合拍，然后一遍遍进行累加，由开始的挥棒击打，到迅速躲闪、对打，再到加入加油鼓劲的"吼嘿"，动作逐渐丰富。再比如在互动环节中，先是教师对全体幼儿的互动，然后是教师对一位幼儿的互动，再到幼儿对幼儿的互动，层层递进的设计让孩子们在每一个环节中都能体验成功的快乐。

4. 在互动中了解幼儿的兴趣和经验，调整活动目标和内容。

为了了解孩子们是否喜欢这个音乐、是否熟悉孙悟空以及真假美猴王的故事，我找了几个孩子先试着玩一玩，结果发现孩子们很喜欢，也都熟悉这些故事。我尝试让孩子们变成蜘蛛精，有些孩子变出凶狠的造型，一位男孩子马上就说："不对，蜘蛛精是这样子的！"他把手放在下巴下面，做出很妩媚的样子，由此可以看出，他们不仅有兴趣，也有一定的经验。

这个活动的重点是要完成打斗动作，因为"变"对于大班孩子来说很容易，他们可以自己表现。在试教的时候我将选拔代理猴王的故事情境融入活动中，不但有两两合作打斗，还有绕圈追逐游戏，我希望一节课有许多精彩的场面，但后来发现容量太大，在短短的30分钟里，就像做压缩饼干一样，流程很快，没有让孩子充分体验、感受音乐，学得不扎实。为了能在单位课时内，让孩子充分体验、感受音乐，我们必须进行取舍，最后决定只进行两两合作，在第二课时再进行"选拔代理猴王"的游戏。

点评

从活动设计意图的表述中可以看出，教师既有能力从教材中挖掘出各种能够激发儿童兴趣和能力的有趣活动，又能够实事求是地根据儿童在有限时间内可能承受的负荷进行选优取舍，这是难能可贵的。因为根据我们大量的教师行为观察发现，有些教师要么很难设计出真正有趣、有挑战又紧扣教材的活动，要么就是把许多设计堆积在一起，不愿取舍或不能选优取舍。因此，该教师在这里所表现出的综合能力是非常难得的。

活动目标

1. 感受乐段的起止，合拍做动作，表现乐曲的结构。
2. 在打斗的互动情境中，尝试通过两两合作一对一做挥棒击打、快速躲闪、对打等动作，创造性地表现B段乐曲的三段乐句。
3. 假猴王迅速倒地保持造型不动，真猴王检查时要用不让对方感到难受的力度。

点评

此目标充分体现了对"本学科素养目标、学习素养目标和人格素养目标"的全面关注，且全部使用了以儿童为主语——即以儿童为主体的学习目标（而非以教师为主语——以教师为主体的教学目标）的语法结构。最难能可贵的是，全部使用了目前学习心理学倡导的"行为目标"的撰写方法，所有目标都是教师完全可以直接要求和观察的儿童行为，同时所有行为又都紧紧扣住了该活动中儿童必然要面对的具体发展问题。

活动准备

1. 经验准备——了解真假美猴王的故事。活动前幼儿有过两两合作进行游戏的经验。
2. 剪辑好的《金箍棒》音乐。

活动过程

1. 师生共同回顾故事情节，并根据故事尝试创编简单的动作。

教师：孩子们，金箍棒是谁的武器？（美猴王孙悟空。）是美猴王孙悟空的。他经常得意地称自己为"俺老孙"。

教师：美猴王的家在哪里？（花果山。）花果山可以用什么动作来表示？

教师：美猴王得到的如意宝贝是什么？（金箍棒。）金箍棒怎么拿？

教师：美猴王有哪些本领？（72变。）如果你是美猴王你想变什么？（假如幼儿回答小兔，教师就和幼儿尝试玩变小兔的游戏，即教师说"变"的时候幼儿就慢慢变出小兔的造型。）你还想变成什么？（教师和幼儿继续玩"变"的游戏。）

点评

这个环节我们通常称之为"难点前置环节"。本环节的重点在于帮助儿童提取自身原有的经验，准备好将在后面用于动作表演的动作语汇。

下面是使用附有故事意义的表演动作来感知音乐的主要环节。许多人都以为，音乐是听觉的艺术，所以感知音乐只要用耳朵来听就可以了。实际上，尽管音乐常常被称为感性的艺术，但音乐的许多概念（音乐的形式、结构成分和结构方式）也是可以抽象出来的。这些被抽象出来的诸如节奏、旋律、乐句、乐段、篇章结构等概念，在仍旧以动作思维作为主要认知方式的学前阶段，还是需要学习者使用动作来进行认识的。当然，单纯的抽象概念学习，是不符合儿童的年龄特点的，因此，抽象概念的学习和儿童使用生活经验能够理解的简单故事相结合，就成了这一阶段儿童感知音乐形式结构所需要使用的重要手段。

2. 师幼一边随意做动作一边完整感知音乐，共两遍。

教师：今天老师就给小朋友带来了一首关于美猴王孙悟空的音乐，我们一起来玩一玩。（播放完整音乐第一遍。）

教师：音乐里最后两句美猴王在干什么？（好像在追打妖怪。）

教师：我们再来玩一玩，看看是不是像大家说的在追打妖怪。（播放完整音乐第二遍。）

点评

一般来说，在这种律动表演游戏的教学设计中，让儿童在一开始接触音乐时就完整感知音乐，是比较好的选择。因为完整的音乐和完整的故事在学习初期就完整地结合在一起，有利于幼儿形成二者相结合的完整感知印象和动作表演的动力定型，因而对后期表演和游戏时的流畅性非常有帮助。以前，许多教师倾向于将音乐和动作表演切割成一段一段的片段进行教学，希望以此减轻幼儿感知和记忆的负担。但是，这样做很容易导致在最终完整表演或游戏的时候，因段落之间没有机会形成动力定型，而影响表演或游戏的流畅性。当流畅性较低的时候，表演或游戏的快感也会受到很大的负面影响。

3. 进一步感知 B 段音乐，尝试用打斗、躲闪、对打动作表现 B 段乐曲。

（1）教师哼唱，师幼尝试用打斗、躲闪、对打动作表现 B 段乐曲。

① 教师一边哼唱 B 段第一乐句一边示范打斗动作。

教师：在《真假美猴王》的故事里，虽然美猴王孙悟空被师父赶走了，但他却一直想着师父。当他知道假猴王打伤了师父，就立刻找到假猴王，拿起金箍棒向假猴王打去。仔细看，他是怎么打的？

② 教师哼唱 B 段第一乐句，幼儿模仿教师练习打斗动作。

教师：在"金箍"的时候做好准备，在"打斗"的时候打斗，一起来试一试！

③ 尝试练习加油后说"吼嘿"，为真猴王鼓劲。

教师：刚才我看到一位小朋友一下一下地打斗，和音乐非常合拍。等一会儿我说完"加油"，你们就为真猴王鼓鼓劲，说"吼嘿"！

④教师哼唱，师幼尝试用躲闪动作表现B段第二乐句。

教师：真猴王挥棒打假猴王，假猴王马上要反击，真猴王就要躲闪，怎么躲？做给我看看。现在我们想象一下假猴王在反击时，我们怎么躲闪。

⑤教师哼唱，师幼尝试用对打动作表现B段第三乐句。

教师：经过了打斗、躲闪，真假美猴王开始对打了，一边对打，一边神气地告诉对方：我是真的美猴王。在对打的时候，我说完"加油"，大家说"我是真的美猴王"。我们一起来试一试。

（2）师幼随B段慢速音乐尝试表现打斗、躲闪、对打动作。

教师：现在我们合着音乐来试一试，注意在播放打斗的音乐时打斗、播放躲闪的音乐时躲闪、播放对打的音乐时对打。（播放慢速B段乐曲。）

（3）师幼随B段原速音乐尝试表现打斗、躲闪、对打动作。

教师：这一次音乐变快了，有没有信心跟上？（播放原速B段乐曲。）

点评

由于为B段音乐设计的表演和游戏对动作合乐的精准水平要求比较高，因此教师在此设计了突出重点的学习环节。而且，这位非常有经验的教师还在该环节的初始几步采用亲自慢速哼唱音乐的方法，以便能够让幼儿从容感知音乐与动作的关系，并有充分的反应时间逐步适应录音音乐的速度。只有这样循序渐进、从容不迫的设计，才能够切实保证绝大部分幼儿的学习质量，而且只有这样长期坚持，才能够有效落实培养"从容淡定，稳健扎实"的学习习惯的目标。

4. 师幼共同扮演真猴王，完整表现音乐一遍。

教师：现在我们都是真的美猴王，我们合着音乐完整地玩一玩。要注意音乐表现了什么，等音乐到打斗的时候我们再打斗。（播放完整音乐第三遍。）

5. 教师扮演假猴王，全体幼儿扮演真猴王，师幼互动完整表现音乐一遍。

教师：现在你们当真猴王，我当假猴王，你们打的时候，我假猴王要（躲闪），我反击时你们要（躲闪），然后我们一起对打，这一次在打斗时我不用动作提醒你们了，你们可要自己提醒自己。（播放完整音乐第四遍。）

6. 教师扮演真猴王，全体幼儿扮演假猴王，互动完整表现音乐一遍。

教师：你们当真猴王表现得那么好，我也来试试当真猴王，你们来当假猴王，假猴王反应要快，我打你们的时候你们要先（躲闪），再（反击），接着对打。（播放完整音乐第五遍。）

7. 教师与一位幼儿商量好选择的角色，两两互动完整表现音乐一遍。

教师：现在我要请一位小朋友和我一对一地玩一玩，你想当谁，真猴王还是假猴王？举手告诉大家。注意你先（打或躲），大家帮我们加油鼓劲。（播放完整音乐第六遍。）

教师引导幼儿积极地评价，如：和音乐很合拍、变出了各种各样的造型、打斗的时候反应很快、美猴王做出了很生气的表情、两位在合作的时候眼神是有交流的，等等。

8. 幼儿和幼儿两两商量好选择的角色，坐在位置上两两合作完整表现音乐一遍。

教师：现在你们也和旁边的朋友一起来玩玩，商量好谁当真猴王，谁当假猴王。真猴王举手告诉大家，假猴王举手告诉大家。准备好了，等会儿提醒自己先打斗还是先躲闪。（播放完整音乐第七遍。）老师引导幼儿进行自我评价：刚才你们在合作的时候有什么困难？

9. 幼儿交换角色，站在座位边上两两合作完整表现音乐一遍。

教师：现在交换角色，刚才的真猴王现在变成了假猴王；刚才的假猴王现在变成了真猴王。现在的真猴王举手告诉大家，现在的假猴王举手告诉大家。这一次在鼓劲的时候声音要更响亮。（播放完整音乐第八遍。）

点评

以上两个环节，教师使用了非常精密的双角色教学设计步骤：师生同角色继续熟悉真猴王动作——生继续巩固真猴王动作、师新增假猴王动作示范与全体幼儿互动——师生交换角色——师与一位幼儿结伴示范真假猴王互动——幼儿两两结伴尝试真假猴王互动。这样精密的设计，不但有利于保障绝大多数幼儿在独立结伴操作的时候已经基本清楚所有的表演和游戏配合细节，还有利于避免许多幼儿由于没有弄清楚细节，在完整随乐结伴表演或游戏的时候产生迷惘、焦虑的情绪，长此以往更有利于避免幼儿产生退缩性的学习态度或不求甚解马虎了事的学习习惯。

10. 幼儿尝试表现最后假猴王晕倒的样子。

（1）一位幼儿尝试表现假猴王晕倒的样子。

教师：真假美猴王经过了打斗、72变，还是分不出输赢，故事结局到底是怎么样的呢？（如来佛让假猴王现了原形，美猴王一棒打晕了假猴王。）

教师：在音乐快结束时，真猴王高高举起金箍棒挥向假猴王，假猴王被打晕倒在地上了。谁来试一试，表现假猴王晕倒在地的样子？（请一位"高级榜样"上来表现假猴王晕倒在地的样子。）提醒幼儿注意假猴王要在音乐结束后马上晕倒在地并摆出造型。

（2）集体尝试表现假猴王晕倒的样子。

教师：现在我们大家都找个空的位置一起来试一试假猴王晕倒在地的样子。（教师表扬快速晕倒并摆出不一样晕死造型的幼儿，如：他的舌头都吐出来了、嘴巴都歪了、脚翘那么高。）

点评

装死或假装晕倒对于幼儿来说是与前面的"打斗"完全不同的另外一种有效的刺激。如果说前面的"打斗"是一种"动"的刺激，现在"装死"

则是一种"静"的刺激。这一动一静的巧妙衔接,恰到好处地将表演和游戏更进一步地推向了高潮!教师设计的高明之处更在于:在整个活动的前半部分,把这个故事的最终结果隐藏了起来,最后"抖"出这一情节,能够产生出更强烈的效果。

11. 幼儿和幼儿再次商量好选择的角色,找到空位置两两合作完整表现音乐一遍,假猴王在音乐结束后晕倒在地。

教师:现在请你们和朋友商量好谁来当真猴王,谁来当假猴王,请假猴王先找到空位置准备好了,请真猴王找到你的朋友站好。注意了,等会儿假猴王在音乐结束后马上晕倒在地。(播放完整音乐第九遍。)

教师:真猴王看看假猴王是不是真的晕死过去了,要用让对方舒服的动作去检查一下。

12. 幼儿邀请客人老师,并商量好选择的角色,在空位置上两两合作完整表现音乐一遍,假猴王在音乐结束后晕倒在地。

教师:我们邀请客人老师和我们一起来玩一玩。商量好谁当真猴王,谁当假猴王。(播放完整音乐第十遍。)

教师:今天我们用这个音乐玩了真假美猴王的故事,下次我们再用这个音乐玩一玩关于美猴王的其他故事!

点评

该活动的设计充分体现了幼儿音乐教学心理学的设计原则和技巧,值得学习和借鉴。

活动延伸

尝试让孩子根据这首曲子创编与美猴王有关的其他游戏,如:选拔代理猴王、三打白骨精等。

本内容刊登在《学前教育》2015年第5期,并转载于《幼儿教育导读》2015年第8期。

第三章　幼儿园韵律活动的音乐素材及多样化设计　115

乐谱

真假美猴王

1=G 4/4
♩=120　热烈地

根据《金箍棒》改编
改编：颜瑶卿

A
```
2 - - |2 - ⁻²|2 - - -|⁵2·2 2 1|6 1 2 ⁷1|2·4 3  2 5|⁵2 - - -|
      俺        老           孙                       俺
0 0 0 0  0 0 0  ×
```

双手握成大拇指状神气地摆动　　　眺望状

```
2 - - |⁻⁵2·2 1|6 1 2|2 - 0 0|2 - - |2·3 2 1|
      老     孙          住         花
```

双手握成大拇指状神气地摆动　眺望状　　　双手向外划一个圈

```
6 1 2 ³1|2 - - -|2 3 ⁵2 - 2|2·3 5 3 3 2 - |1·⁵5 3 2|6 ⁵5 1|
果     山        哎 哟                寻     得 宝 贝
```

双手高举作尖尖山顶状　　　　双手从上向外划圈

```
2 - - |2 - - |⁻⁵2 - - -|2 - 0 0 0|
如          意
0       0  0  0
```

B
神气地拿武器状　　　　　　　　　有力地抖动双手

```
2 2|555 555|555 555|555|5655|5655|5612|4  5|
金箍棒吧嘎 棒吧嘎 棒吧咯 咯吧 棒吧嘎 棒吧嘎依咯 吧依吆依 吼 嘿
（准备）打斗 打 打 打 打 打 加 油 吼 嘿
```

2/4
```
2 2|555 555|555 555|555|5655|5655|5612|4  5|
金箍棒吧嘎 棒吧嘎 棒吧咯 咯吧 棒吧嘎 棒吧嘎依咯 吧依吆依 吼 嘿
（准备）躲闪 闪 闪 闪 闪 闪 加 油 吼 嘿
```

```
2 2|555 555|555 555|5561|5561|5125|5125|
金箍棒吧嘎嘀 棒吧嘎嘀 棒吧嘎嘀 棒吧嘎嘀 棒吧嘎嘀 棒吧嘎嘀
（准备）拍 拍 拍 拍 拍 拍
```

```
5125|5125|2222|2222|2222|2222|2|
棒吧嘎嘀 棒吧嘎嘀 棒吧嘎嘀 棒吧嘎嘀 棒吧嘎嘀 棒棒棒棒 棒
加 油 我 是 真 的 美 猴 王
```

C
```
♯5 - - |♯5 - - |⁶⁵5 - - |¹5 - - |
变        变         变
```

变（慢慢的）造型　变（慢慢的）造型　　　变（慢慢的）造型

D
```
555555|555555|555555|555555|5 5|1 - ‖
吧咯嘀吧咯嘀 吧咯嘀吧咯嘀 吧咯嘀吧咯嘀 吧咯嘀吧咯嘀 金 箍 棒
×             ×             ×             ×          0
```

原地跑　　　　　　　　　真猴王高高举起金箍棒
　　　　　　　　　　　　假猴王倒地造型

三、富有特色的民间音乐

民间音乐经常被忽略,教师觉得这种"古老"的乐曲很难融入现代的音乐教学活动之中,但其实一些曲风欢快、节奏重复性强的民间乐曲经过改编,也可以成为很好的音乐素材。如改编后的《快乐皮影人》音乐幽默、滑稽、具有民族特色,B段音乐有两部分,前半部分旋律感强,用皮影人的造型和动作表现;后半部分是由锣及木鱼按XXX|OXX|的节奏演奏的,用静止的造型表现。再如我们将民间音乐《蕲竹舞》改编成《敲敲乐》,将原本的音乐改编为AB结构,使AB两段乐曲具有鲜明的对比,A段旋律活泼欢快,用竹棍敲击身体的动作表现;B段旋律强烈,富有震撼力,用竹棍相互敲击表现。

大班:快乐皮影人

设计意图

一天,有个孩子带来了皮影舞蹈《俏夕阳》的光盘。大家在欣赏了这个节目后,为老奶奶和小朋友的表演喝彩,同时对皮影戏产生了浓厚的兴趣,于是我们设计、组织了"快乐皮影人"的创造性韵律活动,创造性地进行艺术化的表现,并培养幼儿对身边艺术事物的敏感性。

乐曲《快乐皮影人》是根据春节联欢晚会的舞蹈节目《俏夕阳》的音乐改编而成的,幽默、滑稽,具有民族特色。由于原来的乐曲节奏较快,缺乏变化,不适合幼儿表现,因此我将乐曲改编为ABA结构,将B段乐曲各乐句的后半句处理成停止旋律出现锣及木鱼的节奏型,为孩子随乐创编表现皮影人的造型动作提供自由空间。由于幼儿对皮影戏缺少了解,活动前我让他们观看舞蹈《俏夕阳》和皮影馆的录像,并模仿图片上的皮影造型、操纵皮影人进行造型表演等,这些经验准备为幼儿创编造型提供了条件。另外，A段乐曲中皮影人入场的动作已在第一课时完成，在这个活动中，我重点让幼儿尝试独立造型，并借助一系列的问题，引导幼儿变换方位，创编B段乐曲中皮影人的造型动作。

活动目标

1．理解并能用动作表现作品的ABA结构。

2．能变换方位创编B段音乐中皮影人的各种造型动作。

3．在音乐旋律停止，出现节奏型时，能够迅速控制自己的身体并做出有创意的造型。

4．初步了解皮影戏的特点，产生喜爱民间艺术的情感。

活动准备

1．《快乐皮影人》音乐磁带、一块长白布、一盏太阳灯。

2．幼儿观看过皮影表演以及皮影动画片，观看过舞蹈《俏夕阳》VCD，了解皮影戏的特点。

3．熟悉A段音乐并探索过A段乐曲中皮影人入场的各种动作。

活动过程

1．随A段音乐做皮影人造型动作，排队进入活动室。

2．自主探索皮影人的造型动作。

（1）欣赏B段音乐，引导幼儿表现皮影人的造型动作。

① 欣赏B段音乐。

教师：听，喇叭吹起来了。皮影人要干什么了呢？仔细听。你觉得这一段乐曲中皮影人在干什么？

幼儿：皮影人在跳舞。

幼儿：皮影人在玩。

幼儿：皮影人在摆造型。

幼儿：好像在敲鼓。

幼儿：皮影人在表演节目。

幼儿：皮影人在出场。

② 边听音乐边尝试表现皮影人的各种样子。

教师：现在我们合着音乐把自己的想法用动作表现出来。

（幼儿随着音乐自由表演，有的幼儿挥动双手表现皮影人在跳舞；有的幼儿双手十指上下摆动表现皮影人在敲鼓；有的幼儿滑稽地表演皮影人头和手向前一伸一缩的样子，并在音乐出现"镗"时停住，摆出了一个造型……）

③ 教师引导幼儿分析一个幼儿的造型。

教师：刚才老师看到有个小朋友的动作特别合拍。我们请他上来表演给大家看看！

（播放 B 段两小节音乐，请该幼儿随着音乐表现自己创编的造型动作。）

教师：这位皮影人在表演什么？

幼儿：在摆造型。

教师：你们觉得他表演得怎么样？

幼儿：造型动作特别好看。

幼儿：他的造型动作和音乐很合拍。

教师：我们再来看看他是在乐曲的什么时候停住摆造型的。

（教师哼唱乐曲，该幼儿随着音乐再表演一遍。）

幼儿：在音乐出现锣声的时候停住摆造型。

幼儿：音乐没有旋律，出现"镗"的时候。

④ 边听音乐边尝试表现皮影人的动作造型。

教师：现在请大家来试试，在乐曲出现"镗"的时候停住并摆造型。

（幼儿边听 B 段音乐边尝试表现皮影人的动作造型，教师有意识地用体态语提醒幼儿在旋律停止、出现节奏 X XX | OX X| 时停住并摆出造型。）

教师：现在请谁来表演给大家看看？

（播放 B 段两小节音乐，请几名幼儿随着音乐展示自己创编的造型动作，其他幼儿模仿他们的造型动作。）

⑤ 变换方位创编各种皮影人的造型动作。

教师：大家看这位小朋友是站着造型的。除了站着造型，皮影人还可以怎么造型？

幼儿：蹲着。

教师：谁来试试蹲的造型？

（一个幼儿展示蹲的造型。）

教师：谁再来摆个站的造型？

（一幼儿上来展示站的造型。）

教师：大家看这三个皮影人，一个是站的，一个是半蹲的，一个是蹲着的，造型有高有低。

（教师用手势请站着但身子向前倾的幼儿留下，其余两位幼儿回位。）

教师：大家看，他的造型是身子前倾的，皮影人除了身体向前的造型，还可以怎么造型？

幼儿：向后／向上／向下。

（教师根据幼儿的回答，让他们上来分别展示身子向后、向上、向下的造型，并用夸张的动作加以模仿。）

教师：皮影人做造型时身体可以面向不同的方向。

（教师捕捉到一个幼儿是手臂弯曲向下造型的。）

教师：瞧，他的手臂关节也很灵活，是弯曲向下造型的。手臂除了可以向下造型，还可以向什么方向造型？

幼儿：向上／向前／向后。

（教师根据孩子的回答做出手臂弯曲向上、向前、向后的造型。）

教师：除了手臂关节，我们还可以利用哪些关节变出各种各样的造型？

幼儿：脚部关节。

教师：我们来试一试。

（教师和幼儿摆动脚尖做出向上、向下、向前、向后的造型。）

教师：还可以利用什么部位的关节？

幼儿：膝盖/脖子/手腕/大胳膊/胯。

（教师根据幼儿的回答，启发他们摆弄各个关节做出不同的造型。）

教师：现在请每个小朋友找个空位置摆出自己喜欢的造型动作，注意运用身体的各个关节向不同方向造型。

（幼儿自由摆造型，教师巡回指导，积极评价幼儿的动作。）

⑥ 随乐创编各种皮影人的造型动作。

教师：现在我们跟着音乐来试一试，注意要利用各个关节变换各种各样的造型。

（播放四句乐曲，幼儿随乐造型。）

⑦ 合着B段音乐完整地创编造型动作。

教师：现在我们要完整地合着音乐来玩一玩，注意要变换各种各样的造型。

（幼儿合着B段音乐完整地创编造型动作。）

（2）欣赏 A 段音乐，引导幼儿表现皮影人走回去的动作。

教师：皮影人的造型表演结束了，真精彩。现在皮影人准备回家了。

（放 A 段音乐，幼儿排成一排，合着音乐节奏做皮影人走回去的动作。）

3. 游戏：快乐的皮影人

① 师幼一起随音乐完整表现皮影人的动作。

教师：现在我们将皮影人的游戏完整地玩一遍，请小朋友排成两排，每一位皮影人准备一个自己最喜欢的出场动作。

（幼儿完整地游戏一遍。）

② 观看表演。

教师：今天老师准备一块长长的布，这块布加上灯光就是我们皮影人的小舞台了，刚才小朋友的造型很棒，有高有低，身体有向前也有向后的，还利用了身体的每一个关节。下面谁来试一试到小舞台上表演皮影戏？

（四个幼儿上台表演。）

教师：刚才老师看到有几位小朋友的影子特别好看，也特别有趣。这是因为他的动作幅度大，特别夸张（教师边评价边配上夸张的动作），下面我们分成两组将皮影人的游戏完整地表演一遍。

（幼儿分组上台表演。）

延伸活动

在日常游戏中，教师进一步引导幼儿探索皮影人的各种动作及合作造型。

乐谱

快乐的皮影人

根据《俏夕阳》改编
改编者：颜瑶卿 王滔

1=D 4/4

（乐谱略）

专家评析

谈亦文（江苏教育学院副教授）

2006 年中央电视台春节联欢晚会的皮影舞蹈节目——《俏夕阳》，既吸收了传统艺术元素又整合了现代舞蹈、音乐、灯光等时尚元素，妙趣横生，博得了国内外无数观众的喝彩。

让幼儿从小接触优秀的民族民间舞蹈作品，并由此领略舞蹈中蕴涵的"真、善、美"和谐统一的核心思想，是幼儿园音乐教育活动所要追求的目标之一。颜瑶卿老师在众多的音乐舞蹈作品中选定了《俏夕阳》，并据

此改编设计成大班的创造性韵律活动"快乐皮影人",显然是颇具眼光的。事实上,现有的作品一经选定,往往还有一个再创造的过程。因为教师在设计教学活动时,需要考虑的不仅是作品内容是否符合教育的要求,还要考虑幼儿感知、理解和表现该作品的实际能力水平。分析《俏夕阳》这一音乐作品,我们发现:无论在长度、节奏、速度还是结构上,都不太适合幼儿的表现。为此,颜老师对该乐曲进行了处理,通过删减、压缩和粘贴,将之改编为 ABA 的结构:A 段音乐诙谐有趣,幼儿随乐整齐划一地走皮影步,从而习得皮影舞的动作元素。B 段音乐的乐句为 a+b 结构,前半乐句(a)有旋律,后半乐句(b)仅由锣及木鱼按 X XX | 0X X | 的节奏演奏。动作结构为 a 部分创编皮影造型,b 部分造型定格。如此设计为幼儿的创造性表达提供了自由空间和秩序保证,既使幼儿有比较充分的思考反应时间,也使幼儿获得新奇感和满足感。

引导幼儿随乐创编动作是音乐活动中比较常见的教学环节。在此环节中,教师惯常用的指示语是:想一想,还可以做什么动作?或者,还有哪个小朋友的动作和别人的动作不一样?在这样的语言引导下,幼儿关注的往往是动作的新异性——力求做出与他人不一样的新动作!至于此动作与彼动作之间有什么联系,老师不提,幼儿也不会主动意识到。因此,求异发散便自然成为引导幼儿创造性韵律活动的主要思考路径,很少有人加以突破。颜瑶卿老师执教的"快乐的皮影人",让我们看到了创造性韵律活动的另一种教学路径:帮助幼儿建立动作技能的网络体系!这一点可以从教师的发问与结论中反映出来。

教师在启发幼儿创编动作时,并不是简单地鼓动幼儿编出与他人不一样的动作,而总是要求幼儿按照一定的思路来进行创编,使幼儿初步意识到新旧动作之间的内部联系——新动作是从旧动作中"生发"出来的。而教师的结论性语言又恰到好处地将幼儿发散生成的各种可能性动作给予了概括。如此,一张有着层次结构、联系较为紧密的动作网络图便在幼儿头脑中逐渐形成了,幼儿将网络上的单个结点(动作)联结起来,便自然形成了一种全新的动作组合(如:蹲着+身体前倾+手臂上举+脖子前伸+右脚尖向上)。由此看出,执教教师是一个有着敏感的教育意识的人。因为她清楚地认识到：创造性韵律活动的教育价值不仅仅在于培养幼儿的随乐动作能力和创造能力，它还应该承担着另一个理想的教育目标：帮助幼儿成为头脑清醒、思路清晰、能够发现知识之间的内在联系进而能建立联系的高级学习者！

让幼儿在舞台上表演皮影人是本教学活动的高潮部分。灯光照射在白布上，人物剪影跃然而出。幼儿或观赏或表演，兴奋无比。场内的客人老师们受此感染，也报以阵阵掌声。这不能不使我们由衷赞叹那独具匠心的教学设计了。相信孩子们在经历了这次学习活动后，一定对皮影戏这一民间艺术有了深刻的了解。当他们在日后再次接触到皮影戏，再次观赏到《俏夕阳》的舞蹈时，他们必定会显现出一份难得的激动！

本文刊登在《幼儿教育》2008年第1期。

四、扣人心弦的经典音乐

很多经典音乐具有很好的教育作用，但这些经典音乐长度过长，超过幼儿生理耐受能力，内容也脱离了幼儿的日常经验，不适合作为多彩光谱理念下音乐活动的素材。我们可以通过剪辑，缩短音乐的长度，并保留其试听的完整性，同时可以为经典音乐赋予幼儿能理解的故事和动作。如《动物狂欢节》终曲中，设计按摩师按摩的情节，让幼儿随音乐创编各种按摩的动作；又如在《化石》片段中，让一半的幼儿扮成公主、王子的造型，一半幼儿扮演魔仙，用手指在他们身体的各个部位弹奏、点指；又如《波斯集市》中，我们根据教学内容的设计以及幼儿学习的特点，将原作品进行删减、压缩、粘贴，重新编辑后的音乐为 ABC 结构。A 段旋律明快活泼，表现小老鼠自在散步的情形。B 段旋律主要由两段重复的 (a+a'+b+b') 四个乐句组成，四个乐句两两对答，互相呼应。后四个乐句重复时，在力度和节奏上稍有变化，出现了渐弱和渐慢。整个乐段首尾接应，对答自如。教师创设了"比比谁威武"的互动情境，动作设计为：小老鼠模仿猫做出相似的威武动作，并且根据旋律的力度、节奏，表现猫的内心变化——从肯定到迟疑，动作也从夸张前倾转为退缩后退。C 段旋律呈现出大调色彩，将全曲的音乐调性进一步巩固和加强。我们将整个设计情境推向了高潮，老鼠变猛兽造型，模仿猛兽的叫声吓唬猫，猫害怕、猜测等。在变猛兽造型以及猛兽叫声的前两拍加了铃声"叮"做预令，让孩子们做好变造型准备，并能合拍地学猛兽叫声，完成流畅的表演。

大班：魔仙的指法

设计思路

在第二十九届国际音乐研讨会上，美国柯达伊音乐协会会长给老师们播放了《化石》中的一段音乐，当时我就被这段经典的音乐深深吸引住了，后通过南师大的杜教授把它要了过来。当时我暗暗许下诺言，一定要用这段音乐为孩子们设计一个活动。通过查找资料，我了解到这首《化石》选自圣－桑作曲的《动物狂欢节》，这么经典的音乐对于儿童来说是非常具有审美价值的。

通过对音乐作品的分析发现，该乐曲为ABACA'的回旋曲结构，并且速度比较快。按照以往的经验，为了更适合幼儿欣赏，一般需要对作品作进一步的处理。首先我在不改变音乐性质的情况下减慢了速度，当我试图将结构变为AB或ABA的时候，发现音乐的完整性和流畅性被破坏了，最后我还是决定保留音乐本身的完整性。

那么，怎样让超越儿童接受能力的音乐变得简单、有趣而且被孩子们所喜欢呢？

我们为孩子们设计了与音乐节奏和风格相吻合的动作和有趣的故事，创设了魔仙通过弹奏法、点指法解救王子和公主的故事情节。《化石》A段的急促活泼的木琴敲击声好像是手指在弹奏，B段音乐犹如点指动作，C段音乐非常悠扬，犹如复活动作。我们还借助图谱帮助幼儿理解并梳理音乐的结构，图谱的呈现减少了孩子们不必要的探究时间，让每个孩子带着积极的情绪进入活动。

活动目标

1. 感受乐曲的旋律和结构，并能用弹奏、点指、舒展等相应的动作表现ABACA'的回旋曲结构。

2. 通过故事情节、乐曲图谱和游戏情境让幼儿充分感受与表现音乐，主动建构对音乐的认知。

3. 在两两互动中体验与同伴合作、共同游戏的快乐。

活动准备

1. 《化石》音乐。

2. 观看过各种各样的雕塑造型。

3. 乐曲图谱。

活动过程

1. 教师讲述故事导入。

教师：在很久很久以前，有位国王，他有许多位活泼可爱的王子和公主，有一天被坏心肠的巫婆用魔法变成了石头雕像，一动也不能动了。国王很伤心，每天都在想办法解救他们，终于，天上的魔仙被感动了，想法子来解救他们，魔仙有两种神奇的魔法，一种是弹奏法，另一种是点指法。

2. 完整的感受乐曲一遍。

教师：今天老师给小朋友带来了一首好听的音乐，音乐里说的就是魔仙解救王子和公主的故事，我们来仔细地听一听。（播放完整音乐。）

提问1：你听到音乐里魔仙好像在干什么？（弹奏、点指。）

提问2：魔仙使用弹奏法、点指法后，王子和公主的雕像开始怎么样了？根据回答出示弹奏、点指、雕像图示。

3. 尝试用弹奏、点指等动作表现 A、B、C 三段乐曲，并出示相应的图谱符号。

（1）尝试用弹奏动作来表现 A 段乐曲。

① 尝试表现弹奏动作，并跟随教师的辅助语言大胆表现弹奏动作。

教师：魔仙是怎么弹奏的呢？用动作告诉我。现在我们的一只手就是魔仙富有魔法的手。

语令：弹弹 弹弹 弹 0| 弹弹 弹弹 弹 0| 弹弹 弹弹 弹 弹 | 弹 弹 弹 0|（配以动作）。

② 跟随 A 段慢速音乐弹奏手臂。

教师：现在我们合着音乐来玩一玩弹奏法。（播放慢速 A 段音乐。）

③ 跟随 A 段原速音乐弹奏手臂。

教师：这一次音乐变快了，有没有信心跟上？（播放原速 A 段音乐。）

④ 以够用原则随乐句弹奏身体的不同部位。

教师：除了在手臂上弹奏，还可以在身体的哪些部位弹奏呢？（根据孩子的回答，选择相近的四个部位随 A 段音乐弹奏。）（播放原速 A 段音乐。）

⑤ 展示 A 段弹奏法图谱。

教师：这段音乐弹奏法一共弹了几句？（四句。）我们用弹奏的手表现这四句，每一句换一个部位。

（2）尝试用点指动作表现 B 段乐曲。

① 尝试探索魔仙点指动作。

教师：魔仙会怎样点指呢？我们一起来点一点。魔仙点一点，雕像就动一动，真有意思，我来点一点，你们一起来动一动。

教师：音乐里魔仙有的时候点得慢，有的时候点得快，快是怎么点的？我们一起来点一点。

② 边欣赏 B 段乐曲，边观看教师随音乐画图谱。

教师：现在我们一边听音乐一边仔细地看看音乐里魔仙是怎样使用点指法的。（播放 B 段音乐。）

教师画图谱。

教师：音乐里魔仙慢的点了几下？（4 下。）快的点了几下？我们来数一数。（8 下。）快的重复了几次呢？（两次。）都是从低往（高）点的。

③ 在身体上尝试随 B 段乐曲做点指动作。

教师：现在我们在身体上来试一试，注意什么时候点得慢，什么时候从低到高快快地点。(播放 B 段音乐。)

（3）尝试用舒展的动作表现 C 段乐曲。

① 师幼随乐表现 C 段音乐，并探索如何用舒展的动作表现复活。

教师：那么王子和公主又是怎么复活的呢？（播放 C 段音乐。）你看她先身体动，接着一只手动了，另外一只手也动了，脚动了，脚动了……

② 在雕像图上画复活的简单图示。

教师：先（身体）动了，接着（四肢）开始动了，一只（手）动、另外一只（手）动，脚动、另外一只（脚）动。

教师根据幼儿的回答在雕像图上画复活的简单图示。

4. 借助图谱感受乐曲 ABACA' 的回旋曲结构。

① 跟随教师合完整乐谱游戏一遍。

教师：我们的手是魔仙富有魔法的手，我们的身体是王子和公主的石头雕像。我们一起来玩一玩，看看魔仙是怎样解救王子和公主的。（播放完整音乐。）

② 讨论随乐动作的先后顺序，并根据幼儿的回答出示相应图谱。

教师：魔仙先用了什么方法？（弹奏法。）再用了什么方法？（点指法。）接着又用了什么方法？

这时候王子公主开始怎么样了？（复活了，动起来了。）最后魔仙又使用了什么方法？（弹奏法。）

③ 探索 A 段音乐出现的次数和不同。

教师：音乐里的弹奏法出现了几次？（3次。）每一次一样吗？（不一样。）什么不一样？（第一次和第二次的都是四句，最后的弹奏法

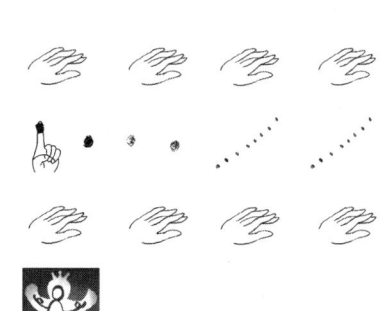

是红色的,只有两句,而且音乐比前面的要激烈。)

④ 师幼合乐完整地用弹奏、点指、舒展的动作表现故事情节。

教师:现在我们再来玩一玩,看看音乐里是不是和图上说的一样,在音乐表现弹奏的时候弹奏,音乐表现点指的时候点指,复活的时候复活呢?(播放完整音乐。)

5. 教师扮演魔仙,全体幼儿扮演王子或公主,互动游戏一遍。

① 教师扮演魔仙,请一位自告奋勇的幼儿当王子或公主的雕像,演示魔仙弹奏法,弹完一句雕像动一下。

教师:现在我先来当魔仙,你们来当王子和公主。魔仙在雕像的一个部位弹完一句,这个部位就动一下,马上又停住不动了。请谁来试一试?(教师一边哼唱一边在幼儿手臂上弹奏完一句后,这位幼儿的手臂就动了一下,马上又停住不动了。)

② 教师扮演魔仙,全体幼儿扮演王子或公主,互动玩一遍游戏。

教师:我说"变",你们就变成石头雕像一动不动了,看看魔仙会弹奏你们的哪个部位,你们又准备怎么动呢?(播放完整音乐。)(在播放复活的音乐时魔仙学雕像动起来的样子。)

6. 教师扮演公主,请一位幼儿扮演魔仙,演示解救公主的过程。

教师:看你们做得那么好,我也想来变雕像,谁来当魔仙解救我呢?

教师:你是魔仙,我是雕像,准备好了。注意在音乐表示弹奏的时候弹奏,音乐表示点指的时候点指,复活的时候学学雕像复活的样子。(播放完整音乐。)

请幼儿评价:我们的表演怎么样?(动作和音乐很合拍;眼睛看着对方;魔仙学雕像复活的样子很认真……)

7. 创设游戏情境，两两互动（一位幼儿扮演魔仙，一位幼儿扮演公主或王子），合作表现音乐。

① 在位置上，一位幼儿扮演魔仙，一位幼儿扮演公主或王子，两两合作表现魔仙解救公主或王子。

教师：现在你也和旁边的好朋友来玩一玩，商量好谁来当魔仙，谁当王子或公主。魔仙举手告诉我，王子或公主举手告诉我。王子、公主变造型，魔仙弹奏。准备好了。（播放完整音乐。）

教师：合作时有没有遇到困难？

教师：魔仙和王子、公主合作得这么好，王子和公主被成功解救了。好想两两合作做造型拍照留念。请你说"成功了，耶"，在"耶"的时候摆出两两合作造型，让我来拍照。

② 找空位置，两两合作表现魔仙解救公主或王子。

教师：现在交换一下角色，魔仙举手告诉我，王子、公主举手告诉我。请王子、公主到中间找空位站好了，变造型，有的高、有的低。魔仙准备好了。注意在说"成功了，耶"的时候摆出两两合作的造型。

活动延伸

在日常游戏中，教师进一步引导幼儿探索雕像的各种造型以及两两合作的造型动作。

友情提示

1. 在活动前孩子们最好玩过摆造型的游戏，并有过两两合作进行游戏的经验。

2. 在活动过程中，教师发出撤退的语令时，要根据孩子的学习情况以及需要逐步撤离。

3. 教师扮演公主，请一位幼儿扮演魔仙，演示解救公主这个环节。被请的幼儿必须能为孩子们提供高级榜样，所以教师必需观察和了解哪位孩子能大胆上来和老师进行合作表现。老师要用语言、姿势提示孩子进行随乐合作表现，真正达到高级榜样的示范作用。

本文刊登于《学前教育》2013 年 5 月刊。

专家点评

王秀萍（浙江师范大学幼儿师范学院博士生导师）

一般而言，从事幼儿园音乐欣赏教学工作，教师需要完成两个转换任务：音乐作品的幼儿化转换与课堂教学的幼儿化转换。

就音乐作品的幼儿化转换而言，颜老师启用了语言（故事）、动作、图谱三种具象符号来翻译与简化音乐符号。通过魔仙用两种指法化开王子与公主雕像的故事情境（语言符号），激发幼儿合乐表演的本能与兴趣，并给出为何如此做动作的理由。颜老师设计的弹奏与点指两种指法，非常准确地抓住了作品A段跳跃、B段延绵的音乐特征。再通过弹奏法的长短变化，分出A段每一乐句中的长短节奏型；通过点指法的快慢高低变化，把B段的延绵特征细化到句子中，即B段前两句是一点一延绵，即一句一延绵；后两句则是通过旋律由低到高的走向，一个音一个音地爬台阶式延绵。C段加大力度的长短句延绵，颜老师用王子与公主的雕像被魔仙指法化开了的动作来表达，长乐句用全身被化开即全身扭动的动作来表现，四个短乐句则用一只手另一只手、一只脚另一只脚的四肢先后被化开的动作来表达，通过全身与四肢的动作分配，很准确地表达了C段音乐的长短句结构。《化石》是ABACA回旋曲式，其中第二个A是对第一个A的严格重复，第三个A在第一个A的变化重复。如何让幼儿关注与理解A段的三次出现呢？颜老师设计了非常具象并简洁的视觉符号——图谱。此图谱蕴含三种功能：第一，突显句段结构，A段用弹奏的手的形象表示弹奏法，一只手表示弹奏一句；B段用食指高翘的手表示点指法，并区分前两句的一点一句与后两句的爬台阶式八点一句；C段用一个人的形象表示全身化开的两个长句，用红笔勾勒的四肢部位表示分别化开的四个短句。第二，突显曲式结构，每一段占一行，五段音乐呈五行排列，非常清楚地表达了ABC三段音乐材料最终以ABACA的回旋曲风呈现。第三，表达严格与不严格重复，A段的二次重复是有区别的，这种区别如果不借用视觉符号，仅靠听觉让幼儿去发现，就这个曲子而言，对幼儿是有难度的。颜老师采用常规方法：

在不严格重复之处,用线条的颜色与图片的数量做出区分。即最后的A段由原来的四只弹奏的手变成两只,表示由四句变成两句;描绘两只手的线条颜色由原来的黑色变成红色,提醒最后的A段在力度上有所加强。

就音乐作品的幼儿化教学呈现而言,颜老师在课堂上对幼儿心理的拿捏也是可圈可点。可以这样说,《化石》是很有难度的一个音乐作品,如果没有上面的一系列作品内容幼儿化转换策略,幼儿是很难触碰这个作品的。然而,即便完成了上面的作品内容幼儿化转换工作,如果教师没有很好的课堂把控能力,集体教学情境中的幼儿在触碰此作品时同样会流于表面热闹或陷入机械学动作的境地。音乐课堂教学过程是教师把已经幼儿化转换好的音乐作品,用课堂呈现策略与幼儿心理"打太极"的过程,目的是在整个教学过程中,幼儿的注意力及思维被老师散发磁性的策略紧紧吸住,从而以动作合拍为基石,以具有乐句乐段的节奏型、旋律型、速度变化、情绪转化等特征的动作为途径,获得《化石》作品所能带给幼儿的音乐体验。颜老师以故事导入的方式,为幼儿第一次触碰抽象的音乐符号搭了一座趣味桥。原来音乐是在讲这样一个有趣的故事。幼儿因为喜欢故事而心甘情愿地跟着颜老师对这个音乐作品做出探究的姿态。导入结束后,颜老师直捣《化石》作品的核心,即ABC三段音乐的段落与乐句的音乐表现特性。她为每段音乐的呈现设计了吸引幼儿注意力的"撒手锏"。A段呈现,主要采用带领幼儿玩手指弹奏的方法。在玩的过程中,借助念白"弹弹弹弹弹——"、"弹弹弹弹弹弹弹弹——",引导幼儿关注长、短节奏型;借助弹奏身体的不同部位的小策略,引导幼儿关注分句;最后出示用四只手的形象表达A段四句结构的图谱。B段呈现,主要采用教师动作示范、幼儿主动观察的方法。颜老师一人扮演故事中的魔仙与雕像两个角色,用手指点的动作代表魔仙角色,身体扭动动作代表雕像角色。她通过提问与示范两个小环节,引导幼儿观察魔仙使用了哪两种不同的点指法。借助两种不同的点指法进一步引导幼儿关注B段前两句与后两句在节奏型与旋律型上的区别,最后用画图的方式在视觉层面把这种区别呈现出来。C段呈现,主要采用启发的方式,启发幼儿用动作表现雕像化开的过程。受音乐经验不足的限制,幼儿对一段音乐的表现往往是一个动作通到底,所以C段在让幼儿主动表现了雕像化开的动作后，颜老师示范了后半段动作，提醒幼儿前半段长句构成的音乐与后半段短句构成的音乐的区别，最后用画图的方式把这种区别表达出来。通过三段音乐的分别呈现与学习，幼儿的心理能量已经耗费大半。转入全曲结构呈现时，颜老师直接采用图谱观察法，用提问抛任务、引导幼儿观察图谱、找出重复段完成任务的方式，三下五除二完成此环节，以减轻幼儿的学习负担。最后进入幼儿不分角色与分角色完整表演环节。在完整表演的过程中，颜老师采用先不分角色的方法，让幼儿先进行全曲结构的表演，先让幼儿体会感性动作与音乐结构的关系；然后再进入分角色表演情境，与导入环节的故事相呼应，通过魔仙与雕像的双角色表演，把最初的故事情境完整呈现出来。

毋庸置疑，这是很好地完成了音乐欣赏作品幼儿化转换与教学的一个课例。幼儿园一线老师可以通过对此课例的鉴赏、模仿与反思，学习与玩味幼儿园音乐欣赏教学的专业特性。

第二节　音乐素材的多样化设计方法

选择了适宜的音乐素材及主题之后，如何为音乐匹配适宜的主题、如何将主题与音乐素材更好地结合，在幼儿感兴趣的主题情境下充分调动起他们用自己的动作探索音乐、感受音乐、表现音乐的乐趣，这就涉及幼儿园韵律活动的多样化材料设计策略。

一、同一乐曲，不同活动情境

多彩光谱课程强调教师要充分认识和尊重幼儿自身的特点，创设丰富的学习情境，支持幼儿的兴趣爱好和强项领域的学习，从而促进幼儿的深度学习以及学习经验的有效迁移，并最终促成儿童多方面能力的发展。因此我们会根据儿童的经验需求和能力特点，将一首乐曲设计成不同情境的韵律活动，以不同的情境内容来丰富儿童对同一乐曲的体验和学习。常见的活动情境有生活情境、故事情境，以及传统的规则游戏情境。例如，针对民间音乐《蕲竹舞》的材料，我们创设了不同的情境如基于幼儿生活情境的"鼓儿变变变"活动、以少林寺和尚为主题的"武术比赛"活动、以传统游戏石头剪子布为情境的"逗逗乐"活动，又如针对经典名曲《啤酒桶波尔卡》的音乐，设计了啤酒桶想跳舞情境的集体舞《想跳舞的啤酒桶》，以及渗透自我保护意识，大家一起想办法赶走小怪兽的"赶走小怪兽"活动。

中班：会跳舞的啤酒桶

设计意图

"会跳舞的啤酒桶"这个活动受南京音乐研究团队启发，以啤酒桶为元素，以跳舞为情境，引导孩子们选取生活中常见的物品作为和音乐连接的媒介。孩子们很喜欢一些神秘、有趣、好玩的东西，在这个情境中，啤酒桶会跳舞本身就是一件让人不可思议的事情。孩子们容易被这种情境所吸引，进而更加专注地去理解音乐、享受音乐、表现音乐。

《啤酒桶波尔卡》是欧洲最流行的波尔卡舞曲之一，是世界著名的管弦乐作品，由约翰·施特劳斯创作，演奏形式是铜管五重奏。整首曲子为2/4拍，呈现ABA结构。曲调非常欢快，旋律富有弹性和动感，让人仿佛置身于一个跳舞狂欢的快乐情境中。

活动目标

1. 理解乐曲ABA式结构，用身体动作表现啤酒桶长出手、脚跳舞的情景。

2. 在B段表现啤酒桶跳舞的情景中，尝试创编不同的身体动作表现啤酒桶跳舞的样子。

3. 和同伴感受啤酒桶的运动状态，在合作中体验波尔卡舞曲轻快活泼的情绪。

活动准备

音乐。

活动过程

1. 故事导入。

教师：快乐的舞会结束了，跳舞的人都走了。可是音乐还在不停地响着，啤酒桶随着音乐不停地晃动。噢！好想跳舞呀。神奇的事情发生了。啤酒桶长出了手和脚，快乐地跳起了舞。

2. 完整感受一遍音乐。

教师：有一段音乐表现的就是这个故事，我们一起来听一听这首乐曲。

3. 分辨乐曲 ABA 式结构。

教师：啤酒桶要长出手和脚才能跳舞，舞蹈结束，手脚又会收起来。听听音乐里哪一段是啤酒桶长出了手和脚，哪一段是啤酒桶跳舞。（第一段是长出手脚；第二段是跳舞；第三段和第一段旋律一样，是啤酒桶跳完舞收回手和脚。）

4. 幼儿尝试用啤酒桶长出手和脚的动作表现 A 段音乐。

（1）创编啤酒桶长出手和脚的动作。

① 引导幼儿自主表现啤酒桶长出手和脚的动作。

教师：啤酒桶是怎么长出手和脚的呢？现在我们都来当啤酒桶，一起来试试！啤酒桶准备好了，你看她手环抱在一起，可像圆圆的啤酒桶了。（幼儿自主表现啤酒桶长出手脚的动作。）

② 教师捕捉幼儿的表现，请他们上来展示，并优化他们的动作。

（2）完整跟随 A 段音乐表现啤酒桶长出手和脚的动作。

教师：现在我们一起来表现啤酒桶长出手和脚的动作。（播放音乐 A 段。）

（3）进一步明晰 A 段中啤酒桶长出手和脚的动作。

教师：音乐里啤酒桶是怎么长出手和脚的？重复了几遍？（一只一只长的，先长出一只手，再长出另一只手，然后是长出一只脚，再长出另一只脚。重复了两遍。）

5. 尝试用动作表现 B 段啤酒桶跳舞的动作。

（1）啤酒桶跳舞的这段音乐前后一样吗？（不一样。）什么不一样？

我们来表现一下啤酒桶跳舞的样子,看看前后两段到底有什么不一样。(播放音乐,引导幼儿展开想象。)

(2)教师根据幼儿的回答总结提升:前面欢快跳跃,好像啤酒桶在快乐地找朋友;后面舒缓抒情,好像啤酒桶在一起跳舞。

(3)教师邀请一名幼儿合作表演,随着B段音乐跳舞。

6. 师幼完整合乐表演,A段表现啤酒桶一只一只长出手和脚;在播放B段音乐时,教师邀请另一位幼儿进行两两合作跳舞。

7. 教师带领高级榜样在前面示范,幼儿两两结对完整表现音乐一遍。

8. 幼儿自主找朋友,在空位上两两结对完整表现音乐。

动作建议

前奏:

双手环抱,作啤酒桶状,以急切的心情,随乐做张望、点头等动作。

A段:

长出手和脚:每8拍为一组动作,依次伸出手、另一只手、脚、另一只脚,然后重复一次。

手的伸展动作:经由胸前,像木偶人一样一拍一顿地伸展开来。

脚的动作:抬起腿后,一拍一蹬,第8拍踩在地上。

B段前半部分(第1小节~第16小节):

找朋友:左右摇摆,两拍摇摆一次。音乐结束时,找到好朋友,面对面站好。

B段后半部分:

双人舞:两人自由表现。

重复的A段:

长出的手和脚合着音乐依次缩回去。

第三章　幼儿园韵律活动的音乐素材及多样化设计　139

乐谱

啤酒桶波尔卡

1=G　2/4　　　　　　　　　　　　　　　　　　　　[奥]约翰·施特劳斯　曲

中班:赶走小怪兽

设计意图

"赶走小怪兽"这个活动,是 2016 年在南京举行的全国游戏化音乐教学研讨会上,由南京三八保育院的团队分享的,原本是为小班年龄段幼儿设计的。我们团队在决定尝试此活动的时候,恰逢九十月入学季,考虑到小班孩子刚刚入园,情绪还不稳定,对幼儿园的规则、环境等还需要适应,因此把它设计成了中班的活动。我们在原有的活动设计上做了"加法",对活动环节等进行了一定的改编,增加了一点难度。

音乐选自世界著名的管弦乐作品《啤酒桶波尔卡》,整首曲子旋律富有动感,节奏欢快、活泼,很容易让人联想到载歌载舞的狂欢情景,营造出一种喜悦的氛围。

对刚升入中班的孩子来说,去大森林里赶走小怪兽、营救小动物这样的情节既生动有趣,又略带紧张感,我们以画外音的形式加入小怪兽的角色,让孩子们跟随情境线索投入到角色扮演中,同时在不断尝试用"武器"赶走小怪兽却失败的情况下,营造戏剧冲突,推进活动发展,激发孩子们

的正义感和齐心协力、集体合作的团结意识。最后以出乎意料的"吹风"的方式赶走了小怪兽，让小怪兽变成热气球随风飘走，以此让幼儿感受到情节反转的魅力和惊喜，同时也体会到成功的喜悦。

活动目标

1. 感受音乐的结构，能跟随音乐及儿歌有节奏地表现小怪兽的样子、寻找小怪兽以及赶走小怪兽的动作。
2. 通过故事情境的发展，尝试创编小怪兽的形象和赶走小怪兽的动作。
3. 感受故事情节发展所带来的紧张与惊喜，体验成功赶走小怪兽的喜悦。

活动准备

1. 物质准备：音乐《啤酒桶波尔卡》、PPT。
2. 经验准备：讨论在大森林里遇到危险时可以采取的办法。

活动过程

1. 情境导入。

教师：在大森林里，住着很多小动物，可是最近它们都不敢出门了。因为森林里来了一只小怪兽，小动物们都很害怕它，想请我们把它赶走。请你仔细听，这个怪兽长什么样子？

2. 引导幼儿尝试表现怪兽的样子。

教师：我们可以用什么动作来表现怪兽的样子呢？（卷卷的头发、圆圆的眼睛、尖尖的牙齿、大大的肚皮。）

3. 引导幼儿初步感受故事、音乐与动作的匹配。

① 教师：现在我们知道怪兽的样子了，我们要去森林里找一找，看它在哪里。请你们仔细听，仔细看，我们怎么能找到它？

② 教师带领幼儿用动作表现 A 段音乐，并用语令巩固找的动作。

教师：我们在去找它的路上做了哪些动作？（听一听、看一看、走路、休息。）我们一起在家里先试一试找它的动作。接下来拿好我们的麻醉枪，一起出发去森林吧。

4. 完整表现音乐数遍。

① 教师引导幼儿坐在座位上用上肢动作完整表现音乐一遍。

② 教师引导幼儿坐在座位上加下肢动作完整表现音乐一遍。

③ 幼儿站在座位边上，上下肢联合完整表现音乐一遍。

5. 完整合乐创编赶走小怪兽的动作。

① 引导幼儿创编赶走小怪兽的动作。

教师：我们的麻醉枪好像没有什么用，你们有别的方法吗？（有幼儿回答用炸弹。）炸弹怎么扔？会发出什么声音？

② 选取幼儿创编的动作，在扔炸弹时伴随"boom——"的模拟声完整合乐表现一遍。

③ 教师用同样的方法创编赶走怪兽的动作，并完整合乐表演一遍。

教师：好像也没有什么用？还有什么办法？（有幼儿回答用刀。）谁来表演用刀的方法？会发出什么声音？（选取幼儿创编的动作，在砍的时候伴随"咔擦——"的模拟声，完整合乐表现一遍。）

④ 捕捉怪兽说自己怕风的信息，尝试用吹风来赶走小怪兽。

教师：它刚刚说怕什么？它怕吹风，我们可以怎么吹？（幼儿尝试吹气动作。）

6. 根据故事情节，观察图片变化，感受惊喜。

教师：怎么还是没反应，是不是我们力气太小了？请客人老师帮帮忙吧！

教师：哇，我们把怪兽吹走了，它变成了什么？我们去把这个好消息告诉小动物们吧！

7. 跟随音乐律动离开活动室。

乐谱

赶走小怪兽

（啤酒桶波尔卡）

作曲：Jaromir Vejvoda

1=C 2/4

♩=156 热烈地

动作及玩法建议

前奏：双手握拳，放在腿上准备。

第 1–2 小节：双手握拳，随节奏轻轻锤击腿部 4 次。

第 3–4 小节：双手握拳放在腿上休息。

第 5–6 小节：重复第 1–2 小节。

第 7–8 小节：重复第 3–4 小节。

第 9–10 小节：左手放在耳边做听的动作。

第 11–12 小节：右手放在耳边做听的动作。

第 13–14 小节：双手平放挡在额前做看的动作。

第 15–16 小节：重复第 13–14 小节。

第 17–18 小节：双手伸出食指，在头上画圈，做卷的动作。

第 19–20 小节：双手握成圆圈，放在眼睛前，做看的动作。

第 21–22 小节：双手食指相抵，呈尖角状放在嘴前，表示牙齿。

第 23–24 小节：双臂在身前围成圆形，表示肚皮。

第 25–26 小节：双手做三角形放在眼前。

第 27–28 小节：双手做手枪状，在 28 小节第 3 拍时伸手做打枪的动作。

第 29–40 小节：重复 27–28 小节 7 次。

第 41–42 小节：双手做"绕毛线"动作。

二、同一乐曲，不同活动类型

我们关注幼儿现阶段的生活经验，从儿童喜闻乐见的动画片、平日与周围人的交往中寻找教育契机，结合事件本身的特点，为同一首乐曲设计不同类型的韵律活动。例如针对具有乡村气息的《遇见舞》这一音乐素材，我们根据中班幼儿同伴互动需求强烈的特点，设计了集体舞《朋友舞》；根据幼儿在园本主题活动"杭帮菜博物馆"中的激烈讨论和夸张表现，设计了侧重于欣赏的律动活动"蔬菜汤"；抓住幼儿对《疯狂动物城》这一动画作品中动漫人物关系的描绘和想象，设计了侧重游戏规则的韵律游戏。

乐谱

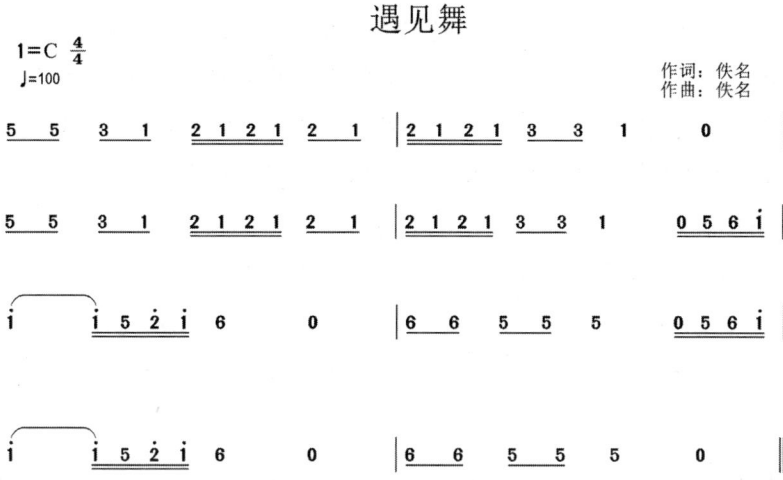

中班：小矮人舞会

设计思路

《3-6岁儿童学习与发展指南》中，对4-5岁幼儿提出"能注意到别人的情绪，并有关心、体贴的表现"的目标。而能关注他人情绪并用恰当的方式为他人带去快乐，是一种良好的人格品质，更是一种交往的能力。我们的孩子需要培养这样的品质，也需要有这样的情感体验。我该怎样让孩子获得这些经验呢？

一首能传递快乐的乐曲在教学过程中将起到关键的作用。机缘巧合下，我听到了一首快乐的乐曲《遇见舞》。当孩子们随着音乐律动起来的时候，现场不断传出欢乐的笑声。除了老师的教育智慧外，这首能传递快乐的音乐也起到了关键作用。我对音乐反复进行欣赏，发现此乐曲为ABA的曲式，具有幽默诙谐的特点。电子音乐和人声配音使乐曲呈现多种音效，如沙锤、蛙鸣筒、非洲鼓、人声等。这种音效和节奏让人如同置身于乡村田野间，大家在一起欢歌畅舞，传递快乐。

快乐是一种情感体验，情感是通过体验获得的，因此我设计了音乐活动"小矮人舞会"，在游戏中为孩子们营造了故事情境，使孩子们获得了多层次的情感体验。为此活动创设了小矮人们寻找朋友、相互逗乐、举行快乐舞会的环节。同时根据音乐作品的特点、儿童随物表现的年龄特点，以及游戏情境的需要，我选择了手腕铃作为道具，孩子们有了"为他人带去快乐"的美好情感体验和"乐于分享快乐"的好品质。

活动目标

1. 感受乐曲欢快诙谐的旋律特点，并能用手腕花和手铃随乐进行表现。
2. 能在小矮人开舞会、扮鬼脸逗乐朋友的游戏情境中创造各种逗乐动作。
3. 在小矮人找朋友、逗乐朋友、分享快乐的过程中，感受带给他人快乐，自己也很快乐的情感体验。

活动准备

1. 物质准备：音乐、手腕花和手腕铃若干、印章（见图）、图谱。
2. 经验准备："找朋友"游戏的经验。

活动过程

1. 情感迁移

教师：你们的朋友有不开心的时候吗？当他们不开心的时候，你有什么办法让他们变开心呢？

教师：你们是用这样的办法逗乐朋友的，我们去看一看森林里的小矮人是怎样逗乐朋友的。

2. 创设故事情境，完整感知音乐。

① 情境导入。

教师：森林里的小矮人们正在开舞会。他们跳起了快乐舞，逗乐自己的伙伴。突然，飞来了一位小精灵。小矮人们从来没见过精灵，有点害怕，他们一害怕就会用定住不动的办法来保护自己。小精灵以为小矮人是石头人呢，就飞走了。

② 利用图谱完整感知音乐。

教师：和我一起听听音乐，看看小矮人做了哪些动作来逗乐朋友。（播放完整音乐。）

教师随乐说出语令的同时,在黑板上利用拓印和画线条的形式制作图谱(图谱如下)。拍手、小脸及仙女图案事先贴在黑板上用卡纸遮住,音乐播放至该点时扯开即可。

图谱

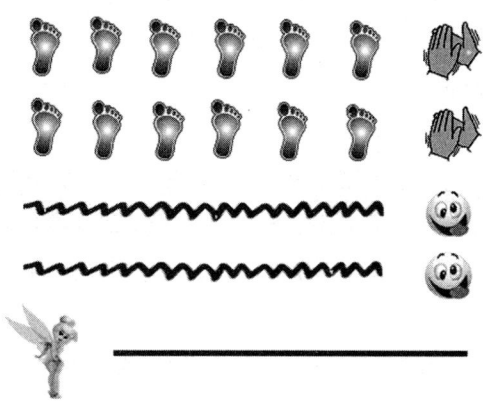

③ 理解音乐情境,创编做鬼脸和抖一抖的动作。

教师:他们做了什么动作来逗乐朋友呢?你会做鬼脸吗?你能做出更多抖一抖的动作吗?

④ 初步尝试合乐律动。

教师:让我们一起跟着小矮人来玩一玩吧!

教师与幼儿在座位上,随乐做动作。(播放音乐 AB。)

3. 重点感知找朋友时拍手的韵律,合乐律动。

① 感知找到朋友时拍手的韵律。

教师:小矮人们找到伙伴很开心很激动,面对面互相拍手说"嘿"。我们一起来试一试。

教师:你可以找两个或者三个朋友,面对面互相拍手说"嘿"。

在这个环节中,音乐以教师唱旋律为主,不播放音乐,教师演唱速度较慢。

② 合乐完整律动,加入小精灵角色。

教师:小精灵来了,快变成石头人,别让她发现!(播放音乐 AB。)

4. 游戏：快乐舞会。

① 初步随物表演。

教师：你们想不想让舞会变得更热闹呀？看，手腕花和手腕铃来帮忙了。他们要在"嘿"拍手和抖一抖的时候和我们一起跳舞。

教师边说边出示手腕花和手腕铃，语速放慢，强调随物表现时的随乐性。

教师：请你选择你喜欢的手腕花或手腕铃和我一起来试试吧！

② 合乐随物表演。

③ A段，小矮人舞蹈。

B段，精灵说："我今天来参加舞会，为什么一个朋友也找不到呀？"

教师："原来小精灵是来找朋友的，我们邀请她参加舞会吧！"

A段，小矮人与精灵一起舞蹈。（播放完整音乐。）

④ 快乐传递。

教师：小矮人们和精灵成了好朋友，玩得真开心！我们还要把快乐传递给更多的人，我们去邀请客人老师们一起来跳舞吧！（播放音乐A。）

5. 结束活动。

教师：快乐舞会结束了，你们快乐吗？拥抱一下你的朋友吧，感谢他们为你带来了快乐。

活动延伸

可在日常游戏中引导孩子多做抖一抖和扮鬼脸的动作，如在日常生活中当同伴不开心的时候，可引导幼儿用逗乐的方法关心和爱护同伴。

友情提示

1. 游戏环节中需要一位教师扮演小精灵这一角色，并在之前的环节中躲起来，不被幼儿发现。

2. 在游戏环节，教师可逐步加入游戏元素，先帮助幼儿熟悉动作，在此基础上加上鬼脸表情和扭一扭动作的创编。游戏人数以双数为佳。

3. 利用图章进行图谱展示，建议老师提前练习，需考虑到随乐性。

游戏动作建议

第1-4小节：随音乐节奏做"走"的动作，并在最后一个音符与朋友互相拍手。

第 5-6 小节：做抖一抖的动作。

第 7-8 小节：面对面做鬼脸。

第 9-10 小节：同 5-6 小节。

第 11-12 小节：同 7-8 小节。

游戏玩法建议

1. 合乐做动作：幼儿自己随乐做动作。

2. 探索做扭一扭的动作、面对面做鬼脸逗乐动作的空间方位：两名幼儿游戏。

3. 小精灵来了（低八度音乐响起）：幼儿定住，摆一个造型静止不动，小精灵在其中来回走动，以多种方式逗小矮人。

4. 音乐反复后，小精灵再次出现，说出小精灵来找朋友的意愿，小矮人与小精灵共舞。

本文刊登于《东方宝宝·保育教育》2017 年 9 月上刊。

乐谱

中班：神奇的蔬菜汤

设计意图

陶子幼儿园开展园本主题活动——"五彩八卦田"。孩子们在八卦田的探索过程中，认识了解了各种蔬菜，而这些蔬菜经过加工烹饪又成为我们餐桌上的美食。在园本主题实践中，我们发现中班的孩子们对"蔬菜汤"比较熟悉，但是烹饪一道美味的蔬菜汤需要哪些步骤？水烧开有什么特征？调味料有哪些？孩子们并不了解，因此，挖掘、丰富孩子们对制作蔬菜汤的生活经验，引导幼儿爱吃蔬菜、多吃蔬菜，是我设计本次活动的初衷。

乐曲《遇见舞》旋律动听、诙谐，具有丰富的情境感，与蔬菜汤制作过程非常契合。前奏部分"啵啵啵"的音效好似烧开的汤水正冒着泡泡；乐曲B段每一个乐句都以休止符结尾，正像烹饪中途添加各味调料，因此，在每一个乐句的结尾我设计了吃到调味料后的表情动作，以增加音乐律动的趣味性；而乐曲结尾渐弱渐无的音效就像是汤烧好泡泡变小等待出锅，孩子们也从"沸腾的蔬菜汤"中回归平静，游戏性极强……基于此，我们设计了原创韵律活动"神奇的蔬菜汤"，引导幼儿在富有情境性、趣味性和游戏性的音乐活动中发挥想象、积极体验、充分表现。

活动目标

1. 感受乐曲的旋律和结构，尝试用"水开了"、"搅拌蔬菜"、"吃调料"等动作，表现乐曲的活泼欢快、诙谐有趣。
2. 根据不同调料的味道，迅速做出"太咸、太酸、太甜"等夸张有趣的脸部表情。
3. 体验游戏成功的成就感，养成爱吃蔬菜的习惯。

活动准备

PPT、音乐。

活动过程

1. 情境导入，激发情趣。

教师：今天我要烧一碗非常非常美味的蔬菜汤，你们希望蔬菜汤里有哪些好吃的蔬菜呢？

2. 尝试表现 A 段蔬菜下锅被搅拌转动的动作。

① 尝试创编各种蔬菜的形象动作。

教师：你想做什么蔬菜宝宝？可以用什么动作表示？

幼儿尝试用动作表现各种蔬菜形象，如西红柿、青菜、萝卜等蔬菜的样子。

② 尝试表现水开了冒泡泡的样子。

教师：蔬菜下锅前，我们要先等水烧开。水烧开了，会发生什么变化？

幼儿：冒泡泡，发出"啵啵啵"的声音。

教师引导幼儿用身体表现泡泡，例如可以将双手弯曲抱在身体的前方表示泡泡，左右晃动，随着音乐手越来越高；也可以将双手放在嘴巴前作吹泡泡状，可以左右晃动或者往上吹，手越来越高。

③ 尝试用动作表现蔬菜被搅拌时转动的样子。

教师：蔬菜下锅了，用勺子来搅拌一下，蔬菜会怎么样呢？

幼儿：转起来。蔬菜会转动。

教师：蔬菜会怎么转动呢？用动作来告诉我。

教师积极引导幼儿表现蔬菜转动的样子。

④ 随乐表现 A 段动作。

3. 尝试表现 B 段蔬菜吸收调料的过程，并做出夸张的表情动作。

① 尝试表现蔬菜吸收调料的样子。

教师：烧蔬菜汤时，还需要干什么？（放调料。）

教师：蔬菜好想加调料，让自己变得美味一点。它会用什么动作来表现呢？用动作告诉我。

幼儿尝试表现，教师及时捕捉并进行提升：你看他是双手交叉在身体两边，大大地打开，好像想吃很多很多的调料；他是头仰着，嘴巴张得大大的，好像迫不及待地要吸调料的样子；你看她的手和头都抖动得好开心、好激动的样子。

②尝试表现加了调料后,蔬菜根据不同调料的味道做出夸张的表情动作。

教师:你想放什么调料呢?(幼回答:盐。)盐是什么味道的?(咸。)好咸是什么表情?(教师引导幼儿做出咸的夸张表情。)

③用动作表现音乐尾声汤烧好了泡泡越来越小。

教师:怎样才知道汤烧好了?(冒泡泡。)火关掉,泡泡会越来越小。一起来做做冒泡泡,泡泡越来越小的样子。也可以手做倾听状,听听泡泡越变越小的声音。

4. 随乐完整表现音乐数遍。

① 教师用提示性语言:"听泡泡——蔬菜进来——准备搅拌——转动——撒盐——好咸——冒泡。"引导幼儿完整随乐表现一遍音乐。

② 幼儿另外选择一种蔬菜角色,随乐完整表现出来,了解放调料的次数。

教师:音乐里放了几次盐?(4次。)我们再来玩一玩,音乐里到底放了几次盐?这一次你可以换一种喜欢的蔬菜哦。(尝试完整随乐表现一遍音乐。)

③ 迁移经验,创编出放其他调料的夸张表情。

教师:除了放盐,我们还要放点什么调料?(糖。)糖是什么味道?(甜。)做个好甜的表情,一起说"好甜"。(尝试完整随乐表现一遍音乐。)

教师:还可以放什么调料?(辣椒粉、醋。)他们都是什么味道?又可以用什么夸张的动作表现呢?这一次音乐里两次放糖,两次放醋,你们可要分辨出味道哦!(完整随乐表现一遍音乐。)

3. 游戏:魔法师品尝蔬菜汤

① 交代游戏玩法:

教师:先让陈老师(配班教师)来当妈妈,小朋友们来当各种不同的蔬菜,这摆成圆圈的小椅子就是一个大锅,小朋友们先做好各种蔬菜的造型,音乐开始,蔬菜看到水开了很开心,学学水冒泡泡的动作,然后下锅被搅拌、转动、吃调料;在音乐结束的时候,我们会请魔法师来品尝一下,魔法师觉得很好吃,她就会让你实现一个愿望,你想变谁就变谁。(引导语可用:像英雄超人一样强壮、像白雪公主那样健康、漂亮,等等。)如果魔法师觉得蔬菜烧坏了,不好吃,你们就表现蔬菜被烧坏倒出后的各种造型动作。

② 配班教师扮演妈妈,教师引导幼儿表现各种蔬菜做一遍游戏。音乐

结束后打开 PPT，观察魔法师是觉得很好吃，还是蔬菜被烧坏了，并做出相应的造型动作。教师积极评价幼儿的动作表现，并引导幼儿反思为什么菜烧得好吃或为什么菜烧坏了，不仅不好吃，而且对身体有害。

③ 教师扮演妈妈，幼儿自主选择一种蔬菜做一遍游戏，音乐结束，看到图片快速做出相应的造型动作。

④ 请一位高级榜样扮演妈妈，其他幼儿自主选择表现各种蔬菜，游戏一遍，音乐结束看到图片快速做出相应的造型动作。（最后一次适宜放魔法师觉得好吃的蔬菜的图片。）

⑤ 幼儿开心地跟随音乐一边律动一边离开教室。

游戏动作建议

前奏：用身体表现泡泡，可以用双手弯曲抱在身体的前方表示泡泡，左右晃动，随着音乐手越来越高。也可以将双手放在嘴巴前作吹泡泡状，可以左右晃动或者往上吹，手越来越高。

A 段：预备——蔬菜进来，准备搅拌。创编蔬菜的动作，左右摇摆，空拍静止不动。重复两遍。

B 段：双手抖动并交叉向身体两边画弧打开，空拍静止做表情，重复两遍。

A 段重复一遍，B 段重复一遍。

尾声：单手放耳朵边做倾听状，听听泡泡有没有变小。

乐谱 同 145 页《遇见舞》。

中班韵律：疯狂动物城

设计思路

《幼儿园指导纲要》中提出了"教育活动内容既符合幼儿的兴趣和现有的经验，又指向有助于达成教育目标的新经验"。怎样将《遇见舞》这一音乐素材组织成一节幼儿感兴趣、与现有经验相结合，并能达成教育目标的课呢？我选择了幼儿最近特别喜欢的电影《疯狂动物城》为故事背景，并对故事的结局进行拓展。活动设计了帮助羊副市长做坏事的黑山羊从警车上逃脱，要给动物们打疯狂针，小动物们想办法静止不动躲避黑山羊的情境，使活动具有目的性和挑战性。一节能吸引幼儿的活动是需要高潮的，我选择了特别能逗乐幼儿的鬼脸静止造型为游戏的高潮，旨在让幼儿在一种诙谐、愉悦的氛围中感受音乐旋律和节奏。

根据中班幼儿的年龄特点，我判断多数幼儿在自由律动中会做出两种及两种以上的动作，比较喜欢做重复动作；能听懂前奏，具有节奏感。不过，幼儿的乐段感与乐句感的发展相对滞后，幼儿很少有与同伴合作做动作的行为，都是自己单独做动作。而在这个音乐活动中，幼儿可以合拍跟着节奏做动作，并能做上下肢联动的动作，同时在面对面做鬼脸时观察、学习、模仿对方的动作，能为后期与同伴合作做动作积累经验。

活动目标

1. 感受乐曲的 ABC 结构，能合乐表现"散步找朋友""扭屁股""做鬼脸"等动作。
2. 尝试创编不同的鬼脸造型动作，如在躲避黑山羊的情境中利用静止的方式保护自己。
3. 享受运用肢体、表情动作与同伴玩诙谐音乐游戏的乐趣。

活动准备

剪辑好的音乐、黑山羊头饰、自制的"大针筒"。

活动流程

1. 故事导入。

教师：今天老师要讲一个故事：疯狂动物城里的动物要找一个好朋友一起去参加庆祝舞会，一起扭扭屁股、扭扭屁股，做鬼脸，玩得真高兴呢！一只黑山羊来到了舞会上，想给动物们打疯狂针，动物们吓得一动也不敢动，黑山羊以为动物们是石头雕像呢，就灰溜溜地走了。

2. 创编"扭屁股""做鬼脸"的动作。

（1）尝试创编扭屁股的动作。

教师：我是动物城的小猫，我要去找朋友，找到朋友好开心呀，扭起了屁股，怎么扭的呢？（幼儿尝试表现扭屁股的动作。）

（2）尝试创编做鬼脸的动作。

教师：瞧，扭扭屁股，扭扭屁股，还开心地做起了鬼脸。大家一起来做鬼脸吧。（教师积极引导提升，并选取两个做鬼脸做得好的榜样，如，你瞧她的舌头弯弯地伸出来了，他的眼睛一只闭一只睁……）

3. 教师带领幼儿用动作完整表现音乐两遍。

教师：有一段音乐讲述的就是动物们找到朋友，扭扭屁股做鬼脸的情形。我们一起来玩一玩吧。（播放音乐。）音乐里小动物们先做了什么？又做了什么动作？找了几次朋友？

教师：是不是像大家说的一样呢？我们再来玩一遍。（播放完整音乐一遍。）

4. 教师与全体幼儿进行互动，完整合乐表现一遍。

"找、找、找朋友，找到朋友，嘿——"教师边走边找朋友，在"嘿"的时候与一位幼儿开心地击掌。第二次找朋友走到另外一位幼儿前面与他/她击掌，和这位幼儿面对面扭扭屁股、扭扭屁股，然后教师在做鬼脸的时候模仿这位幼儿的鬼脸动作，再找到一位幼儿，面对面扭扭屁股并模仿幼儿的鬼脸动作。

5. 教师与一位高级榜样幼儿两两合作完整合乐表现一遍音乐，积极引导幼儿进行评价。

6. 幼儿坐在位置上两两合作完整合乐表现一遍音乐，引导幼儿进行反思性评价。

7. 幼儿站在位置边上两两合作完整合乐表现一遍音乐。

8. 戏剧游戏：动物与黑山羊。

① 交代游戏规则。

教师：黑山羊据说已经在舞会门外了，等一会儿我们要注意安全，等黑山羊来的时候我们一定要变成石头雕像一动不动。等黑山羊走了之后，我们才可以安全地动哦。

② 请配班教师扮演黑山羊，教师引导幼儿扮演各种小动物找到空位置两两面对面完整游戏一遍。（播放音乐。）

③ 教师扮演黑山羊，幼儿扮演小动物，自主选择朋友，两两合作面对面游戏一遍。

游戏动作建议

前奏：随乐晃动。

第1-2小节：随音乐节奏做"走"的动作，并在最后一个音符拍手。语言口令：找、找、找朋友，找到朋友，嘿。

第2-4小节：重复第1-2小节的动作。

第5—6小节：双手撑开扭屁股。语言口令：扭扭屁股、扭扭屁股。

第7—8小节：面对面做鬼脸。

第9—10小节：同第5-6小节。

第11—12小节：同第7-8小节。

乐谱 同145页《遇见舞》。

三、同一乐曲，不同年龄层次

同一首乐曲，根据幼儿的年龄特点及每一阶段幼儿发展的需要，可以设计不同层次的教学活动。首先我们要对原音乐素材的曲式风格和结构进行分析，然后进行删减、拆分和粘贴，调整成更加符合不同年龄段幼儿需要的音乐素材。小班幼儿喜欢节奏鲜明欢快、简单重复的音乐，动作适宜用晃动手臂、用手掌拍击身体部位、点头等，小班韵律活动主要是上肢动作。

中班幼儿能初步感受乐曲的结构，分辨乐曲的速度、力度、节奏以及乐曲在情绪上的明显差异。中班韵律活动的手部动作更加复杂，不仅有上肢动作，还包括一些下肢原地动作。大班幼儿逐步认识到事物之间的一些简单联系，对事件和情节的表现成为大班幼儿的突出特点，大班幼儿可以把握音乐中蕴含的诸多要素，包括音乐中的运动、张力、情感、形象和情节等，不仅可以用一些复杂的上下肢动作来表现音乐，还可以加入移动动作。比如在"蝴蝶飞飞"活动中，小班年龄段的韵律活动的音乐素材截取自乐曲的A段，动作设计为：用手指以及手臂上下摆动表现蝴蝶飞，用点头表示问好。中班选取对比鲜明的AB两段乐曲，加入了表现蝴蝶振翅快速飞舞的B段音乐，音乐结束时增加了"捕蝶人来了"，"蝴蝶"快速做出静止动作。大班韵律活动的音乐素材为ABA'B四段乐曲。不仅音乐结构复杂了，而且还增加了两两合作，以及自由合作表现"捕蝶人来了"时的多人静止环节。

下面就具体以韵律活动《蝴蝶飞飞》为例，分析同一首乐曲，不同年龄层次的幼儿做的不同设计。

韵律活动：蝴蝶飞飞

设计意图

大自然中飞舞的蝴蝶对于孩子来说有着一种神奇的吸引力，孩子乐意仔细观察蝴蝶灵动的翅膀、色彩斑斓的花纹和优美的舞姿，并且和蝴蝶开展亲密互动。因此，基于小中大幼儿的身心特点和兴趣爱好，我们选择了"蝴蝶"作为主题，在韵律活动中培养幼儿对音乐的感受能力、动作的协调性，从而激发幼儿对音乐的兴趣。孩子们在和老师的互动中，伴随着音乐，化作一只只可爱的小蝴蝶开心快乐地玩着游戏……

"蝴蝶飞飞"是受福建儿童发展职业学院附属幼儿园研究团队设计的小班韵律活动"小瓢虫飞"的启发设计的，音乐选自幼儿乐曲《顽皮小瓢虫》，整首作品曲风清新典雅，充满快乐，一只只小蝴蝶仿佛在花丛中翩翩起舞，你追我赶，嬉戏玩耍，非常具有儿童情趣。我们根据幼儿每个年龄段的学习特点设计教学内容,对原乐曲 ABA'BA' 进行删减、压缩、粘贴,并将 A 段音乐稍稍放慢速度。小班用 A 段音乐。A 段音乐结构工整,由两段重复的 4 个乐句组成,乐句之间首尾相连,一问一答,动作设计为小蝴蝶飞舞、问好。中班音乐素材为 AB 两段音乐,B 段音乐与 A 段音乐对比鲜明,节奏欢快且富有动感,速度变为小快板,动作表现为小蝴蝶快速振翅飞舞,音乐结束时加入了"捕蝶人来了"的情境,并要求幼儿根据"捕蝶人来了"的信号快速做出不同造型,并能控制不动。大班的音乐素材为 ABA'B 段,新增加了 A'B 两段音乐,A' 段音乐在原 A 段基础上加快了速度。不仅音乐结构变复杂了,A 段还增加了两两合作的动作,游戏增加了难度,当音乐结束,听到"捕蝶人来了"的信号时,幼儿要快速做出多人合作的静止造型。整个活动层层递进,逐级增加难度,音乐的流畅性与情境的游戏化得到完美展现。

小班:蝴蝶飞飞

活动目标

1. 感受乐曲的旋律,并随 A 段音乐表现蝴蝶飞、问好等动作。
2. 在飞舞问好的互动情境中,尝试用手臂摆动表现飞舞、点头问好等,表现乐句一问一答的句式。
3. 与教师和同伴愉悦互动,有礼貌地打招呼。

活动准备

蝴蝶手偶、蝴蝶胸贴若干、音乐、花伞等。

活动过程

1. 情境导入。

① 出示蝴蝶手偶、引导幼儿向小蝴蝶问好。

教师:今天老师请来了一位神秘的客人,它是谁呢?(蝴蝶。)小朋友们好!(小蝴蝶好!)

② 小蝴蝶可喜欢在花园里飞舞了,我们也学小蝴蝶飞一飞。

2. 尝试用手指表现小蝴蝶飞到身体的不同部位，表现 A 段音乐。

（1）跟随语令，用手指表现小蝴蝶飞到身体的不同部位的动作。

① 教师：小蝴蝶很想跟我们做朋友，它会飞到我们身体的哪里呢？

② 根据幼儿的回答，如头上，用食指当蝴蝶，跟随语令"小蝴蝶飞到头上，你好，你好"做动作。

③ 师幼一起尝试跟随语令用手指表现小蝴蝶飞到头上，并做点头问好的动作。

④ 小蝴蝶除了会飞到头上，还会飞到身体的哪些部位呢？（手上 / 肩上 / 胸前 / 腰上 / 腿上……）

⑤ 选择 4 个部位，合语令完整表现 4 个乐句。

（2）完整随 A 段音乐用手指表现小蝴蝶飞到身体的不同部位。

教师：音乐里小蝴蝶飞到了身体的几个部位？（4 个。）

教师：现在我们再来玩一玩，看看小蝴蝶是不是真的飞了 4 个地方？（再次播放 A 段音乐。）

3. 游戏：小蝴蝶找朋友。

① 教师扮演小蝴蝶，幼儿扮演小花、小草或小树，随 A 段音乐进行互动游戏一遍。

教师引导幼儿坐在位置上表现各种小花、小草、小树，教师跟随乐句，在每个乐句的"X 上"处停在一位幼儿面前，然后与这位幼儿相互问好。

教师：小蝴蝶喜欢到花园里玩，花园里有什么啊？有小花、小草、小树。请用动作来告诉我。你这朵小花是开在肩膀上的，你的树是高高的，你是弯弯的小草……

③ 教师和一位高级榜样幼儿扮演蝴蝶，其他幼儿在位置边上扮演小花、小草和小树，随乐进行互动游戏一遍。

④ 教师邀请三位幼儿扮演蝴蝶，其他幼儿在空位置上扮演小花、小草和小树，随乐进行互动游戏一遍。

⑤ 将贴有小花、小草、小树的伞，四散放置在空地上，全体幼儿贴上蝴蝶胸贴扮演小蝴蝶，随乐进行互动游戏两遍。

曲谱

蝴 蝶 飞 飞

1=B 2/4

A段

5 2̇1̇ | 5 1 1̇ | 1̇1̇1̇ 2̇2̇2̇ | 3 - | 5 2̇1̇ | 5 1 1̇ | 1̇1̇1̇ 2̇2̇2̇ | 1 - |

‖: 5 65 | 3 5 | 1̇1̇1̇ | 3̇ 1̇ | 3̇ 1̇ | 5 65 | 3 5 | 7⌢77 | 2̇ 7 | 2̇ 7 |

5 65 | 4 5 | 7⌢77 | 4̇ 2̇ | 4̇ 2̇ | 5 55 | 6 7 | 1̇1̇1̇ | 3̇ 1̇ | 3̇ 1̇ :‖

中班：蝴蝶飞飞

活动目标

1. 感受AB两段乐曲的结构，并能用蝴蝶飞、问好、振翅快飞等动作表现A段的轻盈、B段的欢快热烈。

2. 在教师的引导下创造性地表现B段蝴蝶飞舞及音乐停止后听到"捕蝶人来了"的信号后的动作造型。

3. 与教师和同伴愉悦互动，有礼貌地打招呼，做到不碰撞同伴。在听到"捕蝶人来了"的信号后快速做出不同造型并能控制不动。

活动准备

蝴蝶手偶若干、音乐、捕蝶网、花伞等。

活动过程

1. 情境导入。

① 出示蝴蝶手偶，引导幼儿向小蝴蝶问好。

教师：今天老师请来了一位神秘的客人，它是谁呢？（蝴蝶。）小朋友们好！（小蝴蝶好！）

②小蝴蝶可喜欢在花园里飞舞了，我们也学小蝴蝶飞一飞。

2. 尝试用手指表现小蝴蝶飞到身体的不同部位，表现 A 段音乐。

（1）跟随语令，用手指表现小蝴蝶飞到身体的不同部位的动作。

① 教师：小蝴蝶很想跟我们做朋友，她会飞到我们身体的哪里呢？

② 根据幼儿的回答，跟随语令"小蝴蝶飞到头上你好，你好"做动作。

③ 师幼一起尝试跟随语令用手指表现小蝴蝶飞到头上，并点头问好的动作。

④ 小蝴蝶除了会飞到头上，还会飞到身体的哪些部位呢？（手上／头上／肩上／胸前／腰／腿上……）

⑤ 选择 4 个部位，合语令完整表现 4 个乐句。

（2）完整随 A 段音乐用手指表现小蝴蝶飞到身体的不同部位的动作。

教师：音乐里小蝴蝶飞到了身体的几个部位？（4 个。）

教师：现在我们再来玩一玩，看看小蝴蝶是不是真的飞了 4 个地方？（再次播放 A 段音乐。）

3. 分辨乐曲的结构，尝试用上肢动作完整表现 AB 两段乐曲。

① 完整聆听音乐，分辨乐曲的结构及 A 段与 B 段乐曲速度的不同。

教师：小蝴蝶刚刚是慢慢地飞，它还会怎么飞？快快地飞，怎么快飞？翅膀振动快快飞。现在我们来听听音乐里小蝴蝶飞的速度一样吗？（播放完整音乐。）

幼儿：不一样！

教师：什么不一样？

幼儿：有的时候飞得快，有的时候飞得慢。

教师：快的几遍，慢的有几遍？

幼儿：慢的飞了两遍，快的飞了一遍。

② 用手指表现小蝴蝶飞到身体的不同部位来表现 A 段音乐，用双手振翅飞来表现 B 段音乐，完整随 AB 音乐表现两遍。

4. 游戏：小蝴蝶与捕蝶人。

① 教师示范游戏一遍。

教师引导幼儿坐在位置上表现各种小花、小草、小树，教师扮演小蝴蝶随着 A 段乐句，在每个乐句的"X 上"处停在一位幼儿前面，然后与这位幼儿相互问好。B 段音乐中，蝴蝶自由地振翅飞舞。当音乐结束，听到"捕蝶人来了"的信号时，教师马上找到一位幼儿，在他边上静止不动，表示隐藏在花丛或树丛中。

② 教师和一位高级榜样幼儿扮演蝴蝶，其他幼儿在边上扮演小花、小草或小树，随乐进行游戏一遍。

③ 教师邀请三位幼儿扮演蝴蝶，其他幼儿在空位置上扮演小花、小草或小树，随乐进行互动游戏一遍。

④ 教师与全体幼儿扮演蝴蝶，配班教师扮演"捕蝶人"，完整随 AB 段音乐游戏 2—3 遍。

将贴有小花、小草、小树的伞，四散放置在空地上，全体幼儿扮演小蝴蝶，随乐进行互动游戏。当音乐结束时，"捕蝶人"拿着捕蝶网出现了，全体"蝴蝶"快速停止。等"捕蝶人"失望地离开，"蝴蝶"才安全地放松欢呼。

乐谱

蝴 蝶 飞 飞

$1=B\ \frac{2}{4}$

A段

$5\ \dot{2}\dot{1}\ |\ 5\ 1\dot{1}\ |\ 111\ 222\ |\ 3\ -\ |\ 5\ \dot{2}\dot{1}\ |\ 5\ 1\dot{1}\ |\ 111\ 222\ |\ 1\ -\ |$

$\|:5\ 65\ |\ 35\ |\ \dot{1}\dot{1}\dot{1}\ |\ \dot{3}\dot{1}\ |\ 35\ 65\ |\ 5\ |\ 777\ |\ 2\dot{7}\ |\ \dot{2}\dot{7}\ |$

$5\ 65\ |\ 45\ |\ 777\ |\ \dot{4}\dot{2}\ |\ \dot{4}\dot{2}\ |\ 55\ 67\ |\ \dot{1}\dot{1}\dot{1}\ |\ \dot{3}\dot{1}\ |\ \dot{3}\dot{1}\ :\|$

B段

$6765\ 6765\ |\ 6765\ 6765\ |\ 76\ 54\ |\ 3\ 2\ |\ 2321\ 2321\ |\ 2321\ 2321\ |\ 21\ 7\dot{1}\ |\ ^\#1\ 2\ |$

$6765\ 6765\ |\ 6765\ 6765\ |\ 76\ 54\ |\ 3\ 2\ |\ 2321\ 2321\ |\ 2321\ 2321\ |\ 32\ 12\ |\ 1\ \dot{1}\ |$

大班：蝴蝶飞飞

活动目标

1. 感受乐曲的 ABA'B 结构，随乐用动作表现蝴蝶飞、问好、"捕蝶人来了"等情境。

2. 在飞舞问好的情境中，两两合作表现蝴蝶飞到身体的不同部位问好的动作；在音乐结束时，尝试多人合作静止造型。

3. 与同伴愉悦互动，有礼貌地打招呼，动作轻巧。在听到"捕蝶人来了"的信号后快速合作做出造型并能控制不动。

活动准备

蝴蝶若干、音乐、捕蝶网、花伞等。

活动过程

1. 情境导入。

2. 分辨乐曲的结构，尝试用上肢动作完整表现 ABA'B 4 段乐曲。

① 完整聆听音乐，初步了解乐曲的结构，并分辨出 A 段与 B 段乐曲的

速度不同。

教师：小蝴蝶刚刚是在慢慢地飞，它还会怎么飞？（快快地飞。）怎么快快飞？做给我看看。（选取幼儿翅膀振动快快飞的动作。）现在我们来听听音乐里小蝴蝶飞的速度一样吗？（播放完整音乐。）

幼儿：不一样！

教师：什么不一样？

幼儿：有的时候飞得快，有的时候飞得慢。

教师：快的飞了几遍，慢的飞了几遍？

幼儿：慢的飞了两遍，快的飞了两遍。

② 教师引导幼儿随 A 段音乐用手指表现小蝴蝶飞到身体的不同部位，随 B 段音乐表现双手振翅飞，完整随 ABA'B 音乐表现一遍后进一步梳理音乐结构。

教师：是不是跟大家说的一样，慢的飞了两遍，快的飞了两遍呢？我们一起来玩一玩。

教师：真的像大家说的一样，那慢慢地飞和振翅快快飞的先后顺序又是怎么样的呢？

幼儿：先一上一下慢慢地飞，再快快地飞，然后是一上一下，最后又是快快地飞。

幼儿：两次一上一下飞的速度是不一样的，第二次快一点。

③ 幼儿用上肢动作完整表现 ABA'B 音乐一遍。

教师：你们的耳朵真灵，我们再来合着音乐玩一玩，注意音乐里什么时候是一上一下地飞，什么时候是振翅快快地飞。

4. 游戏：小蝴蝶与捕蝶人。

① 教师邀请一位高级榜样扮演蝴蝶，两两合作示范游戏一遍。

教师和幼儿随 A 段乐曲一上一下地飞舞，在每个乐句的"X 上"处，蝴蝶停在合作伙伴身体的一个部位上，然后点头问好说："你好你好！"在 B 段乐曲，表现自由振翅飞舞，A' 段乐曲的动作与 A 段相同，速度略快。在第二次放 B 段乐曲时重复自由振翅飞舞的动作。音乐结束时，听到"捕蝶人来了"的信号时，幼儿找到朋友合作做静止造型躲避捕蝶人。

② 请幼儿评价自己的表现，其他幼儿评价师幼两两合作的表现。

③ 幼儿两两合作随乐表现一遍。

④ A 段音乐：找朋友两两合作；B 段音乐：自由振翅；A' 段乐曲：就近找新朋友两两合作；最后一段振翅飞舞后，当教师扮演"捕蝶人"来了时，多人合作摆出静止造型。

⑤ 请一位幼儿扮演捕蝶人，其余幼儿找朋友合作进行游戏。

乐谱

蝴 蝶 飞 飞

$1=B$ $\frac{2}{4}$

A段

```
5 2̇ 1̇ | 5 1̇ 1̇ | 1 1 1 2 2 2 | 3 - | 5 2̇ 1̇ | 5 1̇ 1̇ | 1 1 1 2 2 2 | 1 - |
‖: 5 65 | 3 5 | 1̇ 1̇ 1̇ | 3̇ 1̇ | 3̇ 1̇ | 5 65 | 3 5 | 7 7 7 | 2̇ 7 | 2̇ 7 |
5 65 | 4 5 | 7 7 7 | 4̇ 2̇ | 4̇ 2̇ | 5 55 | 6 7 | 1̇ 1̇ 1̇ | 3̇ 1̇ | 3̇ 1̇ :‖
```

B段

```
6765 6765 | 6765 6765 | 76 54 | 3 2 | 2321 2321 | 2321 2321 | 21 7̣1 | #1 2 |
6765 6765 | 6765 6765 | 76 54 | 3 2 | 2321 2321 | 2321 2321 | 32 12 | 1 1̇ |
```

A'段

```
5 2̇ 1̇ | 5 1̇ 1̇ | 1 1 1 2 2 2 | 3 - | 5 2̇ 1̇ | 5 1̇ 1̇ | 1 1 1 2 2 2 | 1 - |
‖: 5 65 | 3 5 | 1̇ 1̇ 1̇ | 3̇ 1̇ | 3̇ 1̇ | 5 65 | 3 5 | 7 7 7 | 2̇ 7 | 2̇ 7 |
5 65 | 4 5 | 7 7 7 | 4̇ 2̇ | 4̇ 2̇ | 5 55 | 6 7 | 1̇ 1̇ 1̇ | 3̇ 1̇ | 3̇ 1̇ :‖
```

B段

```
6765 6765 | 6765 6765 | 76 54 | 3 2 | 2321 2321 | 2321 2321 | 21 7̣1 | #1 2 |
6765 6765 | 6765 6765 | 76 54 | 3 2 | 2321 2321 | 2321 2321 | 32 12 | 1 1̇ |
```

三、同一乐曲，不同活动层次

我们也会根据儿童的经验、兴趣，将一首乐曲设计成多个层次的教学活动。比如在大班"敲敲乐"活动中，在第一层次的活动"敲敲多变的鼓"中，让幼儿掌握用手掌敲击的动作，达成音乐和自身动作的协调。两周后，当幼儿对音乐非常熟悉，动作造型非常熟练，而且已经有了使用竹棍的经验后，再进行第二层次的活动"竹儿响咚咚"，重点探索使用一根竹棍进行造型、合作敲击的动作；在第三层次的活动"竹棍舞"中，重点探索用两根竹棍进行造型、敲击，最后加上队形，增加音乐长度，完成成品竹棍舞。

大班：敲敲乐

设计思路

在一次偶然的机会，我欣赏到由一群中学生表演的民间舞蹈——《蕲竹舞》，它既吸收了传统艺术元素，又整合了现代舞蹈、音乐、灯光等时尚元素，妙趣横生，我被这个舞蹈深深地吸引住了。让幼儿从小接触优秀的民间舞蹈作品，并由此领略其中蕴含的真、善、美和谐统一的核心思想，是幼儿园音乐教育活动追求的目标之一。于是我们有了设计这个音乐活动的想法！

我们对音乐作品《蕲竹舞》进行了一定的改编，将整个活动设计为三个层次，循序渐进，让幼儿在每一层次的音乐学习中都能获得快乐体验。

活动一：敲敲多变的鼓

"敲敲乐"的活动中，从导入环节到随乐表现 AB 两段乐曲的敲击动作环节，都是用手掌来变鼓的，后面环节开始使用充气棒来敲击，并使用充气棒两两合作敲击。在"鼓儿变变变"的活动中，始终都是尝试用手掌来变鼓，因为要让孩子变出各种各样的鼓，所以活动中使用了中国娃敲一个鼓、两个鼓、一套鼓的 PPT 画面。其导入环节到随乐表现 AB 两段乐曲的敲击动作环节与"棒棒乐"大致相同（见 P30–P34）。两两合作敲击环节与"棒棒乐"不同的是，不出现道具充气棒，而是出示了两个鼓面的幻灯片，让幼儿尝试用两只手掌来表现鼓面造型，然后进行两两合作敲击。"鼓儿变变变"因为是徒手做动作相对简单，为了引发对下一个活动的兴趣，在最后增加了一个环节：尝试合作表现一套鼓的造型以及敲击动作。

① 出示并引导幼儿观察一套鼓幻灯片。

教师：这一次我们要来敲一套鼓，这套鼓有的高有的低，有的在前有的在后，有的在左有的在右……

② 请几位幼儿合作表现一套鼓的造型，教师进行敲击表演。

教师：谁来挑战变一套鼓呢？现在我来做鼓手，你们在该变鼓的时候，马上合作变出鼓来。（师幼随乐表现，教师要尽可能敲击到每一位幼儿变出的鼓面。）

③ 幼儿分成三组，与客人老师合作表现一套鼓的造型，客人老师表演即兴敲击的动作。

专家点评：

尹丹红（特级教师）

这是一节大班韵律活动课，从"敲敲乐"这个活动名称我们能够解读到"敲敲"这个行为动作最终指向的结果是"乐"，从颜瑶卿老师的教学设计与教学现场，确实让听课者感受到了那丰富多彩的"敲"与师生发自内心的"乐"！反观她预设目标的有效达成，归功于颜老师以下几点的成功突破：

其一，能用心捕捉好的音乐素材，并成功改编为适合幼儿认知特点的音乐材料，这是学习内容的"乐"。通过颜老师的说课，我们了解到这节课的音乐来自于民间舞蹈——《蕲竹舞》，颜老师将之成功改编为结构简单、长度适中、音乐形象更鲜明、难度更适宜、符合幼儿音乐感知与理解的音乐作品，这样的作品能够引起幼儿学习的兴趣，这是本活动"乐"的基石。

其二，感觉体验先行，多感官参与，动静结合，设置情境，师生互动、生生互动是学习形式的"乐"。本活动以"敲鼓"为线索，通过玩、变、敲、听、动等多种体验活动，以及创设游戏情境，使幼儿多感官参与游戏，生动还原了幼儿学习、生活的经验，加深了幼儿对音乐要素的敏锐感知。同时，颜老师在现场及时与听课教师互动，与幼儿合作表演，学习形式丰富多彩，学生"乐"在其中。

其三，循序渐进的活动设计，明确清晰的任务表述，适时提供高级榜样将困难化解于无形，是幼儿体验学习成功的"乐"。

"敲敲乐"活动设计遵循了循序渐进的原则，从易到难，由浅入深；动作的设计符合幼儿身体发展的特征，遵循从上肢到下肢，同时兼顾动作的动静交替。设计的每一个环节都处于幼儿的最近发展区内，给幼儿适宜的认知挑战，让幼儿体验成长的快乐，增强自信心。如在"敲敲多变的鼓"活动中，首先请幼儿探索以手做鼓，面向不同方位做造型，通过观察、模仿、学习搞清楚基本动作后，完成左右手的互动。接着让孩子迁移经验，创编两个鼓面的造型，并创设问题情境："两只手都当鼓面，谁来敲？"之后进行两两合作，一人做鼓，一人敲击。最后让孩子挑战合作变一套鼓，对于大多数孩子来说合作变一套鼓是有困难的，所以颜老师有目的地请客人老师和孩子一起合作变鼓，在循序渐进的过程中，让孩子们深切体会到每进一步产生的美好经验，激发他们投入全部的热情。

活动过程中，教师给予幼儿明确的任务，并不断强调动作造型，让幼儿清楚动作的任务标准，以便很好地完成动作，体验成功的快乐。如在"敲敲多变的鼓"活动中，颜老师通过提问来帮助幼儿明确：教师一共造型四次；教师每次的造型都不一样；前三次动作变化的频率快；第四次慢。这样，在幼儿观察、模仿基本学习动作的过程中，教师不断地引导他们，帮助他们总结提炼出基本动作，并搞清动作的标准。

另外，适时提供高级榜样将困难化解于无形之中。当幼儿认为他们有能力学习与执行榜样所示范的行为时，他们就会认为"如果他们能做到，我也能做到"。如在"敲敲多变的鼓"活动中，教师以够用为原则让幼儿探索以手做鼓、面向不同方位的造型动作，提取了上下左右四个方位的动作进行合乐示范，为幼儿提供高级榜样，让幼儿清楚如何合乐表现一个鼓的造型。在两两合作做造型、敲击的环节，教师请一位幼儿来当变形金刚鼓，自己当鼓手，合作敲击。合作表现一套鼓的造型对于大多数幼儿来说是有一定难度的，因此在这个环节，教师请了几位幼儿合作表现一套鼓，教师做鼓手，为幼儿提供高级榜样，使幼儿相信自己能够接受挑战，表现一套鼓。

其四，融入幼儿感兴趣的故事，真诚的师生评价是幼儿音乐活动中情感激发的关键点，是"乐"的最高点。

幼儿感兴趣的故事不仅能激发幼儿参与活动的积极性，还能帮助幼儿理解并表现动作，从而降低认知难度，使其获得积极的情感体验。所以在本韵律活动中，教师选用和设计了适合的音乐和动作，并且设计了与其相一致的幼儿感兴趣的故事。变形金刚是幼儿非常喜欢的形象，同时其多变、强有力的形象与鼓的各种造型以及B段强悍的音乐非常吻合。颜老师在此基础上创造了一个"变形金刚鼓"的形象，幼儿的音乐审美情感在此爆发，并在教师与幼儿的互动评价中走向最高点，也就是"乐"的最高点，真正实现了"让每一个孩子都享受到音乐的快乐"！

活动二：竹儿响咚咚

活动目标

1. 进一步熟悉乐曲的旋律和结构，并能跟随乐曲表现竹棍敲击身体和敲击竹棍的动作。

2. 在敲击竹棍的比赛情境中，尝试探索用一根竹棍进行造型，用竹棍敲击竹棍的动作表现B段乐曲的应答句式。

3. 合作时能用眼神与同伴进行交流，体验使用竹棍进行游戏的乐趣。

第三章　幼儿园韵律活动的音乐素材及多样化设计　171

活动准备

1. 每人一根竹棍。

2. 幼儿学过竹棍操，并探索使用竹棍进行各种造型。

活动过程

1. 复习敲鼓动作。

① 师幼随乐进行左右手互动敲鼓动作。

② 两两合作进行变鼓造型、做敲击动作。

2. 尝试探索用一根竹棍进行造型，用敲击的动作表现 B 段乐曲应答的句式。

① 交代比赛内容。

教师：今天在这里要举行一场敲击比赛，会是什么呢？变变变，变出了一根什么？（竹棍。）今天在这里就要举行一场用竹棍进行造型、敲击的比赛。

② 探索用一根竹棍进行造型。

③ 创编用竹棍敲击竹棍的节奏：① | X-X- | ② | XXXX | ③ | XX X XX X | 。

④ 幼儿自选敲击节奏，两两合作跟随 B 段音乐用竹棍做造型和敲击动作。

3. 两两合作随 A、B 两段乐曲做竹棍敲击的动作。

A 段音乐，幼儿使用竹棍敲击不同的身体部位；B 段音乐，两人轮换使用竹棍做敲击动作。

4. 将幼儿平均分成两组进行敲击比赛，每组其中一位幼儿当敲击手，用竹棍进行敲击，其余幼儿用竹棍合作摆造型。

活动三：快乐竹棍舞

活动目标

1. 进一步熟悉乐曲的旋律和结构，并能跟随乐曲表现两根竹棍敲击身体和竹棍相互敲击的动作。

2. 创编用两根竹棍进行造型、竹棍和竹棍相互敲击的各种动作，表现

B 段乐曲的应答句式。

3. 初步感受竹棍舞的特点，体验随物跳舞的乐趣。

活动准备

1. 每人一对小竹棍；每人一顶竹叶头饰。

2. 了解竹棍舞的特点，幼儿观看过舞蹈《竹棍舞》VCD。

活动过程

1. 使用一根竹棍进行造型、做敲击动作。

① 幼儿随乐左右手互动，做敲鼓动作。

② 两两合作，用一根竹棍做造型、敲击动作。

2. 尝试探索用两根竹棍进行造型，用竹棍互相敲击的动作表现 B 段乐曲的应答句式。

① 尝试探索用两根竹棍做各种造型和动作。

教师：刚才我们用了一根竹棍做造型和敲击，现在我们要挑战用两根竹棍做造型和敲击，两根竹棍可以怎么做造型呢？（启发幼儿创编各种使用两根竹棍做的造型，并请几位幼儿上来展示，教师进行积极的评价。）

② 幼儿随乐创编用两根竹棍做的造型和动作，教师做竹棍互相敲击的动作。

③ 尝试探索各种竹棍互相敲击的动作。

教师：刚才我们创编出了各种各样用两根竹棍做的造型，那竹棍可以怎么互相敲呢？（启发孩子根据他们的回答，摆弄竹棍做出不同的竹棍互相敲击的动作。）

④ 教师随乐使用竹棍创编造型动作，幼儿随乐创编敲击动作。

⑤ 合着 B 段音乐创编用两根竹棍做的造型和敲击动作。

教师请喜欢进行造型的和喜欢敲击的幼儿分别站在两边，随 B 段音乐完整创编用两根竹棍做的造型和敲击动作。

⑥ 幼儿两两合作，跟随 B 段音乐用两根竹棍做造型和敲击的动作。

3. 两两合作，随 A、B 两段乐曲做竹棍敲击的动作。

A 段音乐，幼儿使用两根竹棍敲击身体部位；B 段音乐，两两合作使用两根竹棍摆造型、做敲击动作。

4. 游戏：竹棍乐。

师幼戴上竹叶头饰，播放 A 段音乐时，幼儿一边自由走动一边用两根竹棍敲击身体的不同部位，到句尾找到自己喜欢的队（造型队在左边，敲击队在右边）；播放 B 段音乐时，造型队和敲击队轮换用两根竹棍摆造型并做敲击动作。

音乐重复第二遍，播放 A 段音乐时，幼儿一边自由走动一边用两根竹棍敲击身体的不同部位，到句尾找到自己喜欢的朋友，播放 B 段音乐时，进行两两合作，用两根竹棍做造型和敲击动作。

部分内容刊登于《学前教育》2011 年 4 月刊。

第四章　渗透其他领域知识的韵律活动设计

幼儿园音乐教育是通过音乐实践促进幼儿音乐能力发展，进而促进幼儿全面发展的教育活动。[①]《3—6岁儿童学习与发展指南》中提到，需把握、关注幼儿学习与发展的整体性。儿童的发展是一个整体，要注重领域之间、目标之间的相互渗透和整合，促进幼儿身心全面协调发展，而不应片面追求某一方面或几方面的发展。

音乐教育也并不是只教音乐的教育，本质上它是培养幼儿良好学习素养和人格素养的教育。将不同领域的知识与精神渗透在韵律活动中，在教学实践中更关注幼儿人格素养的培养，可以使音乐活动的内涵更丰富。

第一节　融入健康教育的韵律活动设计

幼儿期是动作发展的重要阶段，幼儿的律动动作、舞蹈动作的学习是一个由易到难的过程，从简单的上肢动作到复杂的手眼协调，速度也渐渐加快。在律动活动中，幼儿可以获得锻炼身体各部分肌肉、骨骼和韧带的机会，提高神经系统的反应速度和协调能力，增强心肺等器官的耐受力。[②] 韵律活动可融入体育活动，我们经常会在游戏中设计投掷、追逐、跑、跳等基本动作。

[①] 王秀萍.幼儿园音乐领域教育精要——关键经验与活动指导[M].教育科学出版社,2014.

[②] 王秀萍.幼儿园音乐领域教育精要——关键经验与活动指导[M].教育科学出版社,2014.

比如小班活动"赶走小怪兽"中要比比谁打的怪兽最多，又如在中班"小兔找家"活动中，当音乐结束时，幼儿必须马上跳到圈上表示安全回家了。但是需要注意的是，设计的游戏尽可能不要让孩子处于过于兴奋的状态，要注意情绪调控，避免音乐成了背景音乐，同时动作任务难度也要适宜。

在韵律活动中我们还会融入心理健康的内容，比如自我保护、克服恐惧心理等。在小班"羊羊大战灰太狼"的活动中，羊羊共同想办法赶走灰太狼。又如在大班"老鼠和猫"的活动中，通过师幼互动学会躲避危险的方法，做威武的动作拖延时间，并尽量退到安全的地方等。在教师扮演猫、幼儿扮演老鼠的环节，启发幼儿发现更好的赶走猫的方法。在游戏环节，结合猜音源游戏，让游戏出现两个结果，并让孩子不断反思，找出更好的应对猫、吓跑猫的策略，将活动推向高潮。结束语点出活动想要传达的自我保护的意识。这里仍需注意幼儿的年龄特点，装扮强者要适度，不要让孩子太过于恐惧，反而影响了幼儿的心理健康。

大班：老鼠和猫

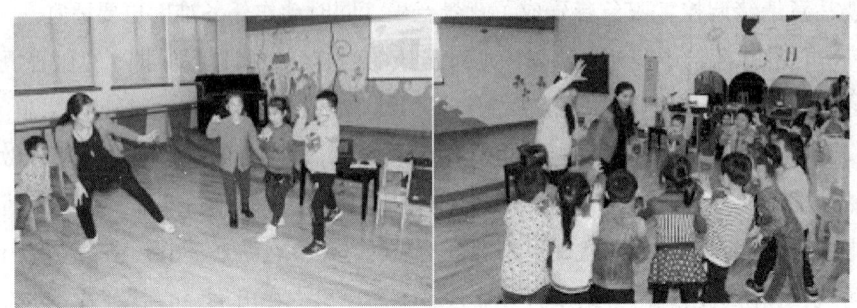

设计意图

大班韵律游戏"老鼠和猫"的音乐选自经典名曲《波斯集市》，根据教学内容的设计以及幼儿学习的特点，我将原作品进行剪辑，用六种乐器演奏主旋律，并根据故事情景添加电脑音效。重新编辑后的音乐为ABC结构。A段旋律明快活泼，表现小老鼠自在散步的情形。B段旋律主要由两段重复的四个乐句(a+a'+b+b')组成，四个乐句两两对答，互相呼应。后四个乐句重复时在力度和节奏上稍有变化，力度渐弱节奏渐慢。整个乐段首尾呼应。在该乐段中，我创设了"比威武"的互动情境，首先将动作设计为小老鼠模仿猫做出威武的动作，并根据旋律的力度、节奏，设计了猫从肯定到迟疑的内心变化，动作则是从夸张前倾到向后退缩。C段旋律呈现出大调色彩，将整个活动情境推向了高潮：老鼠模仿猛兽的叫声吓唬猫，猫害怕。音乐中，在变猛兽造型以及学猛兽叫声的前两拍加了铃声"叮"做预令，使得幼儿从容做好变化造型的准备，一起合拍地学猛兽叫声，达到戏剧表现的流畅性。

在该活动中，我选择了幼儿熟悉并喜爱的角色：猫和老鼠，并受故事《鼠宝宝学外语》中老鼠学狗叫以迷惑猫的情节的启发，创编了老鼠学猛兽叫声以迷惑猫，吓跑猫的游戏情节，渗透了自我保护教育。而游戏化的教学则使活动充满乐趣，从而吸引幼儿积极参与。

活动目标

1. 感受乐曲的ABC结构,尝试合乐用动作表现A段散步、B段"比威武"、C段模仿猛兽的故事情节。

2. 在"比威武"的互动情境中,老鼠通过观察猫的威武动作,尝试做出相似的威武动作,表现B段乐曲的重复应答句式。

3. 尝试做快速反应,做"猛兽雕塑"的老鼠能保持不动,不被猫发现,被猫识破的老鼠能迅速逃至安全的地方,猫在无法识破"猛兽雕塑"的情况下也能迅速逃跑。

活动准备

1. 剪辑好的音乐《老鼠和猫》;猫的头饰若干。

2. 幼儿有合作造型的经验。

活动过程

1. 根据故事情节尝试创编简单的动作。

教师:丛林里,小老鼠们正在散步,突然来了一只威武的猫(教师夸张地用动作表现猫的威武)。这时,你们觉得小老鼠应该怎么做呢?

教师:有些人说小老鼠可以逃。可这时,猫已经离得很近了,小老鼠已经来不及逃了。于是,小老鼠想了一个办法来拖延时间,然后找机会逃。你们知道是什么办法吗?

教师:原来,当猫做出很威武的动作时,小老鼠也学猫做出了很威武的动作。

教师:猫会做什么威武的动作呢?

(幼儿尝试用各种动作表现猫威武的样子,教师捕捉比较典型的动作并加以改进。)

教师:哦,你们想出了这些猫的威武动作,我先来做做看,你们仔细看。(教师一边说"我的样子很威武"一边做猫表现威武的动作。之后,幼儿扮演老鼠,模仿猫的语言及威武的动作。)

教师:小老鼠们做的动作好威武,不过这一次猫更厉害了。你们看!(教师一边说提示语"我的样子很威武"一边做更威武的动作,幼儿再次尝试扮演老鼠,模仿猫的语言及威武的动作。)

教师：看到小老鼠们越来越威武，猫开始有点害怕，不自信了。它的声音越变越轻，身体开始往后退了。猫一退，小老鼠有机会逃了，于是也往后退了。我们来试一试。（教师扮演猫，一边轻声地说"我的样子很威武"一边有点退缩地做威武动作。幼儿扮演老鼠，模仿猫的语言和动作。接着教师扮演猫，声音更轻，身体和动作更加退缩；幼儿扮演老鼠，模仿猫的语言和动作，并后退到较安全的地方。）

教师：小老鼠一边后退一边想办法，它们还想出了做各种猛兽雕塑的造型来吓唬猫的办法。你想变什么猛兽造型呢？

（一幼儿尝试表现老鹰的造型动作。）

教师：×××想变老鹰。我们大家也一起来变变老鹰的造型。注意听到我说"准备"的时候做好准备，听到我说"变"的时候马上变造型。（师幼尝试表现老鹰的各种造型。）

……

分析：在本环节中，教师采用互动方式边讲述故事边引导幼儿创编动作，同时自然而然地让幼儿了解老鼠躲避猫的方法：学猫做威武动作以拖延时间，寻找机会尽量退到安全的地方，同时做各种猛兽造型来迷惑猫，从而为下一环节的随乐表现打下了基础。

2. 跟着教师边感受完整音乐边做动作。

教师：今天，老师给大家带来了一首关于老鼠和猫的乐曲，我们一起来玩一玩。请注意听音乐里猫一共做了几次威武的动作。

（幼儿一边欣赏音乐一边跟随教师在提示语的引导下合拍做动作。）

3. 重点感受 B 段音乐，尝试随乐表现猫的威武动作以及老鼠模仿猫的动作。

①师幼跟随提示语，尝试表现猫的威武动作以及老鼠模仿猫的威武动作。

教师：音乐里，猫一共做了几次威武动作？（4次。）

教师：小老鼠学了几次威武的动作？（4次。）

教师：每一次都一样吗？有什么不一样？

教师：对，前面两次声音很响，猫的身子是往前倾的，很夸张，很有力量。后面两次因为猫看到老鼠的动作也很威武，便开始不自信了，所以声音变轻了,身体也往后退了。我们来试一试。(师幼跟随提示语尝试扮演老鼠,模仿猫做出威武的动作。)

②师幼跟随B段慢速音乐尝试表现猫威武的动作以及老鼠模仿猫的动作。

教师:这一次我们合着音乐来试一试。(播放B段慢速音乐,师幼随乐表现。)

③师幼随B段原速音乐尝试表现猫威武的动作以及老鼠模仿猫的动作。

教师:这一次音乐变快了,有信心跟上吗?(播放B段原速音乐,师幼随乐表现。)

教师:虽然音乐变快了,但小老鼠们还能跟上节奏,做出动作,给你们鼓鼓掌。

④师幼跟随音乐完整表现。

教师:现在我们连起来完整地玩一遍,请注意音乐里小老鼠什么时候散步,什么时候比威武,什么时候变猛兽造型。(播放完整音乐,师幼随乐表现。)

分析:本环节重点引导幼儿感受B段音乐,教师先通过提问让幼儿明确B段音乐的结构和适宜的动作,并了解老鼠模仿猫做的四次威武动作,以及前两次和后两次动作的不同,再让幼儿循序渐进地用动作加以表现,即根据指令做动作→跟随慢速音乐做动作→跟随原速音乐做动作——完整合乐表现。

4. 教师与全体幼儿分别扮演猫和老鼠,完整随乐表现。

①教师扮演猫,全体幼儿扮演小老鼠,完整随乐表现。

教师:这一次,我来当猫,你们都是小老鼠。听到音乐里"叮"的声音时做好变猛兽造型的准备,听到"变"的时候马上变造型。我们先来试一试。(幼儿跟随教师提示语——"叮,变;叮,变;叮,变"进行变猛兽造型的练习,然后师幼随乐表现。)

②教师扮演老鼠,全体幼儿扮演猫,完整随乐表现。

教师:这一次我们交换一下。你们做猫,我做老鼠。在比威武的时候,是谁先做威武动作的?

教师:对,是猫先做威武的动作。我们先来试一试。(师幼随提示语练习B段"比威武"。）

教师：在老鼠变猛兽造型的时候，猫是怎么样的？

幼儿：害怕。吓一跳，然后再看一看。

教师：那我们来试一试。

（教师按音乐的速率说提示语："叮，吓，看。"幼儿做"准备，吓一跳，看一看到底是什么"的动作，重复三遍。）

教师：现在我们跟着音乐玩一玩。猫做好准备！（师幼随乐完整表现。）

分析：在本环节中，师幼互换角色进行了随乐表现。教师在扮演猫做"吓一跳"的动作时，可以借此检验幼儿对老鼠变猛兽造型的掌握情况，以便做出适当的调整；幼儿扮演猫时，发现老鼠变猛兽造型只能让猫吓一跳，并不能把猫赶走，这就为后面想出用猛兽的叫声吓跑猫做了一个很好的铺垫。

5. 完整游戏：老鼠和猫。

① 了解玩法。

教师：一位小朋友扮演猫，其余小朋友扮演老鼠，其中一位扮演老鼠的小朋友在音乐结束时发出猛兽的吼叫声。若猫识破了是哪只老鼠在叫，老鼠就逃，猫追；若老鼠没被猫识破，则猫逃。

② 第一次尝试。

教师：猛兽造型确实迷惑了猫，但还不足以把猫吓跑。于是老鼠们请一只勇敢的小老鼠做掩护，学猛兽叫来把猫吓跑。在音乐快结束的时候，这只勇敢的老鼠要做好准备，然后发出"啊呜"的叫声。我们试一试。（师幼尝试表现尾声处"2 6 3 23 ||- 啊呜 |"的造型以及猛兽叫声和小猫叫声。）

教师：很不错，谁愿意做那只勇敢的老鼠？

教师：如果猫识破是你发出的声音，你要马上怎么样呢？

教师：对，逃到安全的地方。其他小老鼠保持猛兽造型，千万别因为动来动去被猫识破，等猫走了之后才安全。我们先练习一下。叮，变；叮，变；叮，变；2 6 3 23 ||- 啊呜 |。（师幼尝试随提示语练习。）

教师：这只小老鼠反应真快，其他小老鼠也是一动不动，等猫走了才动的。接下来我们跟着音乐来玩一玩。（幼儿随乐完整表现。）

③ 通过交流、讨论、反思，梳理应对策略。

教师：这次的猛兽叫声为什么没赶跑猫？（一只老鼠模仿猛兽叫声不够厉害。）

教师：怎么办？（可以多让几只老鼠模仿猛兽叫声。）

教师：那为什么一下子就被猫识破了呢？（让猫看到是谁在叫了／猫对有的小老鼠的声音太熟悉了……）

教师：那怎么办呢？（用手遮住嘴／把脸藏在朋友的后面／几只老鼠一起叫……）

教师：我们一方面要多请几只小老鼠一起学猛兽叫，这样猫才会害怕；另一方面要一起掩护学猛兽叫的小老鼠不被猫识破，这样才能赶跑猫，我们试一试。（请一名幼儿扮演猫，请三位扮演老鼠的幼儿学猛兽叫声，其余幼儿扮演老鼠，随音乐完整游戏一遍。）

④ 再次交流、讨论、反思、梳理对策并尝试。

教师：3只小老鼠发出猛兽叫声，你们觉得怎么样？（还不够，还没吓跑猫。）

教师：那怎么办？（所有小老鼠一起叫。）

教师：如果猫相信所有小老鼠都是猛兽，肯定就会立即逃跑。我们来试试。（幼儿自主选择扮演猫或老鼠，随乐表现，所有扮演老鼠的幼儿一起学猛兽叫。）

⑤ 幼儿自主选择扮演猫或老鼠，扮演老鼠的幼儿合作做猛兽造型并一起发出猛兽叫声吓跑猫。

教师：你们觉得小老鼠们这次表现怎么样？

幼儿：老鼠把大部分的猫吓跑了。

教师：猫觉得这次小老鼠们的声音很响，但小老鼠们觉得猛兽造型还可以更厉害些，这样可以让猫更害怕。于是，小老鼠们决定合作把猛兽造型变得更厉害，有高有低，有前有后。我们也来试一试。叮，变！叮，变！叮，变！

教师：现在我们跟着音乐来做一遍游戏。小老鼠们这一次要合作变出更厉害的猛兽造型，一起发出猛兽叫声来吓唬猫。准备，开始！

教师（总结）：今天小老鼠很勇敢，想办法巧妙地应对了危险的猫。

下次其他的危险动物出现时,我们也要学会保护自己,想出更好的办法,团结起来把危险的动物赶走。如果赶不走,我们就别逞强,找机会逃跑。

分析:该环节结合猜音源游戏,让游戏出现"赶走"和"赶不走"这两种结果,并让幼儿不断反思,找出更好的应对策略,并将活动推向高潮。而结束语则点出了活动所追求的培养幼儿自我保护能力的教育目的。

乐谱

老鼠和猫

1=C 4/4

根据《波斯集市》改编
改编:颜瑶卿 金广南

欢快地 活泼地

引子
| 6 6 6 7 3 | 6 6 6 5 3 | 6 6 6 7 3 | 6 3 3 2 | 2 1 7 7 6 |
　　　　　　　　　　　　　　　　　　　　　　散　步　了

A
‖: 5 5 6767 5 5 6 | 5 5 6767 5 3 2 | 5 5 6767 5 5 6 |
　走　　　　走　　走　　　走　　　　走　　走

[1.] 3 1 7 6 2 7 6 5 6 7 6 6 :‖ [2.] 3 1 7 6 5 6 5 6 1 — |
走　　　　走　　比 比 威 武

B
‖: 6.6 5 5 3 3 5 | 6.6 5 5 3 5 2 | 4.4 3 3 1 1 3 | 4.4 3 3 1 3 7 :‖
我 的样子 很 威 武 我 的样子 很 威 武 我 的样子 很 威 武 我 的样子 很 威 武

1 3 7 1 3 7 | 7 — — — |
　　　　　　　　叮

C
1 1 1 1 65 | 65 3 — | 6 6 6 53 | 53 2 2 — |
变　　　　叮　变　　　　　　叮

1 1 1 1 65 | 65 3 — | 2 6 3 23 | 1 — 1 — ‖
变　　　　叮　啊　呜

动作建议

引子：老鼠做预备动作，两手五指蜷缩放在胸前。（猫的预备动作可由幼儿创编。）

第 1–8 小节：两手交替前进。

第 9 小节：猫做威武动作。（威武动作可由幼儿创编。）

第 10 小节：老鼠模仿猫做威武动作。

第 11 小节：猫身体前倾，做威武动作。

第 12 小节：老鼠身体前倾，模仿猫做威武动作。

第 13 小节：猫身体退缩，做威武动作。（声音略轻。）

第 14 小节：老鼠身体退缩，模仿猫做威武动作。（声音略轻。）

第 15 小节：猫身体和手退缩，做威武动作。（声音略轻。）

第 16 小节：老鼠身体和手退缩，模仿猫做威武动作。（声音略轻。）

第 17–18 小节：猫两手交替做扑的动作。（"叮"时做变猛兽雕塑造型准备。）

第 19–20 小节：老鼠变猛兽雕塑造型 1。

第 21–22 小节：老鼠变猛兽雕塑造型 2。

第 23–24 小节：老鼠变猛兽雕塑造型 3。

第 25 小节：定格猛兽雕塑造型 3。

第 26 小节：在"叮"时做发出猛兽叫声的准备，在旋律末尾发出猛兽叫声。

部分内容刊登于《幼儿教育》2017 年 1、2 合刊，《幼儿教育导读》转载于 2017 年第 6 期。

第二节　融入语言领域知识的韵律活动设计

在幼儿园的音乐活动中，幼儿要接触大量的优秀歌曲，一首好的歌曲往往同样是一首优美的诗歌，幼儿通过接触歌曲，不仅能够积累大量的音乐词汇，也增加了语言词汇的积累[①]。团体韵律活动的重要元素是故事、动作、音乐加适宜幼儿的挑战游戏。我们也经常将一些具有教育价值的内容融入故事情境之中。在本章节里我们强调的是在韵律活动中重点渗透语言领域的知识，在教学目标上也体现了语言领域目标。比如大班"母鸡和狐狸"活动与绘本《母鸡萝丝去散步》的情节就结合得非常紧密，游戏的内涵与绘本故事内涵相一致，在第一目标和第二目标中都体现了音乐与绘本故事之间的融合。幼儿在每一个乐句的结束音处分别表现绘本故事中狐狸的倒霉样子：如拍打前额动作，表示被钉耙砸；捏鼻子动作，表示掉进臭水沟；如双手抱头并下蹲，表示被面粉埋；双手手掌在头顶做一个尖三角的形状并下蹲，表示被稻草埋；手臂平举，身体侧移，表示卡在篱笆上。故事帮助幼儿走进、理解音乐的情绪，幼儿对音乐的表现有助于对故事的进一步深入理解。需要注意的是音乐结构、风格与故事的结构、情绪要相一致。绘本的解读有很多，在前期需组织幼儿阅读与音乐较为吻合的绘本《母鸡萝丝去散步》。

大班：母鸡和狐狸

设计意图

大班孩子经常会带绘本与小伙伴们一起分享，孩子们很喜欢绘本中有趣的故事情节。阳阳带来了《母鸡萝丝去散步》的绘本，在自由活动的时间经常会主动和伙伴们分享这本有趣的绘本，孩子们看得津津有味。我曾经听说有人将《母鸡萝丝去散步》的绘本故事融入到了音乐中去，设计了

[①] 王秀萍. 幼儿园音乐领域教育精要——关键经验与活动指导[M]. 教育科学出版社，2014.

很好玩的音乐游戏，于是我们有了进行这个音乐活动的想法。

乐曲选择了《山王宫殿》，这是 19 世纪下半叶杰出的挪威作曲家爱德华·格里格的代表作，此曲以紧张紧凑、咄咄逼人的风格给人难忘的怪诞印象。我们通过反复倾听、解析音乐后，发现乐曲的结构为 ABA 三段体，旋律一共重复出现了三次，每一次的重复都在音色、速度与力度上有比较大的变化。另外，每一大段的音乐又由重复的两小段音乐组成，在音色、速度与力度上以递进式的变奏方式呈现，到后面音色越来越复杂、速度越来越快、力度越来越强，到了最后一次 ABA 三段的重复，无论是力度还是速度都到了紧张怪异的程度，全曲在快速、强力度中结束。

我们将故事的结构与音乐的结构紧密地结合起来，并遵循大班幼儿的年龄特点设计适宜的动作：A 段是全曲的引子，A 段 a 设计为鸡妈妈在家里梳理羽毛、照镜子打扮，A 段 a' 设计为系鞋带、出门；从 B 段开始到第一次重复 a 段音乐，动作都设计为一步一拍往前走，最后两拍停住，身体朝后看。a' 动作设计为一步一拍往前走，最后两拍停住，做狐狸倒霉的吃苦头的造型动作。

第二次重复的 A 段音乐表现狐狸拼命挤篱笆，B 段表现狐狸游水，A' 表现快速跑步；尾声动作设计为敲门，手好痛，再敲门。

活动目标

1. 在先期绘本阅读的基础上，通过律动表演进一步体验音乐由慢渐快、由低到高、由弱渐强的变化，感受这些变化与故事情节推进的关系。尽量准确表现出基本节奏、狐狸倒霉的句末强音，以及尾声处的三个结构细节。

2. 在图片的提示下，准确记忆故事情节，并尝试表现狐狸抓鸡过程中遇到倒霉事情的狼狈。

3. 努力克制自己的情绪和行为，尽量跟随音乐的节奏做动作，并努力不发出声音。

活动准备

1. 图片 8 张：第 1 张，狐狸一头撞到耙子上；第 2 张，狐狸掉进臭水沟；第 3 张，狐狸被面粉埋了；第 4 张，狐狸被稻草埋了；第 5 张，狐狸被篱笆夹了；第 6 张，狐狸挤篱笆；第 7 张，狐狸在河里游；第 8 张，狐狸飞快地跑。

2. 音乐《山王宫殿》。

3. 场地布置。

活动过程

1. 谈话引导幼儿回忆故事的线索,并创编狐狸碰到倒霉事情吃苦头的动作。

① 教师:在故事《母鸡萝丝去散步》中,狐狸都遇到了哪些倒霉的事情,吃了哪些苦头?(狐狸脑袋撞到了钉耙上。)

母鸡走过院子,狐狸的脑袋撞到了钉耙上。谁来表现狐狸被钉耙撞到的样子?(捕捉一位幼儿的表现。)大家一起来学一学。好疼呀,脸上的表情是怎么样的?(手拍在额头上,好像在说:"哎哟"!)

② 创编掉进池塘里的动作。

教师:狐狸还遇到了什么倒霉的事,吃了什么苦头?(掉进臭水沟里。)

母鸡绕过池塘,狐狸"扑通"一声,掉进了臭水沟里,我们可以怎么表现狐狸掉到臭水沟里的样子?(捕捉一位幼儿的表现。)大家一起来学一学。(好臭呀,手都把鼻子给捏住啦!)

③ 创编被稻草埋住的造型。

教师:除了脑袋撞到钉耙,掉到臭水沟里,狐狸还碰到了什么倒霉的事,吃了什么苦头?(母鸡越过干草堆,狐狸被稻草堆埋了。)我们可以怎么表现狐狸被稻草埋住的样子?(捕捉一位幼儿的表现。)大家一起来学一学。(双手撑在头顶上做尖尖三角形状,身体下蹲,表示被稻草埋住了。)

④ 创编被面粉埋住的样子。

教师:紧接着又碰到了什么倒霉的事,狐狸又吃了什么苦头呢?(被埋在面粉堆下面了。)

母鸡经过磨坊,狐狸被埋在了面粉堆下面,我们可以怎么表现狐狸被面粉埋住的样子?(捕捉一位幼儿的表现。)大家一起来学一学。(双手抱头,身体下蹲,表示被面粉埋住。)

2. 教师带领幼儿跟随音乐表现两遍。

① 这个故事藏在一首好听的乐曲里,我们一起来玩一玩。(完整播放

音乐一遍。）

② 音乐一开始，母鸡在干什么？（母鸡要出门了，打扮一下自己。）母鸡是怎么打扮自己的？（梳理羽毛、照镜子。）打扮后母鸡还干了什么？（系鞋带、出门。）

③ 现在我们合着音乐再来玩一玩，注意了，母鸡要先打扮打扮，系鞋带，再出门。（完整播放音乐一遍。）

3. 梳理音乐里狐狸吃的苦头的先后顺序，并进行再一次的验证。

教师：母鸡打扮得漂漂亮亮，准备出门了。这时，一只狐狸发现了母鸡，他悄悄地跟着母鸡，没想到他遇到了那么多倒霉的事情，吃了许多苦头，他的倒霉遭遇的先后顺序是怎样的？又该怎么表现呢？（第一个苦头是撞到钉耙；第二个苦头是掉进臭水沟，做捏鼻子的动作；第三个苦头是被稻草埋，双手撑在头顶做一个尖三角的形状，身体下蹲；最后双手抱头，身体下蹲，表示被面粉埋。）

教师：我们再来跟着音乐玩一玩，是不是像大家说的一样！（完整播放一遍音乐。）

4. 教师引导幼儿完整随乐做动作，并重点关注母鸡发现狐狸后，狐狸的表现。

教师：当母鸡发现狐狸之后，狐狸是怎么做的呢？（快速跟着母鸡钻过篱笆。）它是怎么钻过篱笆的？用动作告诉我。钻过篱笆后又做了什么？（边说"游过池塘"边做动作。）拼命跑，敲门，再敲门……

教师：当狐狸敲门敲得手都酸了，他是什么样的心情？（无奈，也非常气愤。）请小朋友把这种心情表现出来。（完整播放音乐一遍。）

5. 游戏：母鸡与狐狸。

① 分析音乐，设计游戏：

介绍游戏规则：今天，我们把故事改成一个有趣的游戏。游戏中的母鸡和萝丝可不一样。她非常聪明，每当狐狸遇到一件倒霉的事情时，母鸡会突然回头张望一下。当然，狐狸也非常聪明，他会怎么做呢？（虽然他很倒霉，但是他在母鸡回头的那一瞬间保持不动，这样就不会被母鸡发现了。）

② 教师扮演母鸡，全体幼儿扮演狐狸。当母鸡回头的时候，狐狸保持不动，不被母鸡发现。

③ 教师扮演母鸡，一位高级榜样幼儿扮演狐狸，两两合作进行一遍游戏。引导扮演狐狸的幼儿进行自我反思，其他幼儿对两两合作进行评价，教师积极指导。

④ 一位幼儿扮演母鸡，一位幼儿扮演狐狸，全体幼儿进行两两合作表现一遍。

引导幼儿反思，刚才合作得怎么样，有什么困难？教师根据幼儿的反思及时引导幼儿解决问题。

⑤ 交换角色，两两合作表现一遍。

乐谱

母鸡和狐狸（山王宫殿）

1=E 4/4

格里格曲

A

6 7 1 2 3 1 3 | 2 7 2 1 6 1 | 6 7 1 2 3 1 3 6 | 5 3 1 3 5 — |

6 7 1 2 3 1 3 | 2 7 2 1 6 1 | 6 7 1 2 3 1 3 6 | 3 1 3 6 6 — |

B 转 1=G

1 2 3 4 5 3 5 | ♭6 4 6 5 3 5 | 1 2 3 4 5 3 5 | ♭6 4 6 5 — |

1 2 3 4 5 3 5 | ♭6 4 6 5 3 5 | 1 2 3 4 5 3 5 | ♭6 4 6 5 — |

A' 转 1=E

6 7 1 2 3 1 3 | 2 7 2 1 6 1 | 6 7 1 2 3 1 3 6 | 5 3 1 3 5 — |

6 7 1 2 3 1 3 | 2 7 2 1 6 1 | 6 7 1 2 3 1 3 6 | 3 1 3 6 6 — |

第三节　融入社会发展领域的韵律活动设计

　　音乐的重要功能之一就是提供人际交往的机会，满足人的交往需要。人们可以通过音乐彼此沟通，进而建立感情上的和谐关系，我们的活动设计中有意识地通过音乐活动来促进学前儿童的社会性发展。同时，音乐活动也是一种有秩序的社会活动，它要求参加者学会按照一定的规则来活动，明确并能自觉地担负起一定的社会责任。[1]在韵律活动的集体舞中会很自然地渗透人际交往内容，如邀请舞、双圈舞、直列舞等。在这个章节中，我们还希望渗透社会性发展的目标。比如在中班"小猴找朋友"的活动中，幼儿模仿小猴做出各种各样的表情来逗朋友开心，然后相互模仿同伴有趣的表情。从单人创编表情，到两人模仿逗乐，一直到交换舞伴逗乐，孩子在活动的进行中结交了更多的朋友，增强了孩子的交际能力，并体会到与朋友交往的快乐。值得注意的是，在活动的组织中要遵循循序渐进的原则，无论是邀请舞还是双圈舞，只有从易到难、从单人到合作再到更多人的合作，才能让孩子体会内在的成长快乐。若是太难，幼儿完成不好，反复练习，难以体会发自内心的快乐，也不利于社会性发展价值的提升。因此，应尽可能地让孩子在活动过程中不断地感受、体验，关注幼儿在活动过程中的心理变化，在最后以提炼式发言或者教师小结的方式将价值内涵进行提升。

---

[1]　许卓娅.学前儿童音乐教育［M］人民教育出版社,2011.

中班：小猴找朋友

 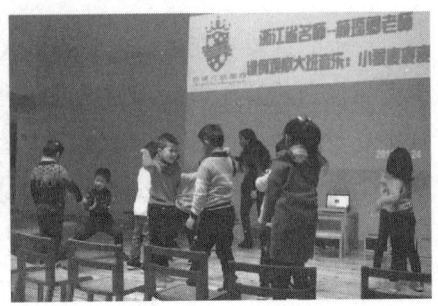

设计思路

猴年马上要到了，每个班级里都摆放了各种可爱的猴子毛绒玩具，孩子们对这些玩具都爱不释手，对猴子产生了浓厚的兴趣。为了庆祝猴年的到来，我计划带给孩子们关于猴子的游戏。这首关于新年的乐曲，应该是有中国元素的音乐，代表中国的生肖猴。小猴可爱、机灵，会做很多有趣的表情来逗朋友开心，还喜欢模仿，我们决定设计一个创编并模仿表情的游戏，设置交换朋友相互逗乐的环节，象征新年我们有可爱有趣的猴子相伴，一定是个快乐年，并会交更多的朋友。

于是我们就选取了一段民间音乐，这段音乐由四个乐句组成，具有明显的中国曲牌风格，民族风味浓烈，且结构简单，曲风明快，幽默诙谐，适合随乐表现小猴子夸张、滑稽的表情。第一乐句展现了十分鲜明的民族曲风，第二乐句是第一乐句的完全重复，同时暗示着矛盾即将出现，我们创设了小猴子出来和朋友打招呼的动作。第三乐句打破了原有的节奏，有两小节呼应，我们为此设计了蒙眼想一想、创编猴子造型动作的环节。第四乐句的结构与第三乐句一样，让人感觉经过冲突之后达到统一。第三乐句与第四乐句是对答的关系，我们设计了蒙眼、学造型的动作。在随乐游戏时让幼儿轮换进行第三乐句或第四乐句的游戏，为幼儿的创造性表达提供了自由空间，既使幼儿有比较充分的思考反应时间，也满足了幼儿的好奇心。

活动目标

1. 熟悉音乐的旋律和结构，尝试用小猴打招呼、蒙眼、变表情等动作表现乐曲的 AB 结构以及幽默诙谐的特点。

2. 尝试两两合作，在 B 段，一人蒙眼创编，另一人蒙眼模仿，对应音乐前后两小节的应答呼应关系。

3. 在游戏情境中，能与同伴用目光、动作进行交流，体验与朋友一起游戏的快乐。

活动准备

1. 音乐。

2. 观看过各种有趣的猴子表情的图片。

活动流程

1. 谈话导入。

教师：2015 年是羊年，马上要来到的新年 2016 年又是什么年呢？

2. 创编打招呼和变表情的动作。

① 小猴子看到好朋友是怎么打招呼的呢？

② 探索小猴子的表情动作。

3. 尝试合乐表现打招呼和变表情的动作，初步熟悉音乐的结构。

① 教师带领幼儿完整跟随慢速音乐表现一遍。

教师：小猴子做了哪些动作？他们打了几次招呼，又变了几次表情？

② 教师引导幼儿完整跟随慢速音乐表现第二遍。

教师：音乐里小猴子是怎样变表情的呢，在变表情之前她又做了什么动作？

③ 跟随语令"想一想、变一变"来强化小猴蒙眼、变表情的动作。

④ 跟随原速音乐表现一遍。

⑤ 合乐表现各种不同的小猴表情、动作。

4. 完整合乐进行两两合作模仿游戏。

（1）讨论确定模仿对象的方法。

一个小猴子要模仿另一个小猴子的动作，怎么决定谁模仿谁呢？（玩石头剪子布决定胜负，约定由胜者或负者做动作，另一个小朋友模仿。）

什么时候玩石头剪子布?

教师与全体幼儿进行石头剪子布的游戏,如果出现平局,可商量决定谁做动作、谁模仿。

(2)教师和一位高级榜样两两合作示范游戏。引导幼儿进行积极评价。

① 教师哼唱,两两合作进行一遍游戏,让幼儿决定谁先变,谁后学。

② 跟随音乐两两合作玩一遍游戏。

教师:仔细看看我们是在什么时候玩石头剪子布的?(第一次是在打招呼之后,第二次打招呼替换成了石头剪子布。)

③ 引导幼儿进行积极评价:我们两位合作得怎么样?(通过同伴间的评价,教师帮助幼儿明确在合作游戏中应注意的要点:与音乐要合拍;表情要丰富;动作要夸张;一个变,另一个要仔细看,然后认真地学;眼神要有交流……)

(3)幼儿在座位上两两合作进行模仿游戏。(也可以尝试先哼唱一遍乐曲,后再合录音机的音乐进行活动。)引导幼儿进行自我评价:有没有遇到困难?有没有问题?(引导幼儿自己提出问题并解决问题,当孩子没有提出问题时,教师要将自己的发现提出来,并引导大家解决。)

(4)站在位置边上玩模仿游戏,引导幼儿变出丰富的猴子造型动作。(教师关注积极并引导幼儿做出各种各样的身体造型动作。)

(5)自主找朋友在空位上两两合作,做两遍游戏。(引导幼儿自主寻找伙伴进行游戏,并引导幼儿在空位上更大幅度地进行创编,游戏可进行数遍。)

5. 尝试交换朋友进行模仿游戏。

教师:怎样才能每次都与新的朋友玩游戏呢?

教师:在模仿完动作之后,小朋友可以换一个新朋友来玩游戏,在什么时候换朋友?

教师:学会换朋友了吗?每次与不同的朋友游戏,感觉怎么样?

教师(总结):2016年有小猴做朋友,将是个快乐的年,我们也会有更多的朋友。

乐谱

小 猴 找 朋 友

1=C 2/4 诙谐地

| 1 $\underline{6\cdot\ 2}$ | 1 3 | 2 1 $\underline{6\cdot\ 2}$ | 1 - |

| 1 $\underline{6\cdot\ 2}$ | 1 3 | 2 1 $\underline{6\cdot\ 2}$ | 1 - |

| $\underline{1\ 2}$ $\underline{3\ 2}$ | 3 0 | $\underline{3\ 3}$ $\underline{2\ 1}$ | 6̣ 0 |

| 3. 2 | 1. 2 3 5 | 2 1 $\underline{6\cdot\ 2}$ | 1 - ‖

游戏玩法及建议

A：1–6小节：每2小节挥手打招呼1次，重复3次；7–8小节猜拳。

B：9–10小节：蒙眼。

11–12小节：A做鬼脸造型，B仔细观察。

13–14小节：蒙眼。

15–16小节：B模仿A的鬼脸造型，A仔细看。

第四节 融入科学领域知识的韵律活动设计

我们尽可能地将韵律活动与各领域知识进行自然的融合，但并不是每一个活动都能这么做。在操作过程中，要避免出现刻意、牵强的情况。有时我们会根据内容的特点，在自然渗透的同时重点融入一个领域的知识，比如在大班"小特工解密"活动中，我们设计了数学任务单，重点融入了10以内数的加减知识。在设计数学任务单的时候，需要注意的是其中的内容应该是孩子已经掌握的知识，而不是新知识。如果孩子们用过多的时间来计算，则说明新知识使任务难度太大了。这不仅影响了幼儿对音乐的快乐体验，同时也破坏了音乐的审美流畅性。因此，教师要事先了解孩子的经验水平，包括各年龄段孩子的一般经验水平以及所执教班级的孩子们的数学水平，进而通过设计不同难度层次的任务卡，使不同参与游戏的孩子都能体验成功的快乐。

大班：小特工解密

设计意图

大班韵律活动"小特工解密"源自我们看到的南京市第一幼儿园音乐教研团队分享的"勇敢小特工"活动，其与科学领域融合得非常自然。我们期望把这个活动带给更多老师和孩子，于是就在团队中进行实践研究。为了突出"破译密码"，解答数学题的设计，我们将题目改成了"小特工解密"，并对活动进行了微调。

"小特工解密"的音乐选自经典电影《007》的主题曲，根据教学内容的设计以及幼儿学习的特点，将原作品进行剪辑，重新编辑后的音乐为ABC结构。A段旋律节奏明显，重复10遍，表现特工执行任务的场景。B段旋律主要由3小节重复(4遍)的3个乐句组成，3个乐句清晰明了。C段旋律表现开动脑筋后找出密码，取得神秘装备的成就感。整首曲子将特工执行任务时的精准、干练体现得淋漓尽致。

"小特工解密"是音乐游戏和数学知识巧妙相结合的大班韵律活动，符合大班幼儿的年龄特点及学习需求。设计者选择了孩子比较向往的人物角色——勇敢的"小特工"，创设了小特工执行神秘任务的情境，孩子通过团队合作、思考才能找出数字密码，获取神秘的装备。在设计任务单的时候，教师一定要了解幼儿的年龄特点及发展规律，根据班级幼儿对数字的认知水平设计适宜挑战的答题单，让幼儿能通过团队合作努力完成任务，体验成功的快乐。活动层层递进，并采用游戏化教学手段，使故事的主题更加明确、内涵更深刻。

活动目标

1. 初步感受乐曲的旋律结构，尝试用肢体表现特工攀爬、射击、投弹、快跑等动作。

2. 通过自主创编攀爬、射击、投掷、快跑等动作，专注地随乐表现特工执行任务的状态，完成数学任务单。

3. 尝试积极地与同伴合作思考，解决特工执行任务时遇到的困难，并共同体验任务完成后，取得装备的愉悦。

活动准备

1. 教师及配班教师着特工服装（黑色衣裤）。

2. 音乐、特工跨越激光线的视频片段。

3. 3个装备箱、分层级的数学答题单若干、答案标贴、两块黑板、充当"激光线"的皮筋若干条。

4. 欣赏过特工的视频，初步认识了解特工这个职业。

5. 将幼儿分成红、绿两队，并进行编号（1-7），将圆形的红绿两色编号贴在幼儿胸前。

活动过程

1. 情境引入，并尝试创编小特工的主要动作。

教师：今天小特工们要执行一系列的军事任务，你们觉得小特工完成军事任务会用到哪些本领？（如幼儿回答攀爬。）

2. 引导幼儿创编表现攀爬的动作。

① 教师：刚才有小朋友说到攀爬，攀爬可以怎么用动作表现？（幼儿

尝试表现攀爬动作。）

② 教师捕捉一位幼儿的攀爬动作，引导全体幼儿进行模仿，并在做动作之前进行语言提示：准备攀爬。

③ 除了可以往上攀爬，还可以怎么攀爬？（随语言提示"准备攀爬"创编朝不同方向攀爬的动作。）

3. 引导幼儿尝试创编射击动作。

① 教师：除了攀爬？还有什么本领？（如幼儿回答：射击。）射击可以怎么用动作表现？

② 教师捕捉一位幼儿的射击动作，引导全体幼儿进行模仿，并在做动作之前进行语言提示：准备射击。

③ 除了可以双手做相同的射击动作，还可以怎么射击？（随语言提示"准备射击"创编双手一前一后、一高一低等不同的射击动作。）

4. 用以上同样的方法创编投弹、快跑等动作。

5. 教师带领幼儿完整表现音乐两遍。

教师：今天老师给大家带来了关于小特工的音乐，我们一起来玩一玩！（播放完整音乐一遍。）

教师：音乐里小特工除了攀爬、射击、投弹、快跑，还做了哪些动作？（探测、跨过、定住。）

教师：到底还有哪些动作呢？我们再来玩一玩。（再次播放完整音乐一遍。）

6. 观看特工跨越激光线的视频片段。

教师：音乐里小特工还做了探、跨、定的动作，小特工们为什么要做这些动作呢？现在我们来欣赏一段视频。

7. 完整合音乐做动作，重点为 B 段的探、跨、定三个动作。

教师：影片里红红的一条条线是什么？（激光线。）要穿过这些线去完成任务，需要做探的动作，我们一起来表现一下探的动作。除了探还要（跨过激光线）我们来试试跨的动作。还有什么动作？（定。）我们一起来试一试定住不动。

教师：现在我们合着音乐再来玩一玩，注意了，在穿越"激光线"的时候一定要小心，千万不能触碰"激光线"！（播放完整音乐一遍。）

8. 游戏：小特工解密

（1）邀请配班老师共同示范小特工执行任务。（配班老师和教师身上各贴上数字8的红色、绿色圆形编号牌。在两块黑板上贴上答案是8的答题卡。事先布置好拉有绳子的八张椅子。）

教师：小特工们现在接到上级部门的紧急任务，现在我邀请我的搭档跟我一起演示一下怎样执行任务，请你们仔细看，有请我的搭档！

重点引导幼儿观察，教师随A段音乐在起点线前做攀爬、射击、投弹、快跑集合动作，然后教师随B段音乐探、跨、定，注意不能触碰绳子，最后在播放C段音乐时，快速翻开答题卡后马上动脑筋，答案与哪个编号数一致，就将哪个编号数贴在装备箱上。最先准确贴好的为胜利者。

（2）两位教师带领两位幼儿再次进行一遍游戏。（每队的答题卡答案与被邀请幼儿的编号数一致。）

教师：这一次我们两位老师分别带领一个小特工跟我们一起合作完成任务。注意了，不要碰到"激光线"，答题的时候要开动脑筋仔细想一想，如果你的编号就是答案，请你赶快将自己的编号贴在装备箱上，先贴好的胜利！（检验解答的密码是否正确。）

请全体幼儿扮演小特工和老师一起进行游戏。

教师：这一次，全体小特工要一起去完成任务了，红队、绿队分别在两边准备好啦！（积极引导全体幼儿检验答题的正确性，并表扬完全没有触碰"激光线"的幼儿。）

两队幼儿分别在两边准备好，扮演"小特工"进行一遍游戏。

曲谱

勇敢的小特工

$1=\flat B$ $\frac{4}{4}$

欢乐地

（曲谱图）

动作建议

引子：特工执行任务动作预备，挺胸抬头。系好背包带，戴好眼镜，准备出发。（预备动作。）

第1–4小节：做攀爬动作。

第5–8小节：做射击动作。

第9–12小节：做投弹动作。

第13–16小节：特工做快跑动作，集合到位。

第17–19小节：特工做探测、跨过、定等肢体动作。

第20–22小节：同上。

第23–25小节：同上。

第26–28小节：同上。

第29–31小节：开动脑筋，找出密码。

第32–36小节：算出正确密码。

第37–38小节：找到正确密码，贴到箱子前面进行核对。

第39–41小节：做获胜动作，以手比"V"，取得神秘装备。

大班：武士与龙

设计意图

《武士与龙》是美国作家汤米·狄波拉的绘本作品，是一则充满趣味又富有深意的故事。武士和龙从未比过武，却都想找机会战胜对方。于是，两人分别根据书上的介绍，研究打败对手的方法。虽然经过了大量的练习，但最终还是两败俱伤。最后，通过图书管理员送来的有关烹饪料理的书，武士与龙一起合作开起了烤肉餐厅。大班孩子们对这本绘本非常感兴趣，他们在阅读的时候，时常被里面武士与龙准备练习、比武的情节逗得捧腹大笑，平时也喜欢与同伴模仿武士与龙的样子做游戏。因此我针对这一绘本故事设计了大班韵律活动"武士与龙"。活动围绕着"武士"和"龙"两个角色展开，以"准备比武——正式比武——合作开餐厅"的故事情境为线索，基本动作则根据角色的不同稍有差别：武士的动作为"打造武器——长矛攻击——防守"，龙的动作为"练习利爪——喷火攻击——防守"；在游戏环节，武士与龙分成两队合作，通过完成拼图任务找到重要的工具，最终成功开起了烤肉餐厅。

乐曲选自美国摇滚乐队 Train 的歌曲《50 Ways To Say Goodbye》，整首歌曲特色鲜明，节奏感强，对于大班幼儿来说速度适中；前奏的号角声适宜营造略带紧张感的比武氛围，十分符合《武士与龙》的故事情境。音乐分为 A、B 两段，在 A 段中武士与龙分别交替做准备比武的动作，在 B 段中则通过相互比武、合作拼图共同取得游戏的胜利，感受成功的喜悦。

在合作拼图的游戏环节中，遵循了小步递进的原则。这一环节教师准备了三种不同工具的拼图：武士盾牌、厨师帽、围裙，其中圆形的武士盾牌轮廓最为简单，也最容易完成拼图；厨师帽的轮廓类似长方形，难度中等；而围裙的轮廓最不规则，是最复杂的。随着游戏的进行，难度逐渐增加，便于教师了解和掌握不同幼儿的发展水平，因材施教。

活动目标

1. 感受乐曲的旋律和结构，能跟随音乐有节奏地做武士与龙的不同动作。

2. 在两两合作游戏中能明确自己扮演的角色，做到不被对方的动作所干扰，并在规定的乐句内共同完成拼图游戏。

3. 武士与龙在游戏中能团结合作，体验合作取得胜利的快乐。

活动准备

1. 音乐；武士与龙不同的手腕花；寻宝拼图三份；小筐。

2. 了解《武士与龙》的故事内容；有一定的拼图游戏经验。

活动过程

1. 情景引入。

教师：我们已经听过《武士与龙》的故事了，在故事里，武士与龙最开始都想打败对方，于是各自在家练习本领——武士打造武器，龙练习使用利爪。可是在对战的时候，双方都失败了，最终他们发现，原来合作才是最好的办法，所以他们一起开了"武士与龙"烤肉餐厅。让我们跟着音乐一起来试试吧。

2. 用简单动作表现武士的特点。

① 教师：武士在城堡里打造武器，可以用什么动作表示？（教师选取一位幼儿的动作，引导全体幼儿模仿。）

② 教师：武士进攻会用什么动作？防守用什么动作？（幼儿用动作表现进攻。）我们一起来试试看。

3. 教师带领幼儿共同扮演武士一遍，完整合乐表现。

① 教师：刚才武士做了哪些动作？（回忆基本动作。）动作的先后顺序是什么？一起来验证一下。

② 帮助幼儿梳理动作的先后顺序。

4. 教师再次带领幼儿共同扮演武士一遍，完整合乐表现。

教师：武士一开始打造武器的时候，是做了几次停下来休息的？（8次。）

5. 师幼共同扮演武士一遍，完整合乐验证问题。

教师：大家说的顺序对吗？我们再来玩一玩。

6. 加入新挑战——龙的角色。

① 幼儿创编龙的动作。

教师：武士在城堡里打造武器的时候，龙在做什么呢？（练习利爪。）

谁能用动作来表示龙练习利爪的样子？我们来试一试。

② 幼儿跟随 A 段音乐，集体练习龙的动作。

教师：龙在练习的时候，武士在做什么？（休息。）

教师：武士在与龙决斗的时候是用长矛来进攻，那龙用什么进攻呢？（喷火。）你们能用动作表现喷火进攻的样子吗？一起来试一试。

7. 教师扮演武士，幼儿扮演龙，完整合乐表现一遍。

教师：武士与龙什么时候分开做动作？什么时候一起做？我们再来试一试，要记住哦。

8. 教师扮演龙，幼儿扮演武士，巩固 A 段武士和龙交替做动作和 B 段同时做动作的特点。

9. 幼儿两两合作游戏，在座位上分角色完整练习。（用手腕花区分角色。）

10. 继续加入新挑战——分组分角色对战。

① 教师：武士与龙在对战中都输了，他们最终决定合作，开一家烤肉餐厅。可是他们还遇到了一些麻烦！那就是要想开餐厅，必须先要获得几样重要的工具。老师这里的工具还只是拼图，要请武士与龙齐心协力把它们拼出来，才能真正开好这家餐厅。

② 教师与配班教师做队长，共同示范分组游戏。

教师：现在武士与龙分成了两组，安老师会先做一次武士的队长，请你们仔细看，我是怎样与龙的队长一起合作完成寻宝任务的。

③ 幼儿自选队长，寻找第二件宝物工具。

④ 更换两队队长，继续游戏，寻找第三件宝物工具。

教师：恭喜武士与龙一起合作，寻找到了所有重要的工具，这下我们的烤肉餐厅可以开始营业啦！

乐谱

50 Ways To Say Goodbye

1=♭F 2/4　　　　　　　　　　　　　　　　　Train 乐队

♩=120 热烈地

（乐谱略）

动作建议

音乐前奏：武士以"打造武器"造型做好准备，龙以"利爪"造型做好准备。

音乐 A 段：

第 1-4 小节：武士做"打造武器"动作 8 次，龙保持"利爪"造型不动。

第 5-8 小节：武士保持"打造武器"造型不动，龙做"利爪进攻"动作 8 次。

第 9-12 小节：与 1-4 小节相同。

第 13-16 小节：与 5-8 小节相同。

第 17-18 小节：念语令"准备完毕，开始进攻"。

音乐 B 段：

武士做用长矛进攻的动作，龙做喷火进攻动作，并与防守动作交替。一组攻守动作 1 个 8 拍，共做 8 个 8 拍。最后做"绕毛线"动作直至结束。

游戏玩法建议

1. B 段游戏中，武士与龙同时做进攻和防守的动作，幼儿也可以自行创编不同的进攻动作。

2. B段音乐中，做对抗游戏时，幼儿分为两队站在两条平行的直线后面，双方面对面。武士队的队长和龙队的队长分别在队伍两侧的桌子上找到与屏幕图片相同的拼图片，并要在音乐结束前共同完成拼图才算成功。

3. 拼图片的片数相同，都为4片，每队分别拿到两片。挑战难度根据图片轮廓的难易程度分为三个层次：盾牌——厨师帽——围裙。

第五节　融入多领域知识的韵律活动设计

对每一项活动内容，我们都希望尽可能地挖掘其教育价值，以期发挥其最大的作用，促进幼儿的发展。韵律活动可以与各个领域的活动相融合。在韵律活动中，我们可以自然地融入语言领域、科学领域、社会领域、健康领域的知识，但需要注意两个问题：第一，避免把各个领域的对内容进行死板的拼凑，弄巧成拙；第二，避免因为关注了其他领域，忽视了韵律活动本身。比如我们在进行"彩虹鱼找朋友"的活动中，有指向语言领域的对礼貌用语的学习和使用；有指向科学领域的辨别各种颜色的鳞片、数小鱼的环节；有指向心理健康领域的融入角色、把自己的情绪告诉他人的设计；也有指向社会领域的学习分享、懂得分享是快乐的设计。五大领域的融合，在这个活动中比较突出，但在试教中我们也发现：因为一开始关注了其他领域而忽视了韵律活动的合拍性，幼儿的鱼游动作以及礼貌语言都不合拍了。经过研究和磨合，我们既关注了音乐的关键经验，又实现了其他领域知识的自然渗透。

中班微型戏剧活动：彩虹鱼找朋友

活动分析

这是一节取材于经典绘本《彩虹鱼》中"彩虹鱼找朋友送鳞片"的情节，针对中班幼儿的社会交往特点，融入戏剧中的角色扮演和念白元素的微戏剧音乐活动。我选用传统歌曲《鱼儿好朋友》的旋律，根据游戏情节改写了歌词，取名《彩虹鱼找朋友》（附后），歌曲简短，内容形象有趣。幼儿可在第7和第8小节，按照节拍创编邀请时的语言，并按照活动时扮演的角色互动念白。如：请给吧，朋友 | 给你 给你，谢谢 谢谢 | ；又如：给我吧，好 吗 | 给你，谢谢 | 。在歌曲学唱、创编邀请念白、猜测音源奖励鳞片、循环邀请分享彩色鳞片的游戏过程中，幼儿逐渐感受彩虹鱼从"不愿意分享"到"奖励他人"，到最后"乐于分享"的心理变化，并体验"分享是快乐的"，从而学会分享、使用礼貌用语与他人进行交往。

活动目标

1. 熟悉歌曲内容，并尝试用各种鱼游动的动作表现歌曲的4/4节拍。
2. 尝试在歌曲结束部分，合拍地创编有礼貌的邀请语言。
3. 懂得运用礼貌用语与他人交往，体验与同伴分享及共同游戏的快乐。

活动准备

1. 绘本《彩虹鱼》。
2. 各种彩色不干胶制作的小鳞片数个,闪光不干胶制作的大鳞片若干。
3. 幼儿已有表现各种鱼游动的动作经验,有开火车邀请舞游戏经验。

活动过程

1. 鱼游律动,激发情趣。

教师带领幼儿随着音乐做各种鱼游动的动作愉悦入场。

2. 绘本引入,学唱歌曲。

(1)观察绘本封面,认识彩虹鱼。

教师:在蓝色的大海里有一条非常美丽的鱼,你们看她的鳞片有哪些颜色?她的鳞片是五颜六色的,大家都叫她彩虹鱼。

(2)倾听教师范唱,理解歌曲内容。

① 教师扮演彩虹鱼,一边做鱼游动作一边示范清唱歌曲。

② 教师提问歌曲里的内容,并根据幼儿的回答唱歌词。

(3)创编鱼游动作,学唱4/4拍歌曲。

师幼用不同鱼游动的动作表现歌曲的4/4节拍,并尝试学唱歌曲2-3遍。教师注意打开幼儿创编鱼游动作的思路,如:除了一只手在前一只手在后游,还可以怎么游?(动作表现使幼儿愿意并有兴趣学习,同时又能帮助幼儿准确合拍。在学唱的过程中教师声音逐渐从响变轻,幼儿的声音逐渐从轻变响。)

3. 角色扮演，念白对话。

（1）师幼扮演角色互动，完成念白"给我 给我００"，"不给 不给００"。

① 幼儿扮演彩虹鱼找朋友，教师扮演小鱼在歌曲结束后说念白："给我 给我００。"

幼儿扮演彩虹鱼，选择自己喜欢的鱼游动作边唱边找朋友，教师扮演小鱼做鱼游动作。（教师不唱，检验幼儿是否学会歌曲。）在第7小节，一边念白："给我 给我００。"一边双手同时轻轻触碰胸前，做表示"给我"的动作两次，一拍一次，休止的时候手在胸前静止。

教师：小鱼很喜欢彩虹鱼身上的鳞片，好想要，就忍不住说："给我 给我００。"我们一起来说一说（引导幼儿练习数遍）。

② 教师扮演彩虹鱼找好朋友，幼儿扮演小鱼说"给我 给我００"，彩虹鱼说"给我 给我００"。

教师：现在你们来当小鱼，我来当彩虹鱼找朋友，等一会儿，彩虹鱼唱完后你们就说"给我 给我００"，看看彩虹鱼会不会将鳞片送给你们。注意哦，在最后一句好朋友的"友"字时做好准备，我说完"说吧"，你们就说"给我 给我００"。

教师扮演彩虹鱼一边唱一边在半圆空间移动做鱼游动作，唱到"好朋友"时停下，面对全体幼儿在第6小节后两拍，一边用双手轻轻打节拍两下，一边说提示性语言"说吧"。幼儿扮演小鱼做鱼游动作，在歌曲第7小节，一边念白"给我 给我００"，一边双手同时轻轻触碰胸前，做表示"给我"的动作两次，一拍一次，休止的时候手在胸前静止。教师扮演彩虹鱼在第8小节一边合拍摆动手一边生气地说"给我 给我００"。

教师：彩虹鱼怎么舍得把漂亮的鳞片送给小鱼呢！小鱼们很生气，你不给我鳞片，那我就不跟你做好朋友。

（2）多种形式练习，幼儿创编念白对话。

① 引导幼儿创编有礼貌的语言向彩虹鱼要鳞片，并总结生成念白。

教师：小鱼们，我们应该怎样更有礼貌地对彩虹鱼说话，彩虹鱼才会将鳞片送给我们呢？

（"请给 我，好吗？""给我 吧，好吗？"或"给我 吧，朋友。"

师生讨论确定念白。）

②教师唱歌曲若干遍，引导幼儿用集体、分组的形式练习念白。

4. 猜出音源，奖励鳞片。

（1）教师交代游戏规则。

教师：我不送鳞片给小鱼，小鱼都不跟我做朋友，我好孤单呀，但是这么多的小鱼都想要我的鳞片，又有点舍不得，怎么办呢？（做思考状片刻。）有了，我们来玩个游戏吧，谁能戴上眼罩猜出小伙伴的声音，我就将鳞片送给谁，其余的小鱼不能提醒，猜的小鱼有3次机会。

（2）师幼共同游戏。

①教师扮演彩虹鱼，幼儿扮演小鱼进行游戏。

请幼儿A坐到教师的座位上，戴上眼罩猜同伴的声音；教师扮演彩虹鱼找朋友，唱到"好朋友"时站在幼儿B面前；幼儿B在音乐结束部分合拍说有礼貌的语言，如"给我 吧，好吗"。幼儿A猜彩虹鱼找到的朋友是谁，猜对了，教师奖励A和B各一片鳞片。如果没有猜对，A回座位，请B做猜音源的人，教师继续扮演彩虹鱼找朋友，游戏再重复一次。

②教师引导幼儿扮演彩虹鱼和小鱼游戏数遍。

5. 循环邀请，分享鳞片。

（1）教师示范，幼儿理解邀请规则。

教师：彩虹鱼和小鱼玩得好开心呀，她想把美丽的闪闪发光的鳞片分享给更多的小鱼。彩虹鱼游到小鱼的面前，小鱼合拍地更有礼貌地说话，彩虹鱼就会把闪光鳞片送给小鱼。

教师扮演彩虹鱼，边唱边找朋友，唱到"好朋友"时站在幼儿 A 面前，A 站起来合拍说有礼貌的语言，如"请给 吧，好吗"，彩虹鱼一边送 A 闪光鳞片一边合拍念"给你 给你 0 0"，A 合拍说感谢的语言，如"谢谢，谢谢"，并跟在彩虹鱼身后。彩虹鱼当领头人继续找朋友，游戏重复进行。

（2）师幼扮演彩虹鱼，巩固邀请游戏。

教师邀请3位高级榜样一起扮演彩虹鱼，分享闪光鳞片，游戏玩法同上。提醒幼儿注意找空位做鱼游动的动作，以免碰撞。

（3）变奏乐曲，将游戏推向高潮。

快速弹奏原乐曲，教师和幼儿在欢快的变奏乐曲中，一起开心地、自由自在地在大海里游玩，感受好多朋友一起游戏的快乐！

6. 肺腑之言，提升价值。

教师：彩虹鱼把鳞片分享给小鱼，一起玩，觉得好开心呀。你喜欢彩虹鱼吗？如果你是小鱼，你想对彩虹鱼说什么？

乐谱

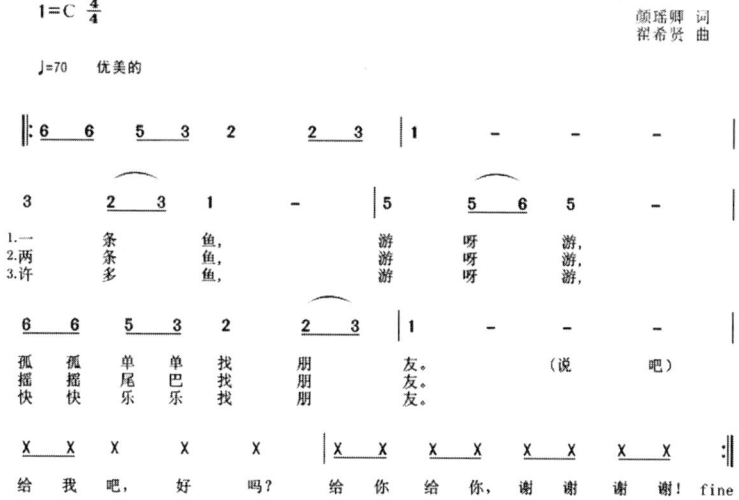

活动建议

1. 活动后幼儿可进入美工区制作彩虹鱼的服装，到表演区自主表演。
2. 此活动可以在小班下学期和中班上学期进行。

相关内容刊登于《早期教育》2016 年第 10 期。

第五章　多样化儿童学习方法及教学策略的分析

第一节　多样化的儿童学习方法

在活动中，我们需要了解幼儿的需要和关注幼儿的多样化的学习方式。幼儿的学习具有"非普遍性"的特征，对幼儿的学习而言，在不同的活动、不同的学习阶段，他们需要运用的学习方式是不一样的。多样化的学习方式可以满足不同学习阶段、不同需求和不同兴趣的儿童；同时有助于激发幼儿的有意注意，提升活动的参与度，使幼儿学习取得更好的效果。在韵律活动中幼儿常见的学习方法有：

一、观察模仿学习

观察模仿是学习新内容的基础和重点，观察需要迅速、全面、准确，同时幼儿对所观察结果的描述需要简洁、精确、精彩，从而为思维能力发展奠定基础，提升思维发展的宽广性、深刻性、丰富性和创造性。

在中班"神奇机器人"中，幼儿通过观察模仿学习，边倾听感受音乐边学习简洁、精准的机器人动作，掌握"左—左—左—回"、"右—右—右—回"的动作程序以及机器人断顿的动作特点，为后续随乐创造性表现机器人的各种动作奠定了良好基础。

二、探究创造学习

在充分观察、模仿、学习的基础上探究、创造，才会更灵活生动。在这个过程中，幼儿会自觉地将个人生活经验转换成表演动作，自觉地通过模仿积累大量动作表演经验，自觉地在集体中观察学习其他人的创造性表演思路，自觉地将上述经验重新选择加工成新的表演动作，自觉地在集体中进行上述即兴创造性表演。

在小班"小陀螺"中，幼儿通过观察学习积累了小羊陀螺的造型经验后，在尝试表现其他陀螺的造型动作时，使用了探究创造的学习方法。通过对PPT上灰太狼陀螺造型的观察，尝试将双手张开成爪子状放在肩上表现灰太狼陀螺的造型。在学习同伴的造型思路后，幼儿经过探究表现出了蹲着、身子倾斜、双手不同高低位置的灰太狼陀螺造型，还创造出了其他小动物的造型动作，用双手抱球动作表现胖乎乎的小猪陀螺；将双手两个手指高高竖起作兔耳朵状表现兔子陀螺，还创编出了机灵调皮的猴子望月捞月陀螺造型。在此基础上，随乐创编出了各种植物、机器人等陀螺的造型动作。

三、问题解决学习

深入学习阶段，幼儿会自主发现问题、解决问题，他们会具备如下关键能力，如察觉问题的能力、找准关键点并澄清问题的能力、设计解决规划的能力、执行能力（含监控——评估调节规划的能力）、反思能力、灵活调节的能力。

在大班"棒棒乐"教学活动的开展中，幼儿常常会遇到这样或那样的问题：两人位置靠得太近了容易导致充气棒碰到旁边的小朋友，合作时双方的默契度不够导致同伴不能成功地敲击到对方造型好的棒。这时候就需要幼儿快速、灵活地做出反应，洞察问题并设计方案解决：是否应该调整一下自己的坐姿、站位，甚至是与同伴一起协商与调节，怎样既能变化出新颖的手持充气棒的创意造型，又能够让同伴敲得到？有了这些思考，才能更好地解决教学活动中遇到的问题，使活动得以顺利进行。

四、合作分享学习

合作分享学习指幼儿理解合作的目标，个人服从大局，自觉保持与集体行动一致，并知道帮助是以相互尊重为前提的，不强迫别人接受帮助，能够给予适当的帮助，会谢绝不适当的帮助，能请求必要的帮助；也可以分享观念、主意、策略和快乐；在现有的合作水平的基础上追求更高水平的合作。

在大班韵律活动"小龙人"中，在小龙人和神龙哥哥一起传递能量，分组合作变各种不同造型的龙这一环节中，主要使用了合作分享学习的方法。幼儿和老师一起合作完成龙的一组造型，请其余幼儿观察他们是怎么传递能量变造型的。这时孩子们各抒己见，有了许多想法，想变更多不同造型的龙，如喷火龙、霸王龙等，孩子们从两两合作，商量传递变造型到四人合作商量传递变造型。大家先商量好怎样传递能量，再确定所变龙的造型，幼儿可以做出整条龙的造型，也可以将龙的局部特征放大，调整位置、动作，共同努力表现与众不同的龙。

五、反思评价学习

反思评价学习是学习的较高级方式，目的是使幼儿能够反思学习的过程，并很好地评价自身的学习效果，更积极地培养自我效能感，为后继学习或者更深入的学习奠定基础。

在大班"真假美猴王"中，当教师和一位高级榜样两两合作完成真假美猴王游戏后，幼儿高级榜样对自己的表现进行了反思评价：我觉得我的动作很夸张，幅度很大；我的眼睛是看着对方的；我变出了比老师还厉害的动物。幼儿对自己的表现进行了积极的评价。

在全体幼儿找同伴两两合作后，全体幼儿对自己的合作表现进行了反思：刚才我们的动作和音乐非常合拍；我们配合得很默契；我是假猴王，在打斗环节中我要先躲的，却做了打的动作，后来我提醒自己了，就做对了；我觉得我们在变的时候，动作放不开，空间太小了，后来我们到空地做游戏，我们做的造型动作都好厉害。

幼儿评价自己的动作表现，并自己不断努力调整，以做出最好的表现。

以大班"敲敲多变的鼓"为例分析儿童的多样化学习方法

儿童是学习的主体，我们应充分挖掘儿童的兴趣、需要，发挥儿童在学习过程中作为主体的能动性，使学习更加有效。大班韵律活动"敲敲多变的鼓"以儿童为本位，调动儿童的各种感官观察、探究，进而反思、合作解决问题，促进了儿童的整体发展。

1. 观察模仿学习。

在"敲敲多变的鼓"的活动中，在尝试敲一个鼓的造型动作环节中，幼儿主要使用了观察模仿的学习方法。幼儿通过观察模仿学习，并在教师的引导下澄清了 B 段音乐的动作模型，完成左右手的互动。B 段的动作模型为：变 - - - ｜敲 - 敲 - ｜变 - - - ｜敲 - 敲 - ｜变 - - - ｜敲 - 敲 - ｜变 - - - ｜ - - 停 - ｜敲 敲 敲 敲｜。前面三次是快速的变鼓动作，第四次是慢慢地变出鼓并停住不动。前面三次敲击两下，第四次敲击四下。幼儿掌握了 B 段动作模型相当于掌握了 B 段音乐的结构。

2. 探究创造学习。

在尝试用两只手掌表现鼓面的造型动作，两两合作敲击的环节中，幼儿通过观察学习积累了一只手变鼓造型的经验后，在此环节中主要使用了探究创造的学习方法。通过对 PPT 上两个在上面的鼓的造型的观察，尝试用两只手表现两个在上面的鼓的造型。在吸收同伴的造型思路后，幼儿探究表现出两个在下面的鼓、一高一低的鼓、交叉的鼓以及鼓面朝向不同方向的两个鼓的造型动作等等。

3. 问题解决学习。

在尝试创编两个鼓面的造型动作后，教师引导幼儿使用问题解决的学习方法。教师通过提问：我们的两只手都当鼓了？谁来敲呢？让幼儿自己想办法来请朋友当鼓手进行互动敲击。又如教师引导幼儿集体进行随乐两两合作造型、敲击的反思环节后，幼儿提出自己鼓变得不丰富。教师没有直接告诉幼儿解决的方法，而是引导幼儿解决问题。最后幼儿通过同伴的智慧共同解决问题：和朋友找空位置来两两合作造型、敲击。这样就不用受空间位置的局限，而能变出更丰富、更夸张动作的鼓。

4. 反思评价学习。

在教师与一位高级榜样幼儿两两合作做造型敲击环节中主要使用了反思评价学习的方法。教师引导幼儿反思评价自己的行为表现。幼儿积极地评价了变鼓的动作表现、与教师合作时的眼神交流，并反思了自己一开始不能合乐，通过对音乐认真倾听和提醒的策略解决了合乐的问题。又如在第一次幼儿与幼儿两两合作造型敲击后，教师引导幼儿进行反思：刚才你们合作得怎么样？幼儿能够积极做出评价，并提出了自己做得还不够的地方。

5. 合作分享学习。

在尝试合作表现一套鼓的造型、敲击动作环节中，主要使用了合作分享学习的方法，孩子们和客人老师一起合作完成富有创意的一套鼓，他们要一起想办法，决定变一个什么样的有创意的鼓（例如千手观音鼓）。一旦决定，孩子们都要服从大局，共同努力，变出一排从低到高，手的造型各不相同的千手观音鼓。当发现自己的位置过高或过低时，都要努力做出调整，并主动请求鼓手看看大家的动作、位置是否最合适，以便做出调整。幼儿也更加愿意在大家面前分享自己的主意，共同为团队认真地表现千手观音鼓而付出努力。

以大班韵律活动"幸运兔"为例，分析儿童的多样化学习方法

我们都知道，幼儿的学习具有"非普遍性"的特征，不同的活动中、不同的学习阶段，他们所需要运用的学习方法是不同的。在大班韵律活动"幸运兔"中，多样化的学习方法融入了各教学环节当中，有助于幼儿在活动中更有效地进行学习。

1. 观察模仿学习。

观察模仿是学习的重要方式，也是儿童较早掌握的学习方式。在观察模仿学习的过程中，儿童可以积累大量的动作表演经验。在大班韵律活动"幸

运兔"合乐完整感知动作造型的环节中，主要调动的就是幼儿观察模仿学习的能力。

——教师在座位上示范律动游戏的玩法，幼儿模仿参与游戏。（第一遍完整合乐游戏。）

教师：刚才幸运兔在较量的时候，说了什么？（教师示范一遍正确的语言节奏和动作：幸运的小兔就是我，比一比。）它们用的是什么方法？（石头剪刀布。）

——幼儿随乐完整游戏。（第二遍完整合乐游戏。）

教师："石头剪刀布"这个游戏的规则是什么？

——验证游戏规则。（第三遍完整合乐游戏。）

教师：哈哈，这次战胜我的幸运小兔都有谁呀？祝贺你们哦！

在帮助幼儿形成动力定型的前三遍完整合乐游戏中，幼儿主要依靠观察与模仿教师的动作来进行活动，同时，从教师的引导语中可以看出，教师通过对语令、动作细节的提问来提高幼儿观察模仿学习的准确性。语令正确的节奏为：幸运的|小兔|就是我|比一|比——|，同时"石头剪刀布"要在最后一个"比"字上出拳，这些都需要幼儿在观察模仿学习中快速、准确地掌握。

2. 探究创造学习。

在充分观察模仿学习的基础上，幼儿能够将个人生活经验转换成表演动作，并将他人的思路重新加工成新的表演动作，进行创造性表演。在"幸运兔"B段的镜像模仿环节中，幼儿在观察模仿的基础上尝试创编自己的动作。

——教师扮演幸运兔，带领幼儿学习B段镜像模仿游戏。（哼唱B段音乐。）

教师：这个任务难不倒你们，谁愿意把你的本领教给大家？

——教师与一名幼儿示范B段模仿游戏。（B段合乐游戏第二遍。）

教师在带领幼儿学习镜像模仿游戏后，由教师与其中一名幼儿示范镜像模仿。在这一过程中，示范的幼儿需要创编属于自己的"耳朵动作"，即进行探究创造学习，而其他的幼儿依旧在台下进行观察模仿学习，即从他人的表演思路中吸收和积累经验。而在接下来的两两游戏环节中，幼儿则会在前期动作经验的基础上创编新的"耳朵动作"，并在集体中与同伴共同进行即兴的创造性表演。

3. 合作分享学习。

合作分享学习有两点非常重要的内涵：学习他人的意见以及平和地提出与他人不同的意见。"幸运兔"活动最终要进行的是幼儿两两之间的合作游戏，因此合作分享学习也是本活动中较为重要的一种学习方式。

在 A 段游戏中，教师需要幼儿创编"石头剪刀布"中的"打平"动作，幼儿提出了许多不同的意见。

——教师边走动边与幼儿进行 A 段游戏，教师选取幼儿"打平"的动作。

教师：小兔子在较量时，胜利了耳朵会竖起来，失败了耳朵会耷拉下来。那么如果两只小兔子打平了，可以做什么动作呢？

幼儿：可以做"耶——"的动作。（单手比 V。）

幼儿：可以两个人握握手。

幼儿：还可以抱一抱。

幼儿：也可以两个人击掌。

最终经过简单的讨论，大部分幼儿认为拥抱最能体现友好的感觉，因此教师选取了拥抱作为"打平"时的动作。这一过程就是幼儿进行合作分享学习的过程。每个人在提出自己观点的同时，也认真理解、接纳他人的意见。

另外，在生生两两合作游戏环节中，幼儿有时会出现不能在规定的时间里（音乐的前奏）找好朋友、准备游戏的现象。有的幼儿喜欢找固定的朋友，因此有时会有三个或四个人僵持不下、互不相让，错过音乐而无法正常进行游戏。而当教师提出"一定要在前奏找到朋友，否则就不能开始游戏"的要求后，原本僵持的几名幼儿重新游戏，顺利地在前奏中找到了朋友。这一过程对于幼儿来说，也是理解合作、学习合作的过程，懂得个人意愿（喜欢固定的伙伴）要服从大局（集体游戏），自觉保障个人与集体的行动一致。

4. 反思评价学习。

在大班韵律活动"幸运兔"中，反思评价学习实际上渗透在活动的每一个环节。幼儿通过对自身学习过程的反思，并评价自身的学习效果，为后继学习或者更深入的学习奠定基础。在 B 段镜像模仿环节中，教师扮演幸运兔，带领幼儿游戏，并请幼儿验证"耳朵动作"的次数，而幼儿的答案往往无法统一。

——教师扮演幸运兔，带领幼儿学习 B 段镜像模仿游戏。（哼唱 B 段音乐。）

教师：耳朵竖起和放下的动作做了几次？

幼儿：5 次。

幼儿：3 次。

幼儿：4 次。

教师：有的说 3 次，有的说 4 次，大家说的都不一样，你们能确定吗？

幼儿：好像不能确定。

教师：不能确定的话，怎么办呢？

这里教师的提问"能确定吗""怎么办"，都是在引导幼儿进行反思评价学习。教师并没有告诉幼儿正确的次数，而是将问题重新抛回给幼儿，引导他们反思：自己是否仔细看清了老师的动作？我和同伴的动作不一样，到底出现了什么问题？通过这样的质疑，幼儿最终发现可以请教师重新示范来解决困难，在此过程中逐步养成学会提问、不懂就问的良好学习品质。

在幼儿扮演幸运兔，教师与一名幼儿向大家示范 B 段模仿游戏的环节中，教师让每一位上台扮演幸运兔的高级榜样在完成动作后，都先说一说"你觉得自己表现得怎么样？好在哪里"；在教师与一名幼儿随乐示范全部游戏的环节，完成完整动作后向幼儿提问："你觉得我们俩今天表现得怎么样？"这些同样也都是在引导幼儿进行反思评价学习。

5. 解决问题学习。

解决问题学习是多种学习方法中更高层次、更高水平的学习方法。幼儿在反思、评价的基础上，通过自己发现问题、解决问题，可以锻炼多种学习能力。例如在大班韵律活动"幸运兔"中，A 段"石头剪刀布"的游戏规则是对战双方随乐进行四次游戏，根据第四次猜拳的输赢结果，决定 B 段镜像模仿的教和学——即第四次猜拳赢的人做"耳朵动作"，输的人模仿对方的动作。而在游戏的过程中，幼儿发现并提出了问题：如果第四次也打平了，那么该如何决定谁来教动作，谁来学动作呢？

幼儿：可以再来一次（石头剪刀布）。

教师：怎样再来一次？

幼儿：不能再来一次的，因为没有音乐了。

幼儿：那就看第三次是谁赢的，谁赢就谁来教。

幼儿：可是我也不记得第三次是谁赢了。

教师：你们刚才是怎么解决的？

幼儿：我们刚才是一起教的，一人一半。

幼儿：那就一起教，你教两次我教两次。

最终通过大家商议决定，如果遇到第四次也打平的情况，可以按照一人分别教两次的规则做"耳朵动作"，如果记得第三次输赢的结果，也可以由第三次胜利的人做幸运兔来教动作。在这一系列环节中，幼儿通过发现问题、提出问题、商议讨论等，完成了一次解决问题学习的过程。

值得一提的是，以上五种学习方法在活动进行的过程中并不是割裂的，而是相互融合、共同进行的。幼儿在探究创造学习的同时也在进行着观察模仿，在与同伴合作、分享的过程中，也会反思自我、评价自我，并针对发生的问题寻求解决的方法。

第二节　多样化的教学策略

在组织实施教学活动时，教师需要根据幼儿的发展水平和需求采用多样化的教学策略，以促进幼儿有效地参与活动。多样化的教学策略更易引起幼儿的注意并给予幼儿丰富的感官刺激，以激发幼儿探索的兴趣，提高幼儿参与活动的积极性，使儿童乐意主动参与到活动中去。我们常用的多样化教学策略包括以下几种：

一、情境贯穿

情境教育是利用环境，激起儿童热烈的情绪，把幼儿的认知活动和情感活动有机结合起来的教育方式。情境教育具有五个操作要义，是指基于幼儿的思维特点和认知规律，以"美"为突破口、以"思"为核心、以"情"为纽带、以"幼儿活动"为途径、以"周围世界"为源泉，让幼儿在学习的过程中，获得探究的乐趣、审美的乐趣、认识的乐趣、创造的乐趣。因此，教师需要创设适宜的情境，以生动有趣的情境贯穿音乐活动的始终，不断激发幼儿的任务意识，让幼儿在情境中理解、感受、表现音乐。比如在大班韵律活动"阿拉丁神灯"中，教师融入了买卖游戏，并结合"阿拉丁买神灯"的故事情节，创设与印度经典歌曲 Aankhen Khuli 适宜的情境：利用印度舞的基本动作，并匹配儿歌："三块钱、三块钱，卖不卖？四块钱、四块钱，卖不卖？五块钱、五块钱，卖不卖？"在特定的情景中调动幼儿买卖神灯的兴趣。又如中班韵律"章鱼和小鱼"中，老师创设了音乐所需的两大角色：章鱼与小鱼，并创设了与音乐匹配的"上面游、下面游、转圈游、抓、逃"的欢乐情景，使幼儿在适宜的情境中理解、感受、表现音乐。

二、角色扮演

角色扮演法以其形式多样、特点鲜明、能够激发幼儿的学习兴趣、提高学习能力、培养其主动性和创造性等特征而成为被广泛认可的一种教学设计方法。在韵律活动中实施角色扮演法，是指创设一个具体的情境，幼儿选择适合自己的角色，借助体态语言或者口头表达诠释音乐、表现音乐。通过具体的实践体验某种情境中的角色，想象其行为，感受其情感，体会角色的性格和品质。比如在大班韵律活动"非常小特工"中，教师扮演非常干练的"特工队长"，并带领"小特工"们完成军事任务。"小特工"的角色深受孩子们的喜爱。游戏中，"小特工"们攀爬、射击、投弹、快跑的本领以及探、跨、定的肢体动作非常切合音乐的变化，在体验角色执行任务的过程中，幼儿学习团队协作，运用智慧并取得最终的胜利。又如在大班韵律活动"小龙人"中，幼儿沉浸在小龙人的角色中，为了保护自己的家园与怪兽搏斗，对动作的学习更加投入。

三、戏剧冲突

"没有冲突就没有戏剧。"戏剧性的根本因素是戏剧冲突。它是表现人与人之间、人与自然之间以及人物内心多种观念、愿望和情感冲突的特殊艺术形式。在韵律活动中巧设冲突，能够让学习进程的发展紧扣幼儿心弦，不断激发幼儿的有意注意，让幼儿成为韵律学习的主体，增强其对音乐内容的情感体验，使其做出具有创造性的表现。例如在中班"彩虹鱼找朋友"活动中，彩虹鱼想找小鱼玩，可是小鱼希望彩虹鱼能够送鳞片给她，彩虹鱼不给，小鱼便不跟它做朋友，这使得故事富有强烈的戏剧冲突。故事中小鱼在不断地想办法让彩虹鱼能送鳞片给它，从一开始着急地说"给我给我"，到有礼貌地说"请给吧朋友"，再到很有礼貌地说"请给吧朋友，谢谢"；彩虹鱼在不断地想办法让小鱼跟它玩游戏，从一开始傲气地说"不给不给"，到考验小鱼用蒙眼猜同伴声音的方法，送小鱼小鳞片，再到快乐地分享美丽的鳞片和小鱼一起游戏。这些都让幼儿紧密地关注故事情节的一步步发展，体验角色的复杂心理变化，使活动更具有张力。例如在大班"老鼠和猫"中，老鼠和猫两个角色本身就赋予了活动戏剧性矛盾。教师创设了"猫鼠比威武"的互动情境，根据旋律的力度、节奏，设计了猫从肯定到迟疑的内心变化、动作从夸张前倾到向后退缩的变化。而老鼠也不断地想出各种办法迷惑猫、赶跑猫，比如学猫做威武动作拖延时间、变各种猛兽造型、模仿猛兽的叫声等。紧张的环节充满戏剧色彩，老鼠和猫的矛盾冲突白热化，不断将游戏推向高潮。活动伴随着矛盾冲突层层推进，逐步实现人格素养目标。

四、游戏互动

游戏中蕴藏着教育的契机，幼儿阶段强调以游戏为基本活动形式对孩子进行教育。将游戏教学融入韵律活动，旨在强调把非理性因素的发展作为儿童主体性发展的重要内容，更重视培养儿童的情感、意志、灵感、直觉等。从传授式教学转变为探究式教学、从认知式教学转变为交往式教学、从抽象化教学转变为形象化教学，重视幼儿在音乐学习中的愉悦体验。比如大班韵律活动"疯狂原始人"，采用了游戏互动的教学策略，在活动中融入了儿童熟悉的传统游戏石头剪刀布，激发了大班幼儿的竞争力，并且在游戏的互动中，教师引导幼儿去观察比拼的结果，并快速做出反应。又如在小班"快乐的小青蛙"活动中，创设了"小青蛙抓害虫"的游戏情境，并采用游戏互动的策略，随乐表现小青蛙跳以及跟着青蛙妈妈吃虫子的游戏情节，并用动作表演躲猫猫和捉虫子，孩子们玩得不亦乐乎！

五、层级递进

幼儿园韵律活动组织难度较大，难点就在于对韵律活动环节、空间站位、动作等方面的层级递进的处理。韵律活动设计就应根据幼儿身心发展特点及活动目标将韵律活动做层级分解，包括空间站位层级分解、动作层级分解、师幼互动层级分解、音乐层级分解、预令层级分解，教学环节渗透着动作、空间站位等方面的层级递进。比如大班韵律活动"老鼠和猫"，层级递进策略非常清晰，活动环节渗透了上下肢动作、空间站位的层级递进，第一环节是师幼边讲述故事边创编动作，让幼儿了解到老鼠躲避猫的应急方法，第二环节是幼儿在座位上合着音乐做上肢动作，第三环节是站在位置边上随乐做上下肢动作，第四环节是在空间位置上做简单移动动作，第五环节在空间位置上增加合作反应造型动作。

附例
以"老鼠和猫"活动为例，分析层级递进

大班律动活动"老鼠和猫"分为7个层次，有些层次梯级还可以分成一些更小的层级。下面我用层次梯级表来说明7个大的层次梯级，在层级的分析里面还会提到一些具体的小层级，并用黑体标注。另外对空间安排层次、动作层次、师幼互动、音乐层次以及预令层次也用梯级表进行了分析，具体如下：

总层次梯级表：

```
        挑战 5+ 游戏   几名幼儿叫→一起叫→合作做猛兽造型一起叫。
      挑战 4+ 游戏   加猛兽叫声并猜测   幼儿两两合作，一位幼儿发出猛兽叫声。
    挑战 3 教师做老鼠，幼儿做猫，合乐表现（1遍）。
   挑战 2 幼儿做猫，教师做老鼠，合乐表现（1遍）。
  挑战 1 幼儿体验 B 段强弱情绪，合乐表现（1遍）。
 幼儿坐在座位上做上肢动作（1遍）。
故事＋动作   幼儿创编猫的 4 次威武动作和 3 次猛兽雕塑造型。
```

第一层级：故事＋动作

幼儿创编猫的4次威武动作和3次猛兽雕塑造型。

分析：在这个环节中，教师通过师幼互动的方式边讲述故事边创编动作，同时让幼儿了解到老鼠躲避猫的应急方法：学猫做威武动作拖延时间，并尽量退到安全的地方，以及变各种猛兽造型来迷惑猫。

第二层级：音乐

幼儿坐在座位上做上肢动作（1遍）。

分析：在这个环节中，幼儿坐在位置上跟随教师在提示语的引导下一边合拍做动作，一边感知完整音乐（1遍）。

第三层级：挑战 1

幼儿体验 B 段音乐的强弱情绪，合乐表现（1 遍）。

分析：在这个环节，重点突破 B 段音乐，通过提问明确了 B 段的动作及音乐结构，让幼儿了解老鼠模仿猫做了 4 次威武动作，前面两次和后面两次是不同的，前面是夸张、有力量的，后面两次是退缩、越来越轻的。再让幼儿循序渐进、合拍地跟随 B 段音乐做动作，**跟随语令做动作→跟随慢速音乐做动作→跟随原速音乐做动作→完整合乐表现**。

第四层级：挑战 2

教师做猫，幼儿做老鼠，合乐表现（1 遍）。

分析：这个环节，教师扮演猫，幼儿扮演老鼠，进行一位教师对全体幼儿的互动。在变猛兽环节，教师做猫被吓一跳的动作，不用动作提醒幼儿老鼠该怎么做，这时可以检验幼儿对老鼠变猛兽造型动作的掌握情况。如果观察到幼儿完成情况不佳，教师扮演猫，全体幼儿扮演小老鼠，再完整合乐重复一遍。

第五层级：挑战 3

教师做老鼠，幼儿做猫，合乐表现（1 遍）。

分析：在这一环节中，幼儿通过前一环节对教师扮演的猫的观察，尝试自己挑战扮演猫的角色，同时幼儿通过扮演猫，发现小老鼠变猛兽雕塑造型，只是让猫吓一跳，并没有把猫赶走，为下面想出用猛兽叫声吓跑猫做了一个很好的铺垫。

第六层级：挑战 4+ 游戏

加猛兽叫声并猜测（一位幼儿发出猛兽叫声）。

分析：在这个环节加上了游戏，结合猜音源游戏，让游戏出现两个结果。请一位高级榜样幼儿扮演猫，另一位高级榜样幼儿在音乐结束时发出猛兽的吼叫声，其余幼儿扮演老鼠。猫识破是老鼠叫，老鼠逃，猫追；没识破，猫逃。

第七层级：挑战 5

反思游戏策略。几名幼儿叫→一起叫→合作做猛兽造型一起叫。

分析：在这一环节中让孩子不断反思，找出更好的应对猫、吓跑猫的策略，并将活动推向高潮。从上一层级的一只老鼠装猛兽叫声吓猫（发出厉害的声音）→更多只老鼠发出猛兽叫声吓猫（发出更多厉害的声音）→合作造型并装猛兽叫声吓跑猫（合作营造恐怖气氛）。在结束语中点出活动所要传达给孩子们的自我保护的策略和意识。

空间层次梯级表

| 在空间位置上做增加合作反应造型动作。 |
| 在空间位置上做简单移动动作。 |
| 站在位置边上做上下肢动作。 |
| 坐在位置边上做上下肢动作。 |
| 坐在位置边上做上肢动作。 |

动作层次梯级表

| 部分幼儿扮演老鼠加合作猛兽造型动作，部分幼儿扮演猫加合作吓一跳动作。 |
| 部分幼儿扮演老鼠做上下肢移动动作，部分幼儿扮演猫做上下肢移动动作。 |
| 全体幼儿扮演老鼠用上下肢做散步、威武、猛兽造型动作，一名幼儿扮演猫用上下肢做猫的动作。 |
| 全体幼儿用上肢做猫散步、威武、吓一跳的动作。 |
| 全体幼儿用上肢做老鼠散步、威武、猛兽造型动作。 |
| 全体幼儿用上肢做比威武（身体前倾两次、身体往后退缩两次）动作。 |
| 全体幼儿用上肢做散步、威武动作和猛兽雕塑造型。 |

师幼互动层次梯级表

- S-S 部分幼儿扮演猫,部分幼儿扮演老鼠(全体发猛兽叫声)进行互动游戏。
- S3T-S众 3位幼儿扮演猫(教师退后适时引导),其余幼儿扮演老鼠,(其中3位幼儿发出猛兽叫声)。
- TS1-S 教师带领一位高级榜样扮演猫,其余幼儿扮演老鼠,一位幼儿发出猛兽叫声。
- S众-T 全体幼儿扮演猫,教师扮演老鼠,合作互动。
- T-S 教师扮演猫,全体幼儿扮演老鼠,合作互动。

音乐层次梯级表

- 完整感受音乐,在结尾处加猛兽叫声,加强音乐结束感,4-5遍。
- 进一步完整感受音乐2-3遍。
- B段原速音乐1遍。
- B段慢速音乐1遍。
- B段语令节奏1遍。
- 初步完整感受音乐2遍。

预令层次梯级表

- 撤退 AB段结构前预令 开始叫了"啊呜"。
- 撤退 C段预令加入尾声预令 散步了、比比威武、开始叫了"啊呜"。
- 撤退 C段叮的语言预令 叮(音乐)变、叮(音乐)变、叮(音乐)变。
- 加入C段猫的动作预令 叮,吓一跳看一看;叮,吓一跳看一看;叮,吓一跳看一看。
- 用"叮"替换"准备" 散步了,比比威武,开始叮变、叮变、叮变。
- ABC结构预令 散步了,比比威武,开始准备变、准备变、准备变。

幼儿园韵律活动中多样化教学策略的应用
——以大班韵律活动"武士与龙"为例

在幼儿园韵律活动的组织与实施中,教师会采用不同的教学策略来帮助幼儿理解音乐、感受音乐,并在游戏化的情境中使幼儿体验愉悦和成功。通过多样化教学策略的实施,首先给予了幼儿丰富的感官刺激,引起他们的注意,激发探索的欲望和学习的兴趣;其次,进一步提升了幼儿参与活动的积极性及有效性,使他们愿意主动参与到活动中去;最后,多方面地满足了不同幼儿的能力与需求,使每个幼儿在原有的经验水平上得到发展与提高。在幼儿园韵律教学活动中,我们常用的教学策略有很多种,例如情境贯穿、角色扮演、戏剧冲突、游戏互动、层级递进、领域融合等等。那么如何在教学活动中有效地渗透多样化的教学策略呢?下面将通过大班韵律活动"武士与龙"这个案例来探讨和研究。

策略一——情境贯穿

在许卓娅老师提到的"团体律动游戏总流程"中,第一步就是"故事"。创设一个适宜、有趣的故事情境,并将这一情境贯穿于活动的始终,可以帮助幼儿更好地投入活动,激发他们审美和学习的兴趣。情境教育就是利用环境和情节,激起儿童热烈的情绪,把幼儿的认知活动和情感活动有机结合起来。

"武士与龙"的故事情境来源于绘本,幼儿前期对于绘本故事已经非常熟悉和喜爱,平时也喜欢与同伴模仿武士与龙的样子做游戏。因此我根据故事中"准备比武——正式比武——合作开餐厅"的线索,选取了富有代表性的动作来确定基本动作:武士打造铠甲——长矛攻击,龙练习利爪——喷火攻击。游戏环节通过分组对抗、合作拼图的形式,将"武士与龙均战败,合作开起烤肉餐厅"的故事情境贯穿于活动始终。

策略二——角色扮演

角色扮演和情境的创设可以说是密不可分的。在韵律活动中进行角色扮演，是指创设一个具体的情境，幼儿选择该情境中适合自己的角色，借助角色的身体语言或者口头表达诠释音乐、表现音乐。幼儿可以通过具体的实践体验某种情境中的角色，想象其行为，感受其情感，体会角色的性格和品质。

例如在"武士与龙"的故事情境中，幼儿扮演"武士"与"龙"两种角色，两种角色的动作特点都与故事情境紧密相连。在不同颜色手腕花的辅助下，幼儿在两两游戏和分组对战中更容易区别自己与伙伴角色的不同。而在游戏环节中，幼儿自发推选出武士组的"队长"和龙组的"队长"，这时扮演"队长"角色的幼儿就承担了更大的责任，要与对方的队长共同合作，齐心协力完成拼图的任务，赢得最终的胜利。无论扮演哪一种角色，幼儿都能充分体会到活动的乐趣，同时更明确自己在活动中的任务。

策略三——戏剧冲突

戏剧冲突是表现人与人之间、人与自然之间以及人物内心多种观念、愿望和情感冲突的特殊艺术形式。而在音乐活动中巧设冲突，能够让学习进程的发展紧扣幼儿心弦，不断激发幼儿的有意注意，让幼儿成为学习的主体，增强其对音乐内容的情感体验和并做出创造性的表现。

在"武士与龙"这一活动中，有两个较为明显的戏剧冲突。第一阶段是武士与龙分别结束了各自的练习准备，开始正式比武。武士挥舞着长矛，龙不断喷着火，看上去剑拔弩张的比武，最后却落得个两败俱伤的结果，这两者之间的对比所形成的巨大反差带来了鲜明的戏剧冲突，这一冲突会使幼儿紧密关注故事情节的发展，在体验角色复杂的心理变化的同时，进一步体验团结合作的重要性，同时更明确了接下来的合作任务，并使之对之后的游戏环节充满期待。第二阶段的戏剧冲突则是武士与龙在合作开餐厅时遭遇的麻烦——缺少重要的工具。原本的绘本故事中并不存在这一冲突，而设置的这一冲突与在规定乐句内合作完成拼图的游戏环节相对应。既要正确摆放拼图，又要在规定的乐句中完成，这让原本就沉浸在对战氛围中的武士与龙又多了一份担心：我们到底能不能顺利完成这个任务呢？怀着担心、紧张的心情，幼儿在接下来的活动中能够更加投入、专注，完成任务时也会格外有成就感。因此，在原有情境的基础上，通过戏剧冲突的刺激，不仅可以使整体的游戏进程更加扣人心弦，活动更加富有张力；还能帮助幼儿在实现人格素养目标的同时，更高效地学习。

策略四——游戏互动

将游戏教学融入韵律活动，旨在强调把非理性因素的发展作为儿童主体性发展的重要内容，更重视培养儿童的情感、意志、灵感、直觉等。在游戏化的音乐教学活动中，每一次挑战一定都伴随着游戏的进行。"武士与龙"这一活动主要体现了两种游戏互动形式。

1. 武士与龙分角色对战游戏。

在A段音乐"准备比武"部分，武士与龙需要完成各自不同的动作，且两种角色的动作跟随音乐交替进行，即武士在打造铠甲的时候，龙保持造型不动；龙在练习利爪的时候，武士也保持造型不动。而在B段音乐的"正式比武"中，两种角色同时做进攻和防守的动作，但二者的动作各不相同。在这一分角色对战的过程中，幼儿不仅要合拍、合乐地完成动作，同时也要做到自己的动作不被对方所干扰。

2. 拼图任务——比速度、比眼力的合作游戏。

合作拼图环节是两队队长之间的合作游戏，通过快速选择各自桌子上正确的拼图片，共同完成一幅图画，获得最后的胜利。这一环节虽然由两队的队长来完成，但对于其他队员来说也非常重要，每个人都希望最终能够完成任务，顺利开起烤肉餐厅，因此会努力为双方的队长加油鼓劲，也会在队长拼图遇到困难时给予提示。这样的游戏互动不仅进一步增加了幼儿之间的团队凝聚力，还赋予了每个人责任感和使命感。

策略五——层级递进

从任务分析的角度出发，任何一个教学任务都可以拆解为简单的步骤，便于教师更好地执行，也便于幼儿接受和学习。在音乐活动中，教师应当有目的地将需要幼儿掌握的活动目标和内容分解为不同维度、层级，预设不同难度层次的教学环节以便教学时层层深入。"武士与龙"这个活动在活动流程、难易度等方面都体现出逐级递进的特点。

1. 活动流程的层级递进。

大班韵律活动"武士与龙"流程递进层级

挑战3　幼儿之间分角色两两游戏。
挑战2　教师与幼儿之间分角色共同合乐游戏。
挑战1　幼儿创编龙的动作，完整合乐做龙。
音乐　完整合乐做武士动作。
动作　武士：打造武器——长矛攻击——防守。 　　　龙：练习利爪——喷火攻击——防守。
故事　武士与龙的绘本故事。

根据团体律动游戏流程，活动按照"故事——动作——音乐——其他（挑战）"的层级逐步递进，其中也体现出了师幼合作层级的递进：故事、动作、音乐这三个层级以及之后的挑战1和挑战2，都是教师面向所有幼儿的师幼互动，挑战3是幼儿之间的互动，挑战4则是教师与配班教师分别带领两队幼儿进行游戏的TS众-TS众互动，以及一名幼儿带领整队幼儿进行的SS众-SS众互动。

2. 游戏环节难易度的层级递进。

在合作拼图游戏中，也体现出了层级的递进。这一环节教师准备了三种不同工具图案的拼图片：武士盾牌、厨师帽、围裙，其中圆形的武士盾牌轮廓最为简单，也最容易完成拼图；厨师帽拼图难度中等；而围裙拼图是最复杂的。游戏的难度等级层层递进，将活动推向高潮，也便于教师了解和掌握不同幼儿的发展水平，因材施教。

综上可以看出，多样化的教学策略在音乐教学活动中有着重要的作用。不仅是韵律活动，歌唱活动、打击乐活动，都可以融入多样化的教学策略，并通过情境、角色、冲突、游戏等不同的方面推进活动，帮助幼儿更好地理解音乐、感受音乐，表现音乐，在游戏中体验音乐带来的快乐。

第六章 研究成果

经过多年的实践研究，研究团队逐渐形成了符合儿童年龄特点和多样化兴趣需要的、基于多彩光谱理念的幼儿韵律活动的内容与教学策略体系。幼儿的自我效能感得到了提升，幼儿能积极主动地表现美与创造美，生命潜能得到了唤醒和激发。此外，实践研究带动了教师的多彩成长，并得到了社会的称赞。

一、形成了基于多彩光谱韵律活动的内容体系和策略体系

团队形成了多样化的内容、教学策略及评价体系，首先是多样化的内容，包括主题和音乐素材两方面；其次是多样化的方法，包括多样化的学习方法和多样化的教学策略，有情境贯穿、角色扮演、戏剧冲突、层级递进、游戏互动、领域融合六大策略；最后是多样化的评价，包括评价内容多样化、评价阶段多样化、评价方式多样化、评价主体多样化。

二、促进了幼儿的个性化成长

1. 幼儿在积极主动的学习中，学会了用创造性的动作表现音乐。

美国社会心理学家艾曼·贝尔认为，个体创造力的发展与其动机，特别是与其内部动机有密切关系。多彩光谱下的韵律活动，是一种相对开放的韵律活动，充分调动了幼儿的内在动机。幼儿不再是被动地接受教师的指令，而是积极主动地观察模仿、自主创编。比如，幼儿在故事情境中，

思考如何用身体动作去模仿故事对象,如何在动作难度逐级增加的情况下挑战自我,如何通过创编不同的动作表现情境等等。在这个过程中,幼儿对音乐的感受力、表现力和创造力都有所增强,可以对音乐进行创造性的表现和流畅的审美表达。

2. 幼儿在良好的师幼互动中,自我效能感提升。

多彩光谱下的韵律活动,追求的是一种自然状态下,幼儿在音乐中的自然身体表现。正如约翰·马丁说的:"用自己的身体去找到动作的感觉,对于完全把握这门艺术或许是再有效不过的了。"它可以来自幼儿最熟悉不过的生活,也可以来自幼儿最想了解的童话或神话故事。这都是幼儿自身的需要,自身对韵律活动的一种情绪情感的体验。在游戏化的韵律活动中,幼儿的天性得到释放,幼儿在教师营造的良好师幼互动中,身体动作得到充分表现,情绪情感获得充分表达。幼儿在这样的状态下,他的动作持续性水平会比较高,处于高自我效能感的良性循环中。

3. 幼儿在多元的正面评价中,多元、个性化成长。

韵律活动能够帮助幼儿表达个人对音乐的主观感受,正如一百个人心中就有一百个哈姆雷特,没有所谓的对与错。这就需要教师更多地从幼儿个体的表现进行评价,关注不同幼儿的感受,关注幼儿不同阶段的音乐表现。多彩光谱下的韵律活动,非常注重幼儿的个体差异性,全面赏识幼儿的细微进步以及各领域的多元发展。正如课题在研究实践多彩化的内容、多样化的教学策略中提到的案例,这些融合多领域的韵律活动,符合多彩光谱项目的初衷。幼儿在教师多元化、个性化的评价下,语言能力、社会交往能力等都获得了发展。幼儿在创造性表达音乐的过程中,积极地用语言表达自己的想法,并在合作中培养了社会交往能力。

三、带动了教师的专业化成长

1. 教学价值观的更新。

教师在最初接触韵律活动时,更多地局限于两点:一个是幼儿是否能合拍做动作;二是教师自身是否具备一定的音乐素养。通过一系列的课题研究,教师对韵律活动的整体认识有了变化。教师们普遍认为基于多彩光谱的韵律活动,不是静止的、短暂的,而是动态的、持续的。教师传达给幼儿的是对音乐的热爱和勇于表达自身的勇气。幼儿可以借助身体动作充分感受和表现音乐,这是用身体去探索音乐的过程。而在这个过程中,教师是活动的支持者,是幼儿的音乐伙伴。教师和幼儿是一样的,都在这样的韵律活动中释放自己的天性。

2. 教学能力的提升。

幼儿天生是个音乐家,教师需要做的就是激发幼儿内在的潜能,让韵律活动不再机械化。然而教师最初对韵律活动的认识是单一且浅薄的,并且总把韵律活动定于高位,特别强调动作的合拍性。在基于多彩光谱理论的幼儿园韵律活动的研究中,教师更多地从幼儿的兴趣出发,从幼儿的生活经验入手,从幼儿的需求探寻合适的韵律活动。在这个过程中,教师的整体教学能力有所提升,主要表现在对教材及素材的分析能力、教学活动的设计能力、教学现场的掌控能力以及教学反思能力上。

四、获得了社会的认可

研究团队的教学设计、论文获得全国第十届幼儿园音乐教育研讨会一等奖两项、二等奖一项、三等奖三项,其中大班"老鼠和猫"以及工作坊研究项目"生命力视角下的微型戏剧游戏设计与实施"在全国研讨会上展示、分享。多彩和音名师工作室获第十届全国幼儿园音乐研讨会最佳团队组织奖,是获奖最多的基层团队。10个教学活动分别在两届浙江省幼儿园音乐研讨会上展示。研究成果在青海、银川、格尔木、德令哈、咸阳、上海、常州、南京等全国近20个城市进行教学展示推广,20多篇文章在幼教核心期刊《幼儿教育》《早期教育》《学前教育》《幼儿教育研究》等杂志发表，其中3篇被《幼儿教育导读》转载，合计获奖、发表论文55篇，工作室事迹在《浙江教育周报》《学前教育研究》等媒体刊出，大大提高了工作室在社会的影响力。

五、研究反思

在课题组开展此项研究的过程中，更多的是从教学实践的角度出发，以幼儿园活动研究的方式，同步开展课题研究。在这个过程中，我们梳理了教学内容、教学素材、教学策略等，并且已初具体系。但在整体的评价方式上，还是略显不足。多彩光谱项目注重对儿童过程性行为表达的评价方式，更多的场域关注是幼儿在区域活动中的行为表现，相对而言对集体教学活动的评价比较少。因此在这个部分，我们目前所做的多元化评价局限于对幼儿音乐能力水平的评估，比较浅薄，我们下一阶段需要继续探索的是教师间的评价、同伴间的评价。

附

大班幼儿创造性韵律活动的实践研究

【摘要】为了更好地强调幼儿的感受、表现、创造，改变传统韵律教学对技能、技巧的过分追求，对幼儿主动性和创造性的漠然忽视，我们在大班开展了创造性韵律活动。幼儿园创造性韵律活动是幼儿主动选择主题或方式，根据已有生活经验，充分发挥想象，自由表现出跟随音乐的个性化身体动作，从而实现自己的想法、获得乐趣的一种活动，是幼儿园韵律活动的一种方式，具有主体性、审美性、愉悦性等特征。团队甄选出了适合大班幼儿进行创造性韵律活动的音乐材料，探索出了有效开展该类活动的教学策略，建构起了循序渐进的层级化教学模式。

【关键词】创造性韵律活动　大班幼儿音乐材料　教学策略　教学模式

《3-6岁儿童学习与发展指南》指出，艺术是人类感受美、表现美、创造美的重要形式，也是表达自己对周围世界的认识和态度的独特方式。韵律教学是培养幼儿的音乐能力，增强幼儿对音乐美的敏感性，促进幼儿和谐发展不可缺少的方式之一。长期以来，幼儿韵律教学活动往往采用教师示范，幼儿模仿、练习的方式，忽略了幼儿在学习过程中主动探索的能力与创造能力的培养，幼儿能否通过自己的主动探索来创造性地进行音乐表达呢？为此，我们进行了创造性韵律活动的探索，以"审美"、"体验"、"创造"为宗旨，以引导幼儿主动探索为重点，挖掘人的潜在的韵律性，激发每一个参与者的生命活力。在实践中，教师结合已有文献研究明晰了创造性韵律活动的内涵和特征；通过渗透新教育理念的具体实践，甄选出了适合大班幼儿进行创造性韵律活动的音乐材料，探索出了有效开展创造性韵律活动的教学策略，构建起了循序渐进的层级化教学模式。

一、创造性韵律活动的内涵和特征

（一）创造性韵律活动的内涵

韵律活动，指幼儿在音乐伴随下，有规律地做出富有韵律感、节奏感的身体动作。创造性律动通常的表演形式是给幼儿一段音乐，幼儿自由选择表达的主题或表达的方式，包括动作、舞伴、道具等。[①] 综合以上，本研究中创造性韵律活动是指幼儿主动选择主题或方式，根据已有生活经验，充分发挥想象，自由表现出跟随音乐的个性化身体动作，从而使幼儿实现自己的想法、获得乐趣的一种方式。

（二）创造性韵律活动的主要特征

我们将创造性韵律活动和传统的韵律活动从主体性、审美性、愉悦性三方面进行了对比分析。

创造性韵律活动与传统韵律活动的区别

特征	创造性韵律活动	传统韵律活动
主体性	主动探索、创造性表达	文化传授、技能训练
审美性	体验、探究、表现和创造	技能的数量、质量
愉悦性	轻松、快乐	刻板、艰苦

1. 主体性

传统的韵律活动重视传统音乐文化的传授与技能的训练，不能发挥幼儿的主体性，幼儿缺乏主动参与韵律活动的热情。创造性韵律活动是以"自由创造"为前提的，它鼓励幼儿在已有经验的基础上，大胆、自由、创造性地表达自己的情感、理解与想象，它强调幼儿的主动性，努力创设各种条件，引导幼儿主动探索、体验。

2. 审美性

[①] 许卓娅. 幼儿园音乐教育 [M]. 北京：人民教育出版社，2010.

传统的韵律活动是以幼儿动作技能的学习与训练为核心的,它强调认知性目标,它关注的重点是幼儿学习和掌握动作、知识技能的数量和质量;创造性韵律活动则认为,韵律活动的过程首先是一个审美的过程,我们在活动过程中应充分挖掘韵律中美的因素与美的力量,引导幼儿对韵律进行审美式的体验、探究、表现和创造。

3. 愉悦性

传统的韵律活动是一种"训练式"的教育,强调通过艰苦的学习与训练获得一定的技艺。创造性韵律活动则是一种轻松愉快的教育,让幼儿在轻松快乐的游戏中不知不觉地感受音乐美、享受音乐的乐趣,学习简单的创编韵律的技能。

二、适合大班幼儿进行创造性韵律活动的音乐材料

音乐材料是韵律活动教学的基础,教师需要根据幼儿的审美偏好以及心理发展特点来进行选择,我们总结出四类适合大班幼儿创造性韵律活动的音乐材料。

(一)贴近生活的儿童歌曲

贴近幼儿生活的儿童歌曲具有活泼欢快、朗朗上口、富有情趣等特点,幼儿会随着音乐的节拍自然地律动。它是创造性韵律活动音乐材料方便又丰富的资源。

(二)喜闻乐见的流行乐曲

除了儿童歌曲,幼儿喜爱的动画片主题曲、节奏轻快的成人流行歌曲等大家喜闻乐见的流行乐曲也可以作为创造性韵律活动的音乐材料。它们的旋律流畅、节奏感强,容易引起幼儿的兴趣。

(三)富有特色的民间乐曲

民间乐曲经常被忽略,其实一些曲风欢快、节奏重复性强的民间乐曲经

过改编，也可以成为很好的音乐材料。

（四）扣人心弦的经典名曲

很多经典名曲具有很好的教育价值，但这些经典名曲太长，超过幼儿生理耐受能力，内容也脱离了幼儿的日常生活经验。我们认为，可以通过剪辑，缩短音乐的长度并保留其完整性，同时可以为经典名曲赋予幼儿能理解的故事和动作。这样的经典名曲同样能成为创造性韵律活动很好的音乐材料。

三、有效开展创造性韵律活动的教学策略

通过研究我们梳理和总结了有效开展创造性韵律活动的教学策略。

（一）改编适合幼儿主动探索、创造性表现的音乐

一些音乐作品由于音乐结构复杂、篇幅长，再加上幼儿感知、理解能力的不同，无法让幼儿在一两个活动中完成教育目标，所以教师要根据实际需要对现成的音乐作品进行改编，使之结构工整，形象鲜明。

案例1：

《竹棍舞》原音乐作品很长、速度快，结构为：引子+A+过渡+BCD+A+尾声，这样的音乐无论是长度、速度还是结构，都不太适合幼儿进行主动探索和创造性的表现。为此，我们对作品进行了改编，通过删减、压缩和粘贴，将其改编为ABA结构，使其结构清晰，对比鲜明。其中A段旋律表现了竹棍与竹棍相互敲击的清脆、欢快，B段旋律更具阳刚之气，富有震撼力。B段旋律由四个乐句组成，为a+b结构，以对答句的形式呈现，前半乐句（a）幼儿根据旋律用竹棍做动作，后半乐句（b）幼儿用竹棍按"XXXX XX｜XXXX X｜"的节奏进行敲击。这样的设计为幼儿的创造性表达提供了空间和秩序上的保证，使幼儿有比较充分的思考反应时间。

（二）循序渐进的经验铺垫

幼儿已有的知识经验是教师开展教学活动的起点，利用幼儿已有的知

识经验是教学成功的重要基础。因此，在进行创造性韵律活动前，我们要注重在生活中引导幼儿观察、积累丰富的动作经验，促使幼儿创造性地运用身体动作表现丰富多彩的生活。

案例 2：

在开展韵律活动"快乐皮影人"前，考虑到幼儿缺少皮影的相关经验，我们开展了"皮影戏"主题活动：让幼儿和家长共同收集关于皮影戏的大量资料，组织参加皮影馆亲子活动，让幼儿对皮影有初步的认识并尝试操作皮影人进行简单表演。正式的韵律活动开始时，我们先让幼儿学会皮影人走路的几种基本动作，并能和着音乐将动作表现出来；然后再让幼儿观看 2006 年春节联欢晚会皮影舞蹈节目《俏夕阳》的录像。让幼儿通过录像总结相关的知识经验和动作经验。这样层层推进的经验铺垫使幼儿在"快乐皮影人"活动中能轻松做好皮影人的动作造型，体验活动的快乐。

（三）帮助幼儿建立动作技能的网络体系

引导幼儿随乐创编动作是韵律活动中比较常见的教学环节。在此环节中，教师常用的指示语是：想一想，还可以做什么动作？在这样的语言引导下，幼儿关注的往往是动作的新异性而无法意识到动作之间的联系，创造性韵律活动力求帮助幼儿发现知识之间的内在联系。

案例 3：

在韵律活动"快乐皮影人"中，教师启发幼儿变化方位创编各种皮影人的造型动作。

教师问：除了站着造型，皮影人还可以怎么造型？

结论 1：皮影人的造型有高有低。

教师问：皮影人除了身体向前造型，还可以怎么造型？

结论 2：皮影人造型时身体方向可以是多种多样的。

教师问：手臂除了向下做造型还可以向哪里做造型？

结论 3：手臂可以向不同的方向做造型。

教师问：除了手臂，我们的身体还有哪些可以变出各种各样的造型？

结论4：身体各个关节都可以向不同的方向做造型。

在上述活动中，教师始终要求幼儿按照一定的思路来创编，这样的引导可使幼儿初步意识到新旧动作之间的内部联系—新动作是从旧动作中生发出来的。而教师的结论性语言又恰到好处地将幼儿发散生成的各种可能性动作进行了概括。如此，一张有着层次结构、联系较为紧密的动作网络图便在幼儿的头脑中逐渐形成，幼儿只要将网络上的单个结点（动作）相互联结，便能自然形成一种全新的动作组合（如：蹲着＋身体前倾＋手臂上举＋脖子前伸＋右脚尖向上）。

（四）创设再次激发幼儿创造热情的游戏高潮

人进行高级神经活动需要脑处于最佳唤醒状态，或称适宜唤醒状态。这时，活动中的人会注意力集中、精神焕发、头脑清醒、思维敏捷、行动迅速而准确。因此在创造性韵律活动中，教师应在幼儿经过主动探索、不断创编后，为幼儿创设一个游戏的高潮，这样不仅有利于激发幼儿的创造热情，还能引发幼儿对下一个创造活动的兴趣。

案例4：

在韵律活动"竹棍舞"中，当幼儿主动创编竹棍敲击身体、竹棍和竹棍相互敲击的动作后，教师对幼儿的创编动作给予肯定，提出让幼儿穿上演出服，戴上竹叶帽，随音乐完整地表演一次。只见幼儿迫不及待地戴上头饰，拿好竹棍，音乐响起后，幼儿排成一排，用竹棍轻轻敲击着身体出场了，虽然幼儿的表演并不完美，但兴致勃勃。

四、建构循序渐进的层级化教学模式

教师开展创造性韵律活动需要遵循循序渐进的教学原则，让幼儿从模仿开始，逐渐过渡到随音乐做动作，再从创编简单的动作过渡到创编复杂的动作。但是，要想做到让每一个环节的教学内容都落到幼儿的最近发展区，达到既给幼儿提供适宜的认知挑战又让幼儿体验到成功的快乐，需要对幼儿参与韵律活动过程中的动作行为做出更细致的分析。为此，我们为创造性韵律活动建构了层级化教学模式。这种层级是指动作类型的难易顺序，这些由易到难的动作顺序，具体分为以下几个维度：由坐的动作到站的动作，由上肢动作到下肢动作，由徒手动作到随物动作，由单人动作到两人及多人合作动作。

以下是模式示意图：

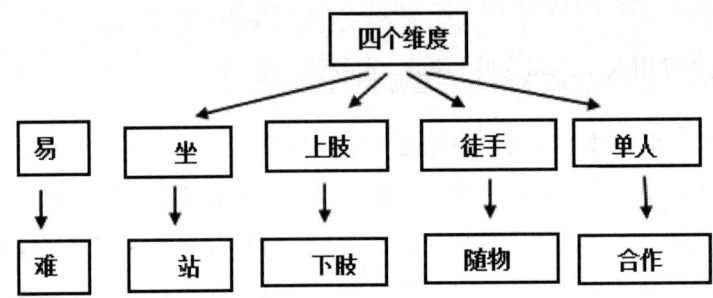

以上四个维度是可独立又可交互进行的。每个维度上又可细分出新的直线形层级。如单人到合作动作维度中，单人动作可细分为：上肢动作→躯干动作→下肢原地动作→下肢空间移动动作→上下肢综合动作；合作动作细分为：一师对全体幼→一师对一师（示范动作）→一师对一幼→一幼对一幼→小组幼→全体幼。又如徒手到随物动作可细分为：徒手上肢动作→徒手躯干动作→徒手下肢原地动作→徒手下肢空间移动动作→徒手上下肢综合动作→随物带器械动作。

在实际教学活动中，教师要结合教学活动的情况和幼儿年龄的特点调整层级表，如幼儿能力比较强，在合作中，我们可以跳过一师对一师的示范动作，直接进行一师对一幼的动作，或连续跳过两级，直接让幼儿一对一进行合作动作。又如幼儿对某物体已有随物动作的经验，且能较好地把握音乐节奏，就可以在单人上肢动作后直接加上物体，过渡到徒手至随物动作层级，即上肢动作→随物下肢原地动作→随物下肢空间移动动作→随物上下肢综合动作，但一般不能从徒手的上肢动作，直接过渡到随物的上下肢综合动作。

下面以教学活动"敲敲乐"的具体环节层级递进表为例详细说明。

"敲敲乐"层级递进表

层级	环节	具体内容	目标
1	故事引入	教师用故事引入主题，大家一起敲变形金刚鼓，在敲变形金刚鼓前，幼儿先来敲身体做热身运动。	幼儿有参与活动的积极情绪，享受唤醒原有经验的快乐。
2	徒手动作	教师根据幼儿的回答来创编拍身体动作，左手变鼓面造型，右手敲击动作。	幼儿享受自己和同伴们的观点被教师悦纳的快乐。
3	动作与音乐	随音乐A段做拍腿动作，随音乐B段做左右手交替敲变形金刚鼓动作。	幼儿享受音乐，能准确理解音乐。
4	动作与语言	教师用提示性语言（变，变停）帮助幼儿跟上音乐的节奏，幼儿敲击时，教师可以用象声词（嘿嘿）来帮助幼儿规范动作，提升活动趣味。	幼儿能根据提示语言，准确地随音乐做动作，感受"嘿嘿"加油的情趣。
5	与教师互动	幼儿将两只手掌做"鼓"的动作，教师敲击；教师将两只手掌做"鼓"的动作，幼儿敲击。	幼儿能享受自己创编的鼓面被教师敲击成功的快乐。
6	与同伴互动	幼儿两人一组，互相做敲击动作。	幼儿感受相互敲鼓的快乐，加深动作的熟练度。

（续表）

层级	环节	具体内容	目标
7	与团队合作	幼儿六人一组，做不同的鼓的造型（加空间位置），教师敲击。	幼儿感受合作游戏的快乐。
8	与物体互动	幼儿用竹棍进行造型、做敲击动作。	幼儿能利用道具进行表演，感受竹棍敲击的节奏。

各个环节对应如下图：

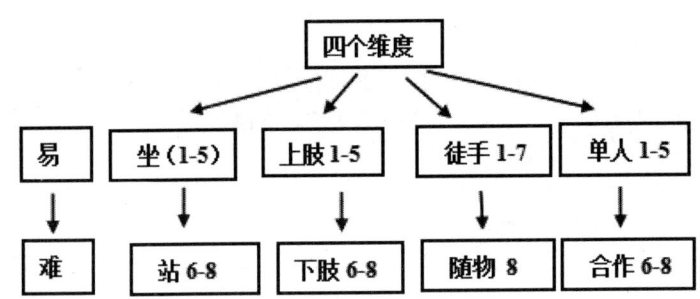

五、研究思考

通过研究发现，当我们选择适合幼儿欣赏的音乐材料，采用有效的教学策略，应用教学的层级模式，开展创造性韵律活动后，幼儿能够不单纯模仿教师动作，做到根据已有生活经验创编个性化动作，发挥想象力，自由表现出跟随音乐做出的个性化身体动作，最后达到实现自己的想法，获得乐趣的目的。正如《指南》对幼儿艺术领域的要求：幼儿艺术领域学习的关键在于充分创造条件和机会，在大自然和社会文化生活中萌发幼儿对美的感受和体验，提升其想象力和创造力，引导幼儿学会用心灵去感受、发现，用自己的方式去表现和创造美。同时，我们也在思考：首先，开展创造性韵律活动的关键是选择合适的音乐材料及精心设计的活动；其次教师需要保持自身的快乐创造精神，坚持从模仿到改编再到创编的原则；最后，教师应该帮助幼儿建立动作技能的网络体系，让幼儿掌握清晰的动作学习路径。

参考文献：

［1］菲里斯·卫卡特. 动作教学. 南京：南京师范大学出版社，2006.

［2］霍华德·加德纳著. 沈致隆译. 多元智能. 北京：新华出版社，1999.

［3］许卓娅. 韵律活动. 南京：南京师范大学出版社，2002.

［4］皮连生. 教育心理学. 上海：上海教育出版社，2004.

［5］楼必生，屠美如. 学前儿童艺术综合教育研究. 北京：北京师范大学出版社，1997。

部分内容刊登于《东方宝宝·保育与教育》2014年第4期。

轻松驾驭"长音乐"
——以大班音乐活动"化石"为例

西方古典音乐中的经典作品是幼儿园音乐活动的重要素材来源,但是由于这些曲子不是专门为幼儿园音乐教学服务的,作品的长度常常超出幼儿的生理舒适范围,因此老师们在使用时常常会根据需要对音乐进行剪辑。然而,在实际教学中,我们发现有些音乐如果进行剪辑就会破坏乐曲本身的流畅性和审美性,那么我们如何在音乐的长度和幼儿的生理耐受性之间寻找一个适宜的平衡点,如何让这样的音乐活动不给幼儿的学习带来困难呢?笔者将结合一个教学案例对这个问题进行探讨尝试。音乐《化石》选自圣-桑作曲的经典名曲《动物狂欢节》,该乐曲结构为ABACA'的回旋曲结构,速度较快。按照以往的经验,需要对作品进一步处理。我在不改变音乐性质的情况下减慢了速度,并试图将结构变为AB或ABA的时候,发现音乐的完整性和审美流畅性被破坏了,于是决定保留音乐本身的完整性,不对音乐进行删减。如此长的音乐将增加幼儿在音乐学习中的记忆负担。如何降低幼儿的认知负担,使他们能更多地享受音乐的快乐呢?我们根据幼儿的认知特点和心理发展规律来设计教学策略,从故事、动作、图谱、探究时间、创编数量等方面进行尝试。

一、为音乐匹配具有戏剧冲突的故事

在教学活动前我们首先要对音乐材料进行分析,然后从幼儿的需要出发设计趣味故事,故事的结构要符合音乐的结构,同时符合孩子的故事趣味。《化石》A段急促活泼的木琴敲击声就好像是手指在弹奏,B段乐曲犹如在点指。C段乐曲相对比较自由,犹如身体在舒展地动起来。我们根据幼儿的思维特点、兴趣结合音乐的风格与结构来设计故事。幼儿对"化石"的理解和我们成人对"化石"的理解是不一样的,通过和幼儿的对话,了解到孩子对"化石"的理解是怎样将石头化开的过程,结合音乐我的脑子

里逐渐浮现出石头被弹奏、被点后开始化开的情景。那么怎样让故事变得有趣，让孩子们喜欢呢？根据幼儿的泛灵心理，我们要将石头拟人化，让它变得形象、有趣，《化石》幽灵般的意境，与孩子们喜欢的魔仙形象很吻合。如果这些石头都是活生生的人被施了魔法后的石头雕像，魔仙能通过弹奏法、点指法将他们解救，使他们复活，孩子们一定喜欢。为了创设更有趣生动的故事情境，我选取了幼儿童话故事里孩子们喜欢的一些元素，将故事情景进一步地渲染：在很久很久以前，有位国王有许多位活泼可爱的王子和公主，有一天他们被坏心肠的巫婆用魔法变成了石头雕像，一动也不能动了，国王非常伤心，每天都在想办法解救王子和公主，终于有一天，他感动了天上的魔仙，魔仙有两种神奇的魔法，一种是弹奏法，一种是点指法，音乐里表现的就是魔仙使用弹奏法、点指法解救王子和公主，使雕像复活的故事。故事让孩子们带着积极的情绪进入音乐。

二、给故事配上增加审美流畅性的动作

整个幼儿阶段是感知运动思维阶段。为了降低幼儿的认知难度，我们必须将音乐结合故事，设计成动作，帮助幼儿理解音乐。审美流畅性是在认知负担较轻的情况下产生的，为了降低《化石》音乐的长度对幼儿记忆负担的影响，我们设计了弹奏、点指等手部动作，让幼儿在动作中享受审美的流畅性。

1. 难度的把握让动作更适宜。

根据音乐的结构、节奏来设计动作，节奏难度大的音乐，动作的要求相对就要低；节奏简单的音乐，动作的精准性就要高。如《化石》音乐的A段动作设计，A段音乐由四句结构工整的乐句组成，动作设计为四句弹奏动作。前半乐句由 XX XX X0 | 组成，节奏相对比较简单，要求动作和节奏非常一致，设计为中指食指在身体的一个部位交替按语令"弹弹 弹弹 弹0 |"的节奏做弹奏动作，在最后一个"弹"字的时候手往上抬起表示休止动作；后半乐句由 XX XX X X | X XX 0 | 组成，节奏比较复杂，动作难度就降低要求，在前面弹的时候只要中指食指交替在身体上弹奏，保证在最后一小节按照

语令"弹 弹 弹 0 丨"的节奏做弹奏的动作即可。这样的难度把握让动作更适宜幼儿。

2. 双角色让动作变得生动。

动作的设计上我们要处理好两种角色的关系，让动作变得更加生动，被孩子们喜欢。如案例"化石"的故事有两个角色——魔仙和王子。在准备阶段，我们按照故事情节设计合作动作。根据"王子"被"巫婆"施了魔法后变成石头雕像的情节，做静止造型，"魔仙"用弹奏的手找到"王子"或"公主"的一个部位，并用弹奏法解救。又如在音乐结束的时候需要用拍照留影的方式来表现"王子"被"魔仙"成功解救后的喜悦，设计了合作成功的造型动作。又如在B段，需要做出双角色互动的合作动作，B段音乐有着从密到疏的变化，感觉适合化一化的动作，于是我们将动作设计成"魔仙"用点指法点一点，"王子"的雕像就动一动。如果没有"魔仙"点一点的动作，"王子"动一动的生动性就没有了，而且还很难合拍。"魔仙"通过点指令强拍与音乐的推进、乐感更加突出了。

3. 动静交替减轻动作的负担

在动作的设计上要注意动静交替，在案例"化石"中，我们考虑了变与不变的关系。第一次试教的时候，"王子"的雕像造型是一直不变的，由于考虑孩子长时间保持一种静止的姿势会疲劳，再加上孩子喜欢多变的特点，后来调整成根据A段的乐句变造型，而这个变也遵循孩子的能力特点，只要被弹奏的部位朝任何方向动一下，马上又停住不动就自然变成了新的造型，这样的设计不仅能满足幼儿的好奇心，又能使身体得到较好的放松。在最后的A'段，"魔仙"为了让"王子"赶快从雕像中出来，弹奏得越来越激烈，"王子"也想赶快从雕像中出来，挣扎得越来越厉害。这段是这首音乐的高潮，身体动得非常厉害，在最后一小节讲语令"成功，耶"，在说"成功"的时候静止不动，在说"耶"的时候马上变出合作成功的造型。

三、借助图谱帮助幼儿理解音乐的风格和结构

对于比较长的音乐，我们往往借助图片帮助幼儿理解音乐的风格和结构。案例《化石》乐曲是 ABACA' 结构，比较复杂，为了帮助幼儿进一步理解音乐，以及梳理音乐的结构，我们在活动中运用了简单的图谱。

1. 图谱帮助幼儿理解音乐的风格。

图谱的设计必须与音乐风格以及故事形象非常匹配，才能真正地达到帮助幼儿理解音乐风格的目的。在一开始的时候，我们在教学中给孩子呈现一组图片，根据孩子们的兴趣设计了类似卡通形象米老鼠那样的手，但是这种手的形象与灵动的音乐以及魔仙的形象不符合，在活动中幼儿弹奏的动作就变得不轻盈了，反而有点笨拙，与音乐风格不吻合。后来我们重新调整了图谱，用了一组纤细的手让孩子们在这两组图片中做选择，哪组更像音乐里的魔仙，孩子们说当然是细细、长长的手才像魔仙的手。令人惊讶的是，后来的几次教学活动中，用了纤细的手这组照片后，孩子们弹奏的动作也变得灵巧而活泼。可见图谱与音乐风格、故事人物形象的匹配对于幼儿理解音乐的形象和风格是至关重要的。

2. 借助图谱找出音乐活动的主要动作元素。

对于比较长的音乐，我们可借助图谱帮助幼儿找到音乐活动的主要动作元素。活动一开始，教师让幼儿带着故事倾听乐曲后提问："你听到音乐里魔仙在干什么？"幼儿回答："在弹奏。"教师就马上出示弹奏的图片。教师接着问："音乐里除了魔仙在弹奏，你还听到魔仙在干什么？"幼儿回答："点指。"教师跟着又出示了点指的图片。教师追问："魔仙使用弹奏法、点指法后，王子和公主的雕像开始怎么样了？"（雕像开始复活了。）出示图片。图谱的呈现让孩子们非常清晰地知道这段音乐活动包括三个主要的动作元素：弹奏、点指和复活。

3. 分段欣赏时根据不同乐曲的需要呈现图谱。

在分段欣赏的时候根据每段音乐的需要以不同方式呈现图谱，我们将按照 A、B、C 三段乐曲来阐述。

先探索再呈现图谱

我们先让幼儿探索音乐,再呈现图谱,由于《化石》A段乐曲一共有四句,每一句的结构都很统一。教师先通过肢体动作、语令帮助幼儿理解A段乐句,并随乐句创编身体四个部位的动作,让幼儿探索A段乐曲乐句,然后展开A段四句弹奏图谱。

边听音乐边看教师画图谱

对于比较复杂的音乐,我们就让幼儿一边听音乐一边看教师画图谱,再来分析音乐。例如在欣赏《化石》B段乐曲时就采用了这种方法。B段乐曲有两部分,前面稍慢,后面快,快的旋律是从低到高重复两次,比较复杂。所以让幼儿一边听音乐一边看教师画图谱来帮助幼儿理解音乐。

用红色线条逐步画图示

图谱还提示幼儿动作的先后顺序，如在欣赏 C 段乐曲时，教师先带领幼儿随着音乐让身体动起来，再做四肢动作。然后根据动作在雕像上画简单动作的先后顺序（身体动———一只手动———另一只手动———一只脚动———另一只脚动），不仅提示幼儿动作的先后顺序，同时让孩子从图片上感受到雕像好像真的在复活。

四、减少不必要的探究，让幼儿的兴趣持续

对于比较长的音乐，如在教学过程中经常采用探究的方法，会造成探索时间太长，让幼儿疲劳，而对活动失去兴趣，所以在活动中要减少不必要的探究。案例中，在借助图谱感受乐曲是回旋曲结构这一环节，开始试教的时候，在呈现第二次弹奏和最后一次弹奏的图谱的时候，都与探索 A 段乐曲一样，让幼儿先探索有几句音乐、几次弹奏的音乐有什么不同，再呈现图谱，但是反复的讨论造成了教学进度的拖沓，影响了孩子们参与活动的兴趣。我觉得在这一环节主要是让幼儿讨论动作的先后顺序，以及 A 段出现的次数、A'与 A 的不同就可以了。所以教师直接出示了第二次弹

奏与最后一次弹奏的图谱，让孩子们从图谱中直接观察乐句的句数和颜色的不同。这样就使得环节紧凑，孩子们参与活动的积极性高。

五、遵循够用原则，使幼儿的创编顺利完成

在创编的过程中我们遵循够用原则，以避免过多的创编引起幼儿的疲劳和厌烦。

案例中，教师以够用为原则让幼儿创编随乐句弹奏身体不同部位的动作。教师：除了在手臂上弹奏，还可以在身体的哪些部位弹奏呢？幼儿回答。（胸。）教师哼唱，师幼在胸前做弹奏动作，幼儿接着回答。（腰、腿、屁股。）教师根据幼儿的回答，选择相近的四个部位（手臂、胸、腰、腿）随 A 段音乐弹奏。在这个环节，教师没有让幼儿创编弹奏好多部位的动作，而是以够用为原则，选择了教学需要的相近的部位来弹奏，让幼儿合着音乐顺利完成换部位的弹奏动作。这样的处理都有效地降低了幼儿随乐快速换部位的难度。

综上所述，在幼儿园的音乐教学中，我们首先要从音乐材料的分析入手，音乐中有许多值得我们关注的元素，但对于较为抽象的器乐作品的分析，应该从音乐的结构入手——乐句、乐段、乐章。对于那些较长的音乐材料，我们首先要通过分析音乐的结构，找出音乐中的相同和不同的乐段，根据这些异同来构思活动方案。所以，要想设计一节成功的音乐活动课，并且精彩地呈现出来，教师首先要对音乐材料进行细致的分析，这也是教学设计能够成功实施的重要保证。然后再根据幼儿的认知特点和心理发展规律，循序渐进地设计出活动的实施方案。多年的一线工作，让我不断地总结出各种有效的音乐教学方法，在"化石"活动课的设计和实施的探索中，更让我对古典音乐这种材料有了更深刻的认识，希望能总结出一些有效的活动设计思路与更多的同行分享。

部分内容刊登于全国教育类核心期刊《幼儿教育》2013 年第 4 期。

幼儿园开展韵律活动的多样化评价策略

在新课程背景下，教师逐渐开始更新教学观念，创设以幼儿为主体的教学环境，建构自主、平等、合作的课堂模式，并在日常的工作中积累相关的资料。这样的教学模式和学习模式似乎更适应时代的需求，但很多时候也对教师们提出了极大的挑战：文案资料汗牛充栋，教师如何通过学习资料更好地评价幼儿的行为表现呢？同样，幼儿园在开展韵律活动时，教师也会从一次次的课堂实践和反思中，做进一步的调整。这可以算是初级简单评价，但不足以客观、全面且个性化地对每一位幼儿做出评价。幼儿的智慧和学习能力就像光谱一般，不是单一的某一种颜色，而是多彩的。在这个过程中，教师关注的不是单一的一个活动，而是在活动中或者系列活动中呈现的幼儿的整体状态。因此，在开展韵律活动时，我们更需要一种多元化的思维方式和评价体系，多角度、多方面、多阶段、多主体地评价幼儿的活动行为。

多样化的评价方式强调的是评价与教学的整合，强调的是幼儿的过程性行为表现，强调的是从多个角度评价幼儿的行为表现，以帮助幼儿更好地认识自己，促进幼儿的多元化发展。幼儿园开展韵律活动的多样化评价策略包括四个方面：评价内容多样化、评价阶段多样化、评价形式多样化、评价主体多样化。

一、评价内容多样化

韵律活动评价包含的内容是多样化的，包括韵律活动课程方案、韵律活动课程方案实施过程、韵律活动课程方案的实施效果三方面。第一，在韵律活动课程方案中，要看韵律活动的目标、内容、方法是否合理；第二，在韵律活动课程方案的实施过程中，要看幼儿在音乐活动中的反应、教师的教育态度和行为、师友互动的质量、学习环境的创设和利用等；第三，韵律活动课程方案最终的效果，一般是通过对幼儿的音乐发展评价和综合素质评价来确定的,韵律活动结束之后,从幼儿节奏能力、即兴表演能力及在活动过程中的学习品质等方面进行评价。[①]

类别	描述	评价
活动目标	1.感受歌曲优美的旋律,探索用蝴蝶飞、扇花的动作来表现乐曲。 2.在乐句的句尾创编各种舞蹈,表现花的造型和蝴蝶静止的造型。 3.体验舞蹈的快乐。	把握了音乐的整体结构,同时借助道具扇子,激发其在音乐活动中的创造力,并引导同伴之间互相合作。整个目标从儿童本位出发,关注了儿童在本阶段的学习目标以及学习品质(人格素养),比较全面。
材料准备	1.红、黄、绿色扇子各五把;蝴蝶纱巾数条。 2.音乐:《梁祝》选段。	音乐选择了经典乐曲《梁祝》,旋律优美,并为儿童提供了适合儿童表现的道具扇子和蝴蝶纱巾,教师在道具种类和数量的匹配上,并未局限于一种、一个,而是根据目标决定数量。
自主体验	1.选择自己喜欢表演的角色(蝴蝶或花)。 2.合作利用道具创编各种各样花的造型,创编蝴蝶停在花上的造型。 3.为舞蹈取名字。 4.尝试评价同伴的表演。	教师将主动权交给了儿童,儿童的自主选择道具、自主创编造型、自主取名、和同伴自主合作造型,体现了儿童的自主性。同时在自主体验过程中,教师还关注了儿童之间的互评,引导儿童自我评价和评价他人。
活动流程	让孩子在感受音乐的基础上选择不同的道具,在句尾处创编花和蝴蝶的造型。 第一次活动: 1.主题确定,关于花的道具只提供一种扇子,但孩子可选择不同颜色的扇子。 2.孩子自主创编花的造型,再过渡到合作创编花的造型。 第二次活动: 1.选择不同的适合表现花的道具,在前一次创编经验的基础上创编各种各样花的造型。 2.选择不同的道具,表现蝴蝶、柳树等春天的其他景物。	两次活动各有侧重点,活动中遵循循序渐进的原则,从一人独立造型到多人合作造型。活动之间也体现了层级递进,从选择一个不同颜色的道具到自由选择多个道具,并以前一阶段的创编活动为基础展开下一阶段的活动。这样的过程设计更符合儿童的能力发展水平和规律,引导儿童在元认知基础上迎接新的挑战,积累新的知识经验,完善自身的知识体系。

---

① 王秀萍. 学前儿童经验音乐教育[M]. 合肥:安徽文艺出版社. 2009:132–135

二、评价阶段多样化

幼儿园韵律活动中的评价包含活动前的预估、活动中的观察指导、活动后的反馈三方面。在开展韵律活动之前，教师需进行活动前的预评，包括对幼儿的现有能力或水平、原有经验的评价，以便根据幼儿能力水平的层级展开接下来的教学；活动进行中对幼儿的表现进行观察与指导，关注

大班韵律活动"快乐皮影人"	
评价阶段	具体描述
活动前评价	活动前的评价多为对现有能力及经验的预估。以"快乐皮影人"为例，需要观察幼儿是否具有关于皮影人的知识经验以及皮影人行走和造型的动作经验。 这些经验可以通过参观皮影馆、观看皮影表演或舞蹈视频《俏夕阳》、操纵皮影偶、模仿皮影人走路的动作、观看各种皮影造型并尝试表现各种造型动作等活动获得。
活动中评价	皮影造型环节： 教师：大家看这位小朋友是站着造型的，除了站着造型，皮影人还可以怎么造型？ 幼儿：蹲着。 教师：谁来试试蹲的造型？（一幼儿上来展示蹲的造型。） 教师：大家看他是站着的、他是蹲着的，皮影人的造型有高有低（教师用手势请身体前倾的幼儿留下，另一幼儿回位。） 教师：看，他的造型是身子向前倾的。皮影人除了身体向前造型，还可以怎么造型？ 幼儿：向后/向上/向下。（教师根据幼儿的回答，让他们上来分别展示身子向后、向上、向下的造型，并用夸张的动作加以模仿。） 教师：皮影人造型时身体方向可以是多种多样的。（教师捕捉到一个手臂弯曲向下造型的幼儿。） 教师：瞧他的手臂关节很灵活，是弯曲向下造型的。手臂除了可以向下造型，还可以向什么方向造型？ 幼儿：向上/向前/向后。（教师根据幼儿的回答，做出手臂弯曲向上、向前、向后的造型。）

（续表）

评价阶段	具体描述
活动中评价	教师：除了手臂关节，还可以利用哪些关节变出各种各样的造型？ 幼儿：脚部关节。 教师：我们来试一试。（教师和幼儿摆动脚尖做出向上、向下、向前、向后造型。） 教师：我们还可以利用什么部位的关节造型？ 幼儿：膝盖／脖子／手腕／大胳膊／胯。 　　在引导幼儿探索创编动作时，教师并不是简单地鼓励幼儿编出与他人不一样的动作，而是不断鼓励幼儿按照一定的思路进行创编，使得幼儿初步意识到新旧动作之间的内部联系——新动作是从旧动作中生发出来的。 　　而教师的结论性语言又将幼儿发散生成的各种可能性动作给予了概括。如此，一张有着层次结构、联系较为紧密的动作网络图便在幼儿头脑中逐渐形成了，幼儿将网络上的单个结点（动作）相互联结，便自然形成了一种全新的动作组合。（如：蹲着＋身体前倾＋手臂上举＋脖子前伸＋右脚尖向上。）
活动后评价	在大班"快乐皮影人"活动结束后，幼儿在区域游戏中提出想玩皮影戏。于是教师为孩子们拉了一块长长的布并加上灯光，创设了皮影戏的小舞台。孩子们争先恐后地在幕后面排成一排，随着音乐尽情地表演自己创编的皮影人。他们还自发组成了两个团队，一个是表演队，一个是观众队。观众队里观看表演的孩子们乐得咯咯笑，表演队的小朋友则表演得分外投入，脖子一伸一缩真是太滑稽了，动作更灵活，幅度变得更大更夸张，造型也更丰富了，有高有低，有身体向前、向后、向下的，而且身体的每一个部件都努力变出各种各样的造型。观众队响起了阵阵掌声，孩子们陶醉在自己的表演中，脸上绽放出成功的喜悦。 　　不仅仅在教学活动中和区域游戏中，孩子们爱玩皮影戏，乐此不疲。有些家长和教师反映，孩子在家里也常会聊起皮影人，还表演给家人看。有些家长谈到，在和孩子逛河坊街的时候，小朋友看到皮影戏非常激动，而且还对河坊街上其他的技艺充满了好奇。于是，在"快乐皮影人"活动结束后，一场"寻访非物质文化遗产"之旅开始了。孩子们更加深入地了解了皮影戏，还探寻了木偶戏、刺绣、剪纸、印染等传统技艺。

幼儿在活动中的坚持性、专注力；韵律活动之后要进行反馈，要对幼儿能力水平的提升及幼儿学习品质进行评价。

三、评价方式多样化

第一，等级量表评价。指用数字或等级的形式来评价幼儿，一般只限于对特殊技能、具体指示的评定，如对儿童节奏能力的评定、对儿童即兴表演能力的评价等。第二，表现性评价。在真实的韵律活动情境中，根据幼儿在完成韵律活动时的表现而进行的评价。第三，档案夹评价。档案夹也由三部分组成，首先由幼儿自主选择出最好的或最喜欢的作品；其次，由家长或教师用文字记录每件入选作品入选的理由，或用录音的方式记录；最后，幼儿自己或他人欣赏档案夹作品后，提出建议并表达感想。对于幼儿平时表演的韵律活动，需要教师经常录像，并让幼儿观看录像并选择自己觉得好的作品，还可以利用幼儿参加文艺演出时的录音录像、展示自己特长的录音录像等进行评价活动。例如在大班毕业季活动中，经常会组织幼儿才艺分享活动，幼儿会将自己在幼儿园积累的韵律活动表演给大家看并进行录制，然后大家共同观看视频，请每一位幼儿选出自己最喜欢的韵律活动，并听取同伴的建议，将改过的作品放到个人成长档案里。

四、评价主体多样化

韵律活动课程评价的主体主要是教师与幼儿。对教师来说，评价的过程需要教师运用音乐与教育心理学的专业知识来审视韵律活动课程方案及韵律活动实施过程，发现、分析、研究、解决音乐课程的问题，同时也是教师专业化成长的重要途径。幼儿园韵律活动课程评价需要充分发挥教师作为评价主体的作用，以教师为自评主体，园长、其他教师和专家参与评价，组成一个平等互助的学习共同体，一起改进音乐课程方案，促进幼儿的音乐发展。此外，幼儿是音乐课程评价的重要参与者，他们是评价的主体，幼儿的音乐行为反应与发展变化是韵律活动评价的重要信息与依据，是韵律活动课程方案是否成功的核心指标。①

评价主体	评价描述	评价效果
教师评价	"你的鼓面大大的，敲起来一定很方便！" "他的鼓面绷得紧紧的！" "音乐变快了，你们也敲得那么好，给自己鼓鼓掌！"	幼儿的自我评价尚处于"他评"阶段，非常容易受到幼儿心目中的权威人士——教师评价的影响。当幼儿在活动中付出努力后，教师要积极地进行具体的评价，让幼儿认为自己是能行的，从而大大地激发幼儿参与活动的积极性。

参考文献：

［1］王春燕．幼儿园课程概论．北京：高等教育出版社［M］．2007:76-79.

［2］李春良，张莉．大班幼儿判断游戏活动的依据——基于儿童视角的研究［J］学前教育研究．2017（5）：33.

［3］王秀萍．学前儿童经验音乐教育［M］．合肥：安徽文艺出版社．2009:132-135.

［4］张亚妮，程秀兰．基于"学习故事"的行动研究对幼儿园教师实践智慧生成与发展的影响［J］．学前教育研究．2016（6）:51.

［8］许卓娅．学前儿童音乐教育［M］．北京：人民教育出版社．1996.

---

① 王秀萍．学前儿童经验音乐教育［M］．合肥：安徽文艺出版社．2009：132-135

浅析韵律活动中幼儿自我效能感提升策略
——以大班韵律活动"敲敲乐"为例

【摘要】提升幼儿自我效能感是激活与促进幼儿学习动机的关键所在,影响幼儿自我效能感的因素主要有亲身获得成就、替代性经验、他人评价、情绪唤醒等几个方面,本文以大班音乐活动"敲敲乐"为例,探讨韵律活动中幼儿自我效能感的提升策略,如选择适合幼儿实际水平的教学任务、设计循序渐进的活动环节、适时提供高级榜样、采用积极丰富的评价形式等。

【关键词】韵律活动;幼儿自我效能感;提升策略

用协调的身体动作表现音乐的韵律是幼儿表达音乐的一种很重要的手段,这一点被越来越多的幼儿教师所认可。近年来,幼儿园音乐教学中韵律活动所占的比重有明显增加的趋势。但是由于动作协调性本身对幼儿来说是需要通过许多练习和经验才能逐渐养成的能力,因此,韵律活动中幼儿必须要在动作协调的同时和音乐的节奏、韵律和谐才能达到最好的效果。长期以来,在幼儿韵律活动的教学中,教师通常把现成的作品教给幼儿,教师比较重视的是技能技巧的训练,教学活动中所要完成的认知目标比较复杂,这样在韵律活动中往往会出现幼儿的动作表达和对音乐的感受顾此失彼的情况。教师和孩子在教学活动中往往比较紧张,在繁重的学习任务中,孩子们逐渐失去了原本音乐会给大家带来的乐趣。如何让孩子们能自如地用动作表达对音乐的理解,在音乐中获得较为充分的自我满足感呢?我们不得不承认——目前幼儿园的韵律活动缺失了对幼儿自我效能感[①]的培养。众所周知,在教学活动中自我效能感不仅左右着幼儿当下对音乐活动的兴趣、选择、表现和感受,也影响着幼儿潜能的发挥、自信心等个性品质及身心健康水平的发展,既是幼儿学习音乐的动力系统,又决定着幼儿在音

---

① 自我效能感由美国社会心理学家班杜拉提出,他把自我效能感定义为"对产生一定结果所需要的组织和执行行为过程的能力的信念"。自我效能感对幼儿的行为过程有着极为重要的影响,它可以影响幼儿对活动任务的选择,影响幼儿在困难条件下对活动的坚持性和努力程度,还会影响到最终的学习成就,自我效能感也同时影响着幼儿的思维模式和情感反应模式,进而影响新行为的习得和习得行为的表现。

乐学习过程中的快乐满足程度，是幼儿在音乐教学活动中所不可或缺的一种关键经验。

例如在韵律活动"敲敲乐"的观摩教学中，教师选用了富有民间特色的舞蹈《蕲竹舞》的音乐材料来组织韵律活动。为了能帮助幼儿更好地理解音乐，提高幼儿对音乐的兴趣，教师希望幼儿使用两根竹棍合着音乐创编动作。在活动中，当孩子表现的动作没有像教师所期望的有力量时，教师批评孩子动作做得不到位。练习两遍后，教师请个别孩子上台表演，孩子们都不敢举手。教师只好自己请一位孩子上来表演，只见这位孩子红着脸摇着手说："我还不会！"于是教师让孩子再练习几遍。活动进行一半后，孩子们看上去已经有些疲劳了，一些孩子开始拿竹棍和同伴逗着玩。教师敲小铃整队，教育孩子们要认真学本领。孩子们只好很不情愿地跳舞。当活动即将结束时，一位孩子大声嚷嚷："老师，我的糖！"于是全部的孩子都开始吵着要糖。教师在孩子们的催促下只好当着客人老师的面尴尬地将事先准备好的糖分给每一位小朋友做奖励。该案例中出现的情况在幼儿园韵律活动中经常会遇到，孩子不喜欢教师预设的动作，用动作表现音乐的经验不足，导致教学中出现尴尬的局面，让老师们感到颇为头疼。在这种情况下，教师往往希望通过用外在的奖励来激发幼儿的学习动机，但是始终不能激活与维持幼儿参与活动的积极性，由于活动设计缺失幼儿的自我效能感的培养，那些"小礼物"式的激励并没有产生教师预期的效果。那么，怎样才能让孩子既能在老师的引导下主动地用动作表达对音乐的理解，又能充分享受音乐带来的快乐呢？这便是教师们常常遇到的"两难"问题。笔者认为究其根源，就是在韵律活动中我们没有考虑到教学设计是否符合孩子的需要，忽略了学习主体自我效能感的培养。笔者在对上述活动的改进尝试中获得了一些经验，下面将通过调整后的"敲敲乐"的案例来谈韵律中幼儿自我效能感的提升策略，以期和同行们分享。

一、课前准备——选择适合幼儿实际水平的教学任务

在教学活动中，如果教学内容过难或教学程序设计不够合理，都会造成幼儿精神涣散、退缩或过度兴奋。因此，教师要根据幼儿的实际水平来制定教学任务，对于韵律活动首先要有合适的音乐以及还源于孩子生活经验和兴趣的动作和故事。

1. 适合幼儿认知特点的音乐材料是教学成功的基础。

设计韵律活动首先要对音乐材料进行选择。教师既要考虑作品是否符合教育的要求，又要考虑幼儿感知、理解音乐的实际水平，为幼儿选择节奏清晰、结构工整、形象鲜明的音乐。如果材料是器乐曲，还要考虑结构是否单纯、长度是否适中的问题。"敲敲乐"的音乐选自民间舞蹈《蕲竹舞》，这个音乐作品有五分钟长，速度快，结构为：引子—A—过渡—BCD—A—尾声。无论在长度上、速度上还是结构上都不符合上述要求。笔者通过截选、压缩、粘贴和放慢速度，将之改编为 AB 结构，并使 AB 两段乐曲具有鲜明的对比。其中 A 段旋律非常活泼欢快，B 段旋律强烈、富有震撼力。B 段音乐的乐句为 a+b 结构，并以对答句的形式呈现，前半乐句（a）有旋律，后半乐句（b）仅由排鼓按 XXXX XX | XXXX X | 的节奏型演奏。这样的调整不仅能让幼儿非常明显地区分 AB 两段乐曲，而且能够较明显地听出 B 段有旋律部分作造型，排鼓节奏型演奏做敲击动作。这样就使音乐材料为幼儿的表达、表现提供了自由空间和秩序保证。

在对音乐材料进行加工的过程中，笔者体会到，幼儿园的音乐活动不一定非要忠实于原本的音乐作品，而应该把音乐作品看作是帮助幼儿获得身心发展的材料，音乐活动不单是教音乐，还是为孩子更好地获得音乐经验、从音乐中得到乐趣、获得审美体验。所以音乐材料应根据幼儿的认知特点来修改。如果不能理解音乐教育的终极目标是为了儿童的发展，仅仅让幼儿学会几个动作或听一些名曲，这些最终也会随着时间的推移逐渐在幼儿的心中褪色，甚至被遗忘。

2. 设计还原幼儿经验的动作。

为了能降低幼儿的学习难度,教师设计的动作应该与幼儿原有的生活经验相匹配。对此,笔者将活动设计成三个层次,第一层次先不使用竹棍道具,而是为幼儿提供一个简单的故事情境,让幼儿使用手掌做造型,掌握击掌敲击的动作,完成音乐与自身动作的协调;两周后,当幼儿对音乐非常熟悉,动作非常熟练,而且已经有了使用竹棍的经验后,再进行第二层次的活动,在该层次的活动中,我们创设了用一根竹棍进行造型、敲击的比赛情境,重点探索使用一根竹棍进行造型、合作敲击的动作,完成用竹棍进行演奏;在第三层次活动中,我们创设用两根竹棍进行造型、敲击的比赛情境,重点探索用两根竹棍进行造型、敲击的各种动作,最后加上队形,增加音乐长度,最终完成完整的竹棍舞。在这个环节中,最重要的是教师要根据音乐的结构,结合孩子的生活经验来设计教学的步骤。特别是设计上要循序渐进,充分考虑到孩子的认知规律,让幼儿能够从容地听音乐做动作,自然孩子就会喜欢也愿意尝试,而教师应该根据教学实际对教学内容进行"升级"或"降级"。

二、设计循序渐进的活动环节是活动成功的保证

活动设计要遵循循序渐进的原则,从易到难,由浅入深;动作的设计要符合幼儿身体发展的特征,一般需要遵循从上肢到下肢,同时兼顾动作的动静交替。教师设计的每一个环节都应处于幼儿的最近发展区内,给幼儿适宜的认知挑战,让幼儿体验成长的快乐,增强幼儿的自信心。例如:首先请幼儿探索一个以手做鼓,面向不同方位的造型动作,通过观察、模仿、学习、弄清楚动作,完成左右手的互动。接着让孩子迁移经验,创编两个鼓面的造型动作,并创设问题情境:"两只手当鼓面,谁来敲?"完成两两合作做造型、敲鼓。最后让孩子挑战合作变一套鼓,对于大多数孩子来说,合作变一套鼓是有困难的,所以教师有目的地请客人老师和孩子一起合作变鼓,降低学习的难度,这个环节的主要目的是为了激发孩子对下一活动的兴趣。在这样一步一个脚印的活动中,让孩子们深切地体会到每进一步都会获得不同的美好经验,激发孩子们投入全部的热情,认真地和老师一

起游戏、一起成长！

三、给予幼儿明确的任务是完成教学预设的保障

给予幼儿明确的任务意识，才能让幼儿清楚任务的标准，比较顺利地完成任务，体验成功的快乐，从而提升自我效能感。在活动过程中，教师需要讲明白基本动作，让幼儿清楚动作的任务标准，很好地完成动作。例如：教师通过提问来帮助幼儿明确观察、学习的任务。即让幼儿明确：（1）教师一共造型四次；（2）教师每次的造型都不一样。（3）前三次动作变化的频率快，第四次慢。这样，幼儿在观察、模仿、学习动作的过程中，教师不断地引导幼儿，帮助幼儿弄清楚基本动作，并帮助幼儿搞明白动作的标准。

四、适时提供高级榜样，将困难化解于无形之中

在活动中适时地为幼儿提供高级榜样是非常重要的。当幼儿认为他们有能力学习与执行榜样所示范的行为时，他们就会注意榜样，并会影响其自我效能感，即"如果他们能做到，我也能做到"。如在调整后的"敲敲乐"案例中，教师以"够用"为原则让幼儿探索一鼓面向不同方位的造型动作后，选取了上下左右四个方位的动作进行合乐示范，为幼儿提供了高级榜样，让幼儿清楚如何合乐表现一面鼓。在两两合作造型敲击环节中，教师请了一位幼儿来当变形金刚鼓，自己当鼓手，来进行合作敲击，为幼儿如何进行两两合作提供了高级榜样。探索合作表现一套鼓对于大多数幼儿来说非常困难。因此在这个环节教师请了几位幼儿进行合作，表现一套鼓，教师扮演鼓手，为幼儿提供了高级榜样，使幼儿相信自己能够接受挑战，表现一套鼓。所以幼儿非常开心地和客人老师一起挑战合作表现一套鼓的造型动作。

五、积极正确的评价帮助幼儿学会学习

1．教师评价。

幼儿的自我评价尚处于"他评"阶段，非常容易受到幼儿心目中的权威人士——教师评价的影响。当幼儿在活动中付出努力后，教师要积极地进行具体的评价。让幼儿认为自己是能行的，从而大大地激发幼儿参与活动的积极性。

2．同伴评价。

同伴作为幼儿主要的交往对象，其鼓励和建议对幼儿的影响很大，也是幼儿效能信息获得的来源。因此，我们要积极地利用同伴进行评价。幼儿得到同伴们的肯定支持，动作会越来越有力量，参与的热情也会越来越高。显然同伴的积极评价能极大地影响幼儿的自我评价，让幼儿相信自己能行。

3．自我评价。

幼儿的评价虽然还处于"他评阶段"，但教师还是需要在活动中逐渐培养幼儿自我评价能力的形成。当幼儿不能正确评价自己时，教师可以给予帮助。评价过低时，教师需要鼓励；过高时，教师需要提醒。在调整后的案例中，当孩子们能模仿老师完整随乐表现敲击身体和左右手互动敲击后，教师提问："你们觉得自己做得还行吗？"幼儿不答，教师鼓励说："刚才我发现你们做得挺不错！给自己鼓鼓掌！"如在两两合作敲击后，教师问："你们觉得还行吗？"幼儿一起回答说："行！"其实有些幼儿的动作还不能合上音乐。教师就走到不能合上音乐的幼儿面前问："你觉得你刚才合音乐有没有困难？"该幼儿回答："有点合不上。"教师："那你可要提醒自己合上音乐，我相信你一定能行！"幼儿点点头，在第二次合作时该幼儿已经能合上音乐了。经过教师的引导，幼儿逐步能做出正确的评价了。

因此，韵律活动对幼儿音乐能力的培养，不应该仅仅是让幼儿处在被动接受的状态之中，而是要通过严谨的活动设计和正确的评价来提高幼儿的自我效能感，进而影响幼儿新行为的习得和对习得行为的表现。因此，音乐活动中通过严谨的活动设计帮助幼儿获得音乐经验和教师有效的评价是帮助幼儿养成良好音乐学习习惯的关键。其实，音乐只是手段，教育人、

培养人才是目的。我们所面对的不是单纯的音乐课程的教学，而是为幼儿今后的学习打好基础。因此，如果教师在韵律活动中能够长期关注活动内容以及活动过程本身，幼儿的自我效能感会逐步提升，幼儿会相信自己能行，不用发奖励品，幼儿照样喜欢参与活动，这也会有效地促进幼儿健康人格的形成。

总之，作为教师，我们只有更加细致地了解孩子们的合理需要，并努力地使自己的教学设计和实施过程最大限度地满足这些需要，我们才能获得教学成功的快乐！

参考文献：

［1］菲里斯·卫卡特. 动作教学. 南京：南京师范大学出版社，2006.

［2］许卓娅. 韵律活动. 南京：南京师范大学出版社，2002.

［3］许卓娅. 学前儿童艺术教育. 上海：华东师范大学出版社，2008.

［4］皮连生. 教育心理学. 上海：上海教育出版社，2004.

［5］刘小群，王立军. 班图拉的自我效能理论对幼儿教育的启示. 沙洋师范高等专科学校学报，2008.

［6］叶平枝. 师幼关系对幼儿自我效能感的影响. 幼儿教育·教育科学出版社. 2007.

［7］黎文静. 幼儿的自我效能感影响因素综述. 时代教育. 2008.

［8］封蕊. 如何提高幼儿的自我效能感. 教育导刊. 2009.

部分内容刊登于《幼儿教育·教育科学版》2012年学前儿童音乐教育研究专刊。

渗透社会性的音乐活动的设计与实施
——以"彩虹鱼找朋友"为例

随着《3-6岁儿童学习发展指南》的颁布,对幼儿学习品质及人格品质的培养越来越受到关注,许卓娅教授引领的音乐教学研究团队很早就开始关注幼儿人格品质培养的价值。但是全国大多数一线教师才刚刚开始尝试,还不清楚这个理念。我们名师工作坊来自全区16所不同幼儿园的骨干成员教师虽然对音乐教学都有一定的研究,但对于渗透人格品质的音乐活动并不十分清楚,那么如何让成员教师们明晰在集体音乐活动中渗透人格品质的培养便是我这段时间一直思考的问题。我想我应该从成员班级儿童缺失的人格品质问题出发,让成员们共同参与活动的设计,优化完善活动,通过榜样的示范引发大家的兴趣,并通过人人参与实践进行内化,激发成员们可持续的参与实施渗透人格品质培养的音乐活动的教学热情。

一、活动设计阶段

渗透人格素养培养的活动,应该体现在幼儿一日活动的各个环节中。同时我们也在思考,如何在一个活动中有目的地基于幼儿的某一阶段年龄特点以及发展需要,有针对性地进行人格品质培养。于是我让成员了解自己班级儿童中存在的一些问题,以及亟需提升的人格品质。我们大多数的骨干成员现担任中班的班主任,有许多都谈到在中班上学期,幼儿还不懂得分享、不懂得与人交往,因此需要提升孩子的交往能力。于是我们决定聚焦交往能力的培养来设计中班的一个集体音乐教学活动。

(一)选择提升交往品质的故事情境

以往设计音乐活动时,我们会先选择音乐作品,而对于渗透人格品质的音乐活动,我们首先要选择渗透人格品质的故事,通过故事中隐藏着人格素养培养的价值,一些经典的童话故事和绘本故事中的情境能够更好地激发幼儿的学习愿望，并让孩子从中体验真、善、美，培养幼儿良好的人格品质。于是我们组织了一次"交往故事大搜索"的活动，让成员老师们从绘本、动画片、电影、电视故事、舞台剧等经典儿童故事中，选择贴近幼儿生活经验、趣味性强、便于儿童表现，又隐含交往品质目标的故事。于是成员们纷纷通过上网搜索、去绘本馆查找等途径寻找合适的故事。每一位成员找到故事后，我们聚在一起，大家分别来体验并表演每一个故事情境。大家寻找的每一个故事都藏着深刻的教育价值，但如何针对中班孩子缺少交往的技能，还不会与同伴分享的这一特点，并能在集体教学单位时间内找到适合的情节片断，抓住主要的情境进行教学，显得尤为重要。大家通过讨论觉得"彩虹鱼送鳞片"的情境比较适合，但还需要进一步根据幼儿的学习特点及心理变化过程，调整并完善原有的故事情节，使故事更富有强烈的戏剧性冲突。通过大家的智慧碰撞，集思广益，最后我们把故事情境完善成：彩虹鱼想找小鱼玩，可是小鱼希望彩虹鱼送鳞片给它，彩虹鱼不给，小鱼不跟它做朋友，故事中小鱼不断地想办法让彩虹鱼送鳞片给它，从一开始着急地说"给我给我"，到有礼貌地说"请给吧朋友"，再到很有礼貌地说"请给吧朋友，谢谢"；彩虹鱼在不断地想办法让小鱼跟它做游戏，从一开始傲气地说"不给不给"，到考验小鱼用蒙眼猜同伴声音的方法，送小鱼小鳞片。到快乐地分享美丽的鳞片和小鱼一起游戏。故事优化后，大家共同体验故事情境，成员们发现这样的情境不仅能让幼儿紧紧地关注故事情节的一步步发展，体验角色的复杂心理，使活动更具有张力，能让幼儿持续地保持专注，同时也使故事主题更加明确，内涵更深刻。

（二）选编符合幼儿年龄特点的音乐材料

1. 选择与故事情节非常吻合的音乐作品。

在音乐活动中，我们要关注音乐学习的关键经验，而中班的孩子要更加关注将学融合到玩中。只有将音乐的关键经验准确地渗透到匹配的故事情境中，才能让孩子在玩的故事情境中自然习得知识。所以我们要选择与故事的结构、角色相匹配且和谐的音乐材料。可以选用传统歌曲、流行乐曲、民间乐曲或经典名曲。于是成员们开始大量寻找音乐作品,由于成员们都是爱好音乐的教学骨干,很快一首传统的歌曲《鱼儿好朋友》进入了我们的视野。它的歌词与彩虹鱼的情境非常相似,歌词第一段一条鱼孤孤单单,第二段两条鱼摇摇尾巴,第三段三条鱼快快乐乐,最后许多鱼转个圈儿。和彩虹鱼先不分鳞片给小鱼,一条鱼孤孤单单,到分给一条小鱼鳞片后,两条鱼摇摇尾巴,到分给第二条鱼鳞片后,三条鱼快快乐乐,再到许多鱼转个圈儿,故事的情境就像为这首曲子创设的,这首曲子也更像是专门为这个故事情境写的,非常吻合。故事情境丰富并增加了歌曲的情趣和内涵,歌曲又为故事绘本增加了审美享受和快乐体验。

2. 选择简单的旋律,改编方便记忆的歌词。

我们要让幼儿将更多的精力投入到活动过程的情绪体验中,在不断体验的过程中获得音乐的关键经验和交往经验。所以我们选择的歌曲旋律要简单,歌词也要方便记忆。《鱼儿好朋友》音乐旋律简单,但歌词稍显复杂:一条鱼,水里游,孤孤单单在发愁;两条鱼,水里游,摇摇尾巴点点头;三条鱼,水里游,快快乐乐找朋友;许多鱼,水里游,转个圈儿做朋友。我们将歌词改编得既简单又更加符合找朋友的情境:一条鱼,游呀游,孤孤单单找朋友;两条鱼,游呀游,摇摇尾巴找朋友;三条鱼,游呀游,快快乐乐找朋友;许多鱼,游呀游,转个圈儿做朋友。孩子们在故事的情境中理解并记住了歌词。

3. 设计适合本阶段幼儿对话的念白。

针对中班幼儿还不懂得与人交往这一特点,我们引导孩子在歌曲结束后使用礼貌用语进行角色对话。音乐活动中的角色对话,应该与音乐合拍,所以要将角色对话自然地融入本歌曲的4/4节拍中。设计的念白不仅要符合本阶段幼儿的对话特点,还要符合角色情境。一开始设计的念白为:小鱼:给我吧好吗丨;彩虹鱼:给你 给你 0 0 丨;小鱼:谢谢 谢谢 0 0 丨。我们选择了中班能力强、一般、弱的几个孩子先尝试了一下角色念白,看看设计是否合适。我们发现幼儿总是不能做到等教师(彩虹鱼)说完"给你 给你",等待两空拍后再说"谢谢 谢谢"!而总是在教师(彩虹鱼)说完"给你 给你"马上接"谢谢 谢谢",反复练习也没有用,我们就调整成:给我

吧 好 吗 | 给你 给你 谢谢 谢谢 |。这样调整设计的念白既符合中班年龄段幼儿的对话特点，又符合角色情境，还符合4/4拍的节奏，也不会让间奏处的念白显得太冗长、太拖沓。

乐谱

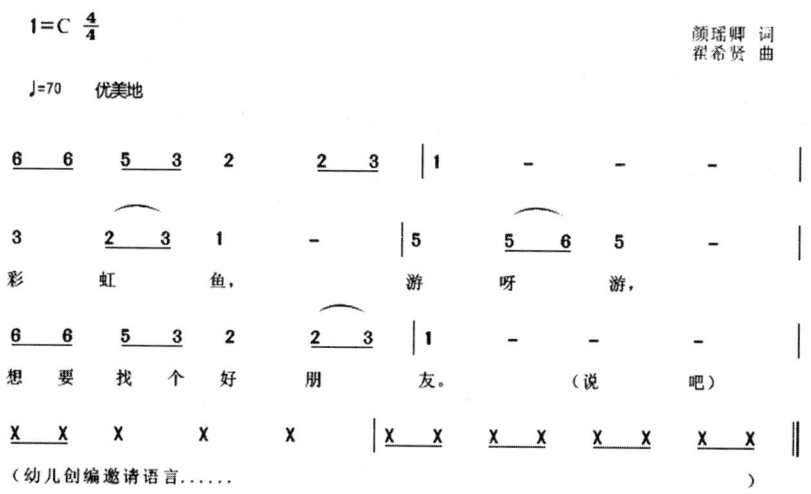

（三）设计融入礼貌交往理念的教学环节

幼儿的经验是在每一个教学环节的体验过程中逐步积累的，所以设计融入人格素养的教学环节显得尤为重要。在"彩虹鱼找朋友"的活动中，我们将礼貌交往用语融入许多环节的设计中。在"学唱歌曲"的环节后面，我们加入了"彩虹鱼想找小鱼做朋友，可当小鱼向彩虹鱼要鳞片时，彩虹鱼却不愿意分享鳞片"的戏剧性矛盾冲突。这时，孩子们通过扮演小鱼的角色，反思交往语言是否有礼貌，于是进入了"角色对话、创编念白"的环节。当小朋友扮演小鱼创编有礼貌的邀请语言时，彩虹鱼反思：如果不分享鳞片就要独自游玩，很孤单。怎样既让小鱼和自己玩，又只要分享几个小小的鳞片呢？于是彩虹鱼想出了让小鱼猜同伴的声音（小鱼说有礼貌的邀请语言）的游戏，将彩色小鳞片奖励给猜对的小鱼，活动进入了"猜出音源、奖励鳞片"的环节；通过猜音源游戏，彩虹鱼觉得原来分享以及和同伴一起游戏是一件很快乐的事。因此，她更乐意将最漂亮的闪光鳞片分享给使用礼貌邀请语言的小鱼，进入到"循环邀请、分享鳞片"环节。当全部的小鱼都得到鳞片后，彩虹鱼与小鱼随着快乐的变奏曲在大海里一起愉快地游戏。在最后的环节中教师引导：你喜欢彩虹鱼吗？如果你是小鱼，你想对彩虹鱼说什么？通过表达肺腑之言，提升了本次活动的价值。在层层推进的游戏环节中，幼儿逐渐感受到彩虹鱼从"不愿意分享"到"奖励他人"最后"乐于分享"的心理过程，并体验"分享是快乐的"教育理念，从而提高会分享、会使用礼貌用语进行交往的能力。

二、优化明晰阶段

（一）第一次试教后，自我反思寻找问题，线上研讨优化材料。

大家对这样的设计充满了期待，成员们怕自己不能驾驭都不敢尝试，于是我勇挑重担，因为工作坊成员来自全区 16 所幼儿园，聚在一起不容易，第一次试教我全程录像，然后回放录像进行自我反思。在第一次试教中，孩子们对活动充满了兴趣，但是学唱还存在一定的难度。虽然词已调整得很简单，但是在间奏处需要让幼儿使用有礼貌的交往语言进行合拍念白，对于中班初期的幼儿来说，三段歌词还是有一定难度的，为了减轻幼儿的记忆负担，更好地投入活动，并为幼儿在第 7、8 小节按照节拍学说有礼貌的邀请语言提供更充分的表现空间，我觉得有必要进一步优化音乐材料。于是我通过微信研讨群展开线上研讨，在大家共同讨论下决定按照《鱼儿好朋友》的旋律，根据彩虹鱼找朋友的故事情节创编一段体的歌词：彩虹鱼，游呀游，想要找个好朋友。给我吧，好吗？给你给你，谢谢谢谢！可以进行反复游戏。再次调整后的歌曲更加简短，内容形象有趣，为幼儿使用礼貌交往语言提供了充分的表现空间。

（二）第二次试教后，线上线下观摩研讨，聚焦核心优化策略

1. 线上观摩研讨，三赞三建议。

第二次试教我还是全程录像，然后将视频上传到浙江省教师培训管理平台的精品空间，让所有的成员登入空间，在线上仔细观看，并请每位成员在线上发表三赞三建议（或提出困惑），有的成员觉得教师的着装发型要与鱼的角色相吻合，帮助孩子更好地进入情境。有的老师觉得纱巾虽然漂亮，但是影响了孩子的动作表现，换成不干胶亮片鳞片更合适。更多的老师提出对于礼貌交往语言念白的困惑：如何让孩子进行念白？如何让孩子在音乐里准确地合拍念白？能否让孩子自主创编合拍的念白？等等。我将每位成员提出的亮点、建议、困惑进行了梳理，找到共性的问题，聚焦一个核心话题"音乐活动中礼貌交往语言念白的支持策略"，在线下进行集体研讨。其实在进行渗透人格品质培养的音乐活动中，执教教师往往会关注人格品质的培养而忽视了音乐的关键经验和孩子学习的自主性，这需要通过团队研磨共同解决。

2. 聚焦核心话题，线下分组研讨

我们将成员们聚在一起解决大家的共性问题："音乐活动中礼貌交往语言念白的支持策略"。首先通过暖身游戏"彩虹鱼找朋友"带教师进入角色，然后我们以1212报数的形式将成员分成A组和B组，进行以头脑风暴为形式的分组讨论，每一组成员自主推选组长，取好队名，再由组长进行研讨任务分配，10分钟后派代表交流研讨结果。

A组（Rainbow队）讨论的结果：

引导幼儿合拍地进行礼貌交往语言念白，合拍是音乐活动的关键经验，我们要有别于语言活动的角色念白，支持幼儿合拍地进行礼貌交往语言的念白。

策略1：教师示范。教师的鱼游动作按照4/4的节拍进行，给幼儿提供示范。

策略2：幼儿反复合拍练习。幼儿通过模仿、创编等形式巩固合拍鱼游动作，多次体验感受4拍子的鱼游动作及稳定节拍。有了4/4节拍的合拍经验，才能支持幼儿在第7、8小节合拍地进行礼貌交往语言的角色念白。

策略 3：用提示性语言提醒合拍念白。在第 6 小节的后两拍加上教师的提示性语言（预令）"说吧"，提醒幼儿在第 7 小节顺利地进行合拍念白，教师让孩子一边念白，一边用双手按拍子稳定地拍胸前，帮助幼儿在念白时稳定节拍。

B 组（多彩泡泡）讨论的结果：

给幼儿提供自主创编礼貌交往念白的空间。活动中教师只使用了自己预设的礼貌交往角色念白：给我吧，好吗？给你给你，谢谢谢谢！歌词的简化给幼儿自主创编礼貌交往念白提供了一定的空间，我们应该支持幼儿自主创编念白。

策略 1：根据幼儿的创编生成礼貌交往念白。教师启发幼儿：小鱼们，我们可以怎样有礼貌地对彩虹鱼说话？根据幼儿的多种回答选取多种合拍的礼貌念白进行角色对话。

策略 2：自由创编合拍的礼貌交往念白进行角色对话。孩子们在前面已经积累了一定的合拍讲礼貌交往语言的经验，在反复邀请环节时，可以让幼儿尝试自由创编合拍的礼貌交往语言进行角色对话。

3. 模拟教学现场，明晰教学活动策略。

我将两组对策进行梳理，并根据线上成员老师提出的建议对活动进行调整优化。活动中既要渗透人格品质的培养又要关注音乐的关键经验，并给幼儿创设一定的自主空间。

那么，这样的策略调整是否合适，我们需要进一步验证。模拟教学现场成为我们很好的快捷检验方式。什么是模拟教学现场？即成员老师来当幼儿，我来当老师，我们对教学的每个环节以不同的角色进行体验，让成员站在幼儿的立场，体验活动中学习的困难。通过体验互动，成员们对提升交往品质的活动"彩虹鱼找朋友"的教学流程已经有了初步的了解。然后我从故事的选择、音乐材料的选择和改编，融入礼貌交往理念的环节设计，以及活动的组织上对活动进行全面分析和解读，让成员老师们进一步明晰如何设计渗透人格品质培养的音乐活动，以及有效的组织策略。

根据第一、第二次试教研讨，我们对渗透人格品质培养的音乐材料不断地进行调整，组织策略不断地进行优化和完善。

三、实践提升阶段

通过教学前准备以及几次试教后的线上线下研讨，成员们对"彩虹鱼找朋友"的活动设计及组织策略越来越明晰，但知道了不等于会做，做了不等于熟练。成员们一定要通过自己在教学中的反复实践才能进一步深入了解并内化教学活动设计的内涵及组织策略。

（一）助力高级榜样成员，让其他成员树立教学实践的信心

适时地提供高级榜样是非常重要的。当成员老师们认为身边的榜样能做到，会影响其自我效能感，认为自己也能做到。所以为了让成员能够对渗透礼貌交往品质学习的"彩虹鱼找朋友"教学实践活动产生兴趣，团队中的高级榜样陈波老师自告奋勇地进行教学实践尝试。陈波老师先通过录下自己的试教过程，进行自我反思，对教学过程中出现的自己不能解决的问题与我进行线上一对一的沟通，碰到很难解决的问题，我会在线上观看她的试教视频片段，进行诊断，寻找问题的根源，一起分析，一起解决问题。当成员们看到陈波老师在现场教学中能够很好地与孩子互动，看到孩子们积极投入到游戏的情境中，积极地创编礼貌交往语言进行角色对话，看到孩子们和同伴老师的快乐成长，成员们对实践"彩虹鱼找朋友"产生了的浓厚兴趣，都想亲自尝试实践。

（二）自主结伴互助反思，在教学实践中体验成功的快乐

同伴作为成员教师最主要的交往对象，其鼓励和建议会对成员教师产生深远的影响，也是成员教师效能信息获得的来源。我让距离较近的成员进行自主结伴，共同进行试教研讨、同伴诊断、互助反思。在这一轮试教过程中，因为没有更多的成员在现场观摩，会减少很多的压力，同样对自己班级及自己幼儿园的孩子比较了解，活动环节已经清楚，只要针对活动现场进行微调就可以了，所以成员们大胆地进行尝试，通过与同伴的互助，不断地优化完善教学活动，同时也在发现同伴的亮点和问题时更加明晰活

动和自己应该注意的问题。所以我从试教视频中看到了每一位成员与孩子之间的快乐互动,和孩子们在活动中的收获。成员们也在教学实践中体验到了成功的快乐,有些成员甚至主动提出向大家进行教学展示。

(三)搭建各种平台,激发内在可持续的教学热情。

成员们有了展示的需要,我们就要积极地为她们搭建平台。我为成员们搭建了不同层级的展示平台,有片级展示平台、区级90课时培训平台、市级中职课中课研讨平台、国培项目培训平台、全国音乐研讨会平台,不同平台的创设,满足不同层次水平的成员教师自主选择展示的需要。不同层级的异地展示需要成员们去了解不同地域、不同班级孩子的经验水平,思考如何基于不同层次儿童的经验水平,设计不同层次的猜音源游戏来引导支持儿童学习,使教师在教学现场能灵活地组织适宜不同水平儿童挑战的游戏。同时通过观摩教师的高度评价,让成员教师们体验成功的快乐,并让他们根据自身的条件挑战适宜的平台,一级一级地进行展示,体会挑战与成功的激动,激发内在可持续的教学热情。"彩虹鱼找朋友"的活动设计获得了全国第十届幼儿园音乐研讨会一等奖,成员们在大会上分享了活动和设计理念。团队收获成长的喜悦,将会不断帮助我们树立信心,设计并实施更多渗透人格品质培养的音乐活动,使渗透人格品质培养的音乐活动落地并不断地开花。

刊登于全国教育类核心期刊《幼儿教育》2017年第6期。

推进微型戏剧游戏设计与实施的有效教研

【摘要】微型戏剧游戏是许卓娅教授团队在长期从事幼儿园音乐教学研究的过程中自创的概念,是能够很好地融合人格素养价值和游戏情境的载体。为了更好地贯彻落实《幼儿园教育指导纲要》和《3-6岁儿童学习发展指南》的精神,实现玩中学以及音乐教学的游戏化,培养幼儿的学习品质和人格品质,我们带领团队教师进行微型戏剧游戏的设计与实施的实践研究,通过主体唤醒,激发团队教师参与微型戏剧游戏实践研究的热情;多种途径全方位引领成员提升微型戏剧游戏的教学理念、实践技能;循序渐进,一步一个台阶引领教师内化教学活动流程设计;聚焦核心,推进微型戏剧游戏深入有效的教研。

【关键词】微型戏剧游戏;设计;有效;教研

为了更好地贯彻《幼儿园教育指导纲要》(以下简称"纲要")和《3-6岁儿童学习发展指南》(以下简称"指南")的精神,实现玩中学以及各领域教学游戏化,培养幼儿的学习品质和人格品质,我们对微型戏剧游戏[①]进行了实践与探索,我们发现戏剧是一种能够很好地融合人格素养价值和幼儿游戏情境的载体,而微型戏剧由于容量较小,可以更加方便地应用于音乐活动的创作。我的名师工作坊团队的成员虽然均是区内各幼儿园具备音乐素养的老师,但是由于近几年对自主游戏研究较多,对集体教学情境中的游戏化教学实践较少,对微型戏剧游戏更是了解甚少,如何激发成员教师参与微型戏剧游戏实践的热情,提升戏剧教学理念和教学实践技能,内化教学流程的设计,是我们思考的问题。

---

① 微型戏剧游戏是许卓娅教授团队在长期从事幼儿园音乐教学研究的过程中自创的概念,其内涵起源于对音乐教学的情境化和游戏化的思考。其实情境化本身也是游戏化的策略之一,情境化正好与戏剧的情境创设以及角色扮演相吻合。于是在"情境教学"向"主题课程"转型、从"剧的学科教育"向"全人教育"转型的过程中,"微型戏剧游戏"这个概念便诞生了。

一、"主体唤醒",激发团队教师参与微型戏剧游戏实践研究的热情

我们认为唤醒主体意识,激发成员教师参与微型戏剧游戏的热情非常重要,这样才能真正使教师们拥有参与研究的内在动机。

(一)专家进行微型戏剧游戏互动体验式活动,使教师对微型戏剧游戏产生浓郁的兴趣

为了引发成员教师们对微型戏剧游戏的兴趣,我们邀请了专家进行微型戏剧游戏的互动体验式培训,王老师以小班故事《小河马的牙》为课例,和老师们做了一次模拟课堂。模拟课堂包括故事阅读、剧本创编、音乐活动和排练演出。王老师以体验式学习的方式,在讲座中抛出了两个问题,让老师们在玩中学习。在这个过程中,老师们理解了王老师口中的"专家外衣""主持采访""墙上角色(画)""建构空间""线索追踪"等策略。这些策略新颖有趣,真正激发了教师的想象力和创造力,展现了戏剧游戏的魅力。在这次学习中,老师们充分感受到体验式教研活动的互动性、趣味性,在享受快乐的同时,也感受到自己的成长。听了王老师的讲座,大家明白了戏剧教育的价值,同时也对微型戏剧游戏产生了浓厚的兴趣。

(二)名师助力团队中的高级榜样成员率先进行微戏剧游戏模仿活动,激发其他成员参与模仿活动的兴趣

为了激发成员模仿微型戏剧游戏活动的兴趣,名师工作坊领衔人选择了团队中的高级榜样陈波老师,率先进行微型戏剧游戏的模仿活动,因为成员教师普遍认为,身边的同伴能做得好,我努力肯定也能做得好。领衔人通过了解陈波老师的教学优势,让她从自己推荐的几个精品活动中选择自己想模仿的活动。陈波老师选择了"三只小猪盖房子"的活动,领衔人和她一起观看视频,整理出教学的主要环节,并及时解答她提出的困惑,多次进行试教研讨,陈波老师通过反思,名师进行诊断,基于孩子的生活经验不断调整完

善活动。陈波老师的活动在浙江省汪劲秋工作室艺术领域研讨活动中得到了专家王秀平的高度评价，并经选拔参加浙江省音乐研讨会的展示活动。这使陈波老师在进行微型戏剧游戏时更加自信，同时也激发了其他成员参与模仿活动的兴趣。

（三）选择经典的微型戏剧游戏，支持教师根据自己的兴趣、特点自主选择模仿活动，体验模仿活动成功的快乐

选择符合成员教师兴趣需要和自身特点的经典微型戏剧游戏活动，有利于他们成功地完成模仿活动。所以我们根据成员教师们的兴趣、特点和优势，选择了三个年龄段各10个精品活动，支持成员教师根据自己的优势和兴趣自主选择模仿。使每一位成员教师通过模仿、研讨，不断地完善教学。在模仿活动中，他们看到孩子们积极投入到游戏情境中，自己的脸上也绽放出幸福的笑容，体验到进行微型戏剧游戏成功的快乐！

（四）搭建各种展示平台，满足不同层次成员展示的需要，使成员体验成功的快乐，激发其内在可持续的教学热情

我们为教师搭建了各种展示平台，比如：区级培训平台、东阳一日专场展示平台、三门90课时培训平台、浙江省百人千场送教平台、平湖名师跟岗实践学习平台、浙江省及全国音乐研讨会平台，全国幼教研讨会平台。通过不同平台的创设，不同层次水平的成员教师在一次次的实践、展示、反思、再实践，再展示的过程中获得教学技能和教学素养的提升，并在一级一级的挑战中获得成功的体验，并持续地保持教学的热情，进入高自我效能感的良性循环中。

二、"多样途径"全方位引领成员提升微型戏剧游戏的教学理念、实践技能

（一）通过多样化的学习平台，了解微型戏剧游戏理念

1．阅读书籍自学

通过微型戏剧游戏活动相关书籍，如《游戏、学习、工作、生活——教师自学手册：微戏剧游戏活动》，学习关于戏剧教育的理论、戏剧游戏化教学的游戏策略，以提升教师和幼儿进行创造性戏剧表演游戏的能力。

2．线上好文推荐

定期在多彩和音精品空间推出许卓娅教授和香港王添强老师关于戏剧教育理念的系列专文；通过多彩和音微信群推荐许卓娅老师关于微型戏剧游戏的最新研究成果；通过多彩和音微信公众号发布坊内最新的研究成果。让成员教师不断地吸收最新的关于微型戏剧游戏的教学理念和成果。

3．借力专业培训

我们组织成员教师参加许卓娅老师组织的音乐教学与戏剧教育培训，借力台湾快乐星猫驻南京的明鼎教育培训机构，邀约戏剧课程专业研究员亲自到工作坊，对我们进行戏剧课程的体验式专题培训，让我们进一步深入了解戏剧教育带给教师和幼儿的快乐体验，以及其深刻的生命教育价值内涵。

（二）通过多样化的课例教研，提升微型戏剧教学的实践技能

1．观摩课例 + 问题诊断

我们主要通过一课多研、同课异构、多人同课循环等教研方式，对课例进行分析及问题诊断，完善教学中微型戏剧游戏的组织策略。比如在"彩虹鱼找朋友"的课例中，第一次观摩研讨时，我们诊断解决了音乐的合拍性问题。在第二次观摩研讨中，我们诊断解决了情境中的出入戏问题。在第三次观摩研讨中，诊断解决了道具纱巾干扰幼儿动作表现的问题。通过

多次诊断、研磨,不断完善教学活动。

2. 教学展示+自我反思

每次从研磨课到展示,每位成员教师一般会经历以下过程:

(1)视频实录,自我反思。录制教学活动视频,活动后自己观看,进行反思,然后进一步观看原创者展示视频的细节,进行自我调整。

(2)结伴展示,互助反思。选择能对这个活动有帮助的或能共同研讨此类活动的同伴,相互展示,相互观摩,共同反思。

(3)现场展示,深刻反思。在展示现场,通过专家或领衔人有理论高度的深度提问,帮助自己进一步进行深刻反思,并对几次教学过程进行全方位思考。

3. 核心议题下的课例研讨

我们会围绕中心议题进行头脑风暴。集体研讨教学活动中的冲突、矛盾、议题,现场讨论,现场解决问题。比如:在微型戏剧游戏中,如何选择匹配的故事与音乐结构;探索在游戏环节中戏剧冲突层层递进的有效策略与方法;如何进行经验准备以及基于幼儿经验活动难度升降级的研讨。

(三)通过多样化的线上研讨拓展微型戏剧游戏教研的深度和广度

由于我们成员教师大都是来自杭州市上城区区内的15所幼儿园,所以每一次聚在一起的时间就弥足珍贵,为了把更多的时间用在现场教学以及必须通过现场教研才能解决的问题上,我们创设了多样化的线上研讨平台。多样化线上研讨有利于领衔人和成员展开一对一的对话研讨、不同兴趣及关注点的教师展开研讨,还拓展了教研的时间和空间以及教研的广度和深度。

1. 微信平台线上研讨

我们通过人人都有的手机微信,创设各种研讨平台。

(1)微信一对一研讨,领衔人与成员进行一对一的互动研讨。如对教学活动中令成员困惑的内容进行一对一的研讨,又如对成员进行的微型戏剧游戏专题研究进行一对一的指导性研讨。

(2)微信临时研讨群。我们在有紧急任务或在几分钟内必须完成对某个核心话题的研讨时,会建立临时微信研讨群进行集体研讨,有时也会选择热心并适合这个话题的成员展开研讨。比如向教研、科研部成员了解有效教研策略等。

（3）借力专家团队研讨群，我们还加入了许卓娅老师建立的克隆共同体研讨群，让模仿推荐活动的教师加入群内，参与团队研讨，吸收不同层面、不同地域的教师对模仿教学活动的好方法和好策略，并抛出自己的困惑共同参与研讨。

2. 网站主题式线上研讨

我们通过借助浙江省汪劲秋名师网络工作室的线上专家解惑平台、颜瑶卿多彩和音精品空间网站进行主题式线上研讨。

（1）线上专家解惑研讨。名师网络工作室的线上专家解惑平台邀请王秀平教授进行歌唱教学游戏化线上答疑活动。

（2）线上聚焦核心话题研讨。在多彩和音精品空间进行聚焦核心话题研讨。如研讨"蝴蝶飞飞"A段音乐如何改编更合适、什么样的戏剧故事情节更适合等等。

（3）教学现场线上同步教研。如针对某个现场5个教学活动，我们把教学活动设计提前上传到精品空间，教师们通过手机提前熟悉教案，在教学转换时间，在教学活动设计的评论栏上发表观点和建议，执教教师发表反思。

（4）线上多维度教学研磨。如在现场教学活动结束后，在线上采用6顶思维帽的思考模式，教研团队多维度地进行研讨。

三、循序渐进，一步一个台阶，引领教师内化教学活动流程设计

设计微型戏剧游戏方案时，应该遵循循序渐进的思想，即"故事、动作、音乐和其他"，从易到难依次有空间流程设计、"配合表演流程"设计的合作教学流程、"拆分与叠加流程"、"动作难度提升流程"、"预令流程"设计等，比较复杂。孩子的学习需要一步一个脚印，其实成人的学习也需要一步一个脚印，我们将流程设计的学习大致分成了三个大阶段，每个阶段又分成好多步，让成员教师踏踏实实地努力，循序渐进地去掌握流程设计，

并在学习的过程中体验成长的愉悦，使他们维护和发展自己在进行微型戏剧游戏设计的自我效能感。

第一阶段：模仿学习

1. 整理了解：整理关于微型戏剧游戏教学流程的相关知识。

2. 学习背诵：成员学习并背诵微型戏剧游戏教学流程设计的知识点。

3. 分析经典：成员从微型戏剧教学流程设计的视角，观摩名师经典教学案例，并进行分析。

4. 模拟流程：让成员扮演幼儿，体验流程的递进，让成员站在学习者的角度体验流程设计。

5. 同课模仿：成员通过模仿同一个名师的经典教学案例，不断地实践、反思、调整、内化此活动的流程设计。

6. 一人一课（名师指定）：根据成员的需求，选择适合该成员的经典流程设计的微型戏剧游戏视频供其模仿，并要求成员写出流程。

7. 一人一课（自主选择）：选择经典流程设计的微型戏剧游戏视频供成员模仿，并要求成员写出流程。

第二阶段：诊断调整

1. 观摩视频（名师指定），完善流程。

成员观看不完善的流程设计教学活动视频，进行诊断，并写出完善的流程设计。

2. 同伴支持，完善流程。

与同伴一起，对不完善版本视频的教学活动进行完善，并进行教学实践，每位成员进一步分析流程中存在的问题，团队进行完善，并进行互动式练习。

3. 观摩视频（自主选择），完善流程。

每位成员自主选择感兴趣的不完善版本的视频，进行实践，不断完善流程。

4. 聚焦流程，诊断完善。

通过观摩，对每一位成员的教学活动进行诊断，一个活动聚焦一个流程（如空间流程），通过分析完善流程，进行互动体验式练习。

16个成员16个活动，聚焦不同流程并多次诊断和完善，每个流程多次循环巩固。

第三阶段：创造性设计

1. 音乐＋故事＋动作＋游戏

提供音乐、故事、动作、游戏，让成员自己设计教学流程，并进行教学实践，反思，实践，再反思，不断完善。

（1）演进：分析所提供的音乐、故事、动作和游戏，设计教学活动流程，并进行教学实践，反思，再调整，再实践，不断完善。

（2）反推：观摩打击乐教学活动的第二课时，让成员根据第一环节的韵律，设计第一课时的教学活动流程并进行教学实践，反思，调整，再实践，不断完善。

2. 音乐＋故事＋动作

提供音乐、故事、动作，让成员自己设计教学流程，并进行教学实践，反思，实践，再反思，不断完善。

3. 音乐＋故事

提供音乐、故事，让成员自己设计动作及教学流程，并进行教学实践，反思，实践，再反思，不断完善。

4. 音乐

提供音乐，让成员自己创编故事、动作并设计教学流程，进行教学实践，反思，实践，再反思，不断完善。

5. 完全自主设计

成员自主选择音乐，创编故事、动作并设计教学流程，进行教学实践，反思，实践，再反思，不断完善。

四、"聚焦核心"，实现微型戏剧游戏深入有效的教研

不断激发成员教师们参与微型戏剧游戏的热情，以多样途径全方位地提升理念和教学实践技能，循序渐进地内化教学流程设计。而每一次聚焦核心话题的教研，才是真正推进微型戏剧游戏的有效教研。下面以一个聚焦核心"自我保护价值"的原创微型戏剧游戏"老鼠和猫"的现场教研为例，

说明我们是怎样深入有效地组织每一次教研的。这个教学活动是领衔人聚焦"自我保护教育价值"的原创设计的微型戏剧游戏，成员教师们事先观摩过现场教学，并且在研讨前一天让教师们再一次自主观看现场教学视频。在活动前，领衔人针对自己活动中聚焦的关键核心问题，通过微信平台让教师们深入学习相关知识。如，创造性团体律动总流程、合作教学流程等，以便教师们在研讨时调动相关知识进行运用。研讨活动首先以暖身游戏带领教师进入角色，再通过线上研讨"一赞一建议"、线下梳理亮点和困惑，选择并聚焦其中的一个论点"根据幼儿建立自我保护意识的目标制定的游戏规则是否能根据幼儿的兴趣、需要，进一步调整完善，让游戏环节伴随戏剧冲突层层推进，逐步提升幼儿的自我保护意识"。接下来分两组进行10分钟讨论并将游戏环节重新设计、完善和优化，然后两组分别进行汇报，展示讨论和设计成果，集体对完善的版本进行练习巩固。最后主持人聚焦核心，进行总结提升。下面具体阐述一下教研现场的主要环节。

（一）游戏暖身 进入角色

第一环节，主持人用微型戏剧"老鼠和猫"带领成员们进行音乐暖身游戏。成员教师们在熟悉的音乐、故事、动作中，参与活动的热情被调动起来，一个个都变成了机灵活泼的"小老鼠"和形态各异的"猫"。在一次次的"比威武"情境中，"老鼠"从机智地模仿"猫"做威武动作，到想出各种猛兽的造型，以及最后学猛兽叫声吓跑猫，勇敢地保护了自己，成员教师们感受着音乐和故事带来的审美感动和戏剧情境中渗透的自我保护教育价值的目标。

（二）线上线下 梳理困惑

在这个环节，主持人让每位成员用一分钟的时间，使用手机快速地在微信群"'老鼠和猫'线上研讨"中发表对这个活动的一条建议或困惑，并选出一个亮点。主持人对亮点、建议或困惑进行梳理，教师们主要对音乐的结构、角色的选择、戏剧情境的创设、自我保护价值的渗透、难点前置，以及教师的积极投入与幼儿的参与度方面进行了点评。建议和困惑最主要集中在游戏的设计该如何满足更多孩子喜欢猛兽叫声的需要；如何满足更多孩子参与两种角色扮演的需要；高级榜样出现的时机、幼儿合作造型的时机问题等等。主持人选择并决定就两位老师的建议展开讨论：根据自我保护教育的目标选择了猜音源的游戏，游戏规则是否能根据幼儿的兴趣、需要，进一步调整完善，让游戏环节伴随戏剧冲突层层推进，逐步实现自我保护教育价值。主持人肯定了这个有提升价值的论点，并认为如果做到了这一点也相当于解决了前面大家提出的一些问题。

（三）集体研讨　集思广益

1. 分组讨论，优化游戏设计。

这一环节，成员们分成两组，围绕以上论点进行游戏环节的设计优化。在头脑风暴中，每一组成员自主推选组长，取好队名，再由组长进行研讨任务分配，最后讨论设计游戏，10分钟后呈现游戏玩法，并由一位老师来介绍。

在研讨时，两组成员分别依照不同的思路展开研讨。

第一组的组名为"猫鼠智囊团"，成员教师们将活动中的个人困惑逐条进行罗列和梳理，通过个人发言、小组讨论的方式提出了最适宜解决困惑的方法，并进行游戏环节的再设计：（1）配班老师"猫"在第一遍游戏时出现，这样孩子更加清楚游戏中角色的分配，也能进一步观察猫的表现。（2）第二次游戏，几名幼儿扮演猫进行游戏，巩固游戏中幼儿对于角色的认识。在这一部分，对于配班老师是否需要再次带领，成员们有了不同的意见。在激烈的辩论下，成员们最后达成一致意识：应以幼儿为主体，观察幼儿的游戏行为表现，来确定配班教师是否退出。当幼儿的经验不足以支撑其表现时，配班老师需要再引领；如幼儿的经验丰富，游戏水平比较高，配班老师即可退出。（3）第三次游戏，配班老师退出，多名幼儿扮演猫和老鼠，分角色游戏。成员们通过一遍又一遍的游戏模拟，最终将游戏玩法呈现出来。

第二组的组名为"威武队"，成员教师们则将重点放在了以合作流程的层级递进方式推进游戏环节上。成员们自主分配角色，进行游戏环节的再设计：（1）教师选择一位高级榜样进行对应练习，给全班孩子做一对一示范，提高对游戏的熟悉程度。（2）一位幼儿对一位幼儿（两位高级榜样）进行游戏，进一步提高全体孩子对游戏的兴趣和熟悉度，同时也便于教师观察幼儿是否能明确各自的角色及游戏规则。（3）小部分幼儿两两合作游戏：让全体幼儿熟悉游戏模式，集体参与游戏。（4）幼儿扮演戏剧中两个角色进行游戏。成员们梳理游戏过程，最后选择性地呈现游戏的环节。

2. 分享成果，呈现设计。

经过10分钟的分组研讨，每一组将自己的讨论成果进行汇报，并展示部分设计环节。

第二组自主要求先汇报，重点为以合作流程的层级递进方式推进游戏环节，并选择呈现最后环节：一半幼儿扮演猫在右边排成一排，一半幼儿扮演老鼠在左边排成一排，从有砖头做标识的字的两边出发，合作进行表现；在C段，老鼠们合作变猛兽造型，猫配合做出吓一跳的动作。结尾处全体老鼠一起学猛兽叫声吓跑猫。

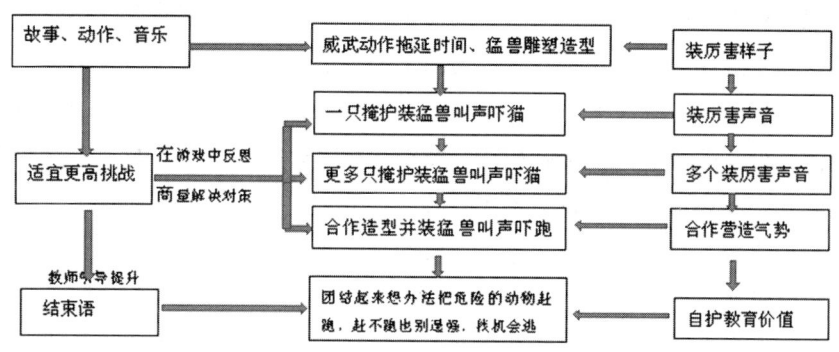

接下来第一组汇报，先梳理概括了组员们的困惑，然后配合以下图表介绍了游戏环节的再设计，进一步介绍游戏环节中配班老师出现和退出的时机，呈现了图表里体现更高挑战的三个环节的设计。（1）高级榜样（配班教师）扮演猫，一位幼儿在音乐结束时发出猛兽的吼叫声，其余幼儿扮演老鼠。猫识破那是老鼠叫，老鼠逃，猫追；没识破，猫逃。（2）3名幼儿当猫，其余幼儿当老鼠，指定多名幼儿发出猛兽的叫声，完整合乐游戏。反思进一步的对策。(3)幼儿自主选择角色，扮演老鼠的幼儿合作做猛兽造型，并一起发出猛兽叫声吓跑猫。

　　成员们的智慧火花不断碰撞，并在主持人的引领下，全体成员对完善版的游戏最后环节进行练习、巩固和强化。团队携手将游戏方法淋漓尽致地呈现，围绕渗透自我保护意识的目标将游戏不断推向高潮。

（四）感恩激励　总结提升

　　在这一环节，主持人真诚地肯定了两组老师的精彩汇报，并感谢两组教师贡献的团队智慧。第一组"猫鼠智囊团"主要是针对总流程的分析，结合情节推进来呈现游戏设计。从游戏前的装厉害的样子→装厉害的声音→装更多厉害的声音→合作营造气势、制造恐怖氛围赶跑猫，到最后引导幼儿的自我保护意识的结束语，提升了幼儿的自我保护意识。第二组"威武队"主要是以合作流程的层级递进方式推进游戏环节。两组的设计都达到了教学要求，不仅满足了孩子参与扮演双角色的需要，又满足了更多孩子想发猛兽叫声的需要，围绕自我保护教育的目标将戏剧冲突安排在游戏中，随着游戏情境的变化将其推向高潮。相信完善后的游戏，孩子更喜欢也更有价值。主持人利用现场输入的 PPT 画面，对聚焦人格素养的微型戏剧游戏设计进行了进一步的梳理：要根据培养人格素养的目标，选择合适的游戏。游戏选定后，我们还要将游戏环节、规则根据儿童的兴趣需要和实现人格素养目标的需要，进行调整和进一步完善，让游戏环节伴随戏剧冲突层层推进，逐步实现提升幼儿人格素养目标。

　　以上是我们名师工作坊一年来推进微型戏剧游戏有效教研的实践研究的阶段性成果，是非常有意义的尝试，希望我们的成果能给大家提供可借鉴的经验。在研究的过程中，我们还存在着许多的困惑，希望得到许卓娅教授的进一步引领，我们将继续努力前行。

参考文献

　　[1] 北京市教育委员会. 幼儿园教育指导纲要（试行）实施细则[M].2003

［2］中华人民共和国教育部. 3—6岁儿童学习与发展指南［M］. 北京：首都师范大学出版社, 2012.

［3］许卓娅. 游戏、学习、工作、生活——创意戏剧课程教师自学手册1：微型戏剧游戏活动［M］. 南京：江苏凤凰少年儿童出版社, 2016.1.

［4］黄瑾. 学前儿童音乐教育(修订版)［M］. 上海：华东师范大学出版社, 2006.P129.

［5］许卓娅. 幼儿园音乐教学游戏化设计［M］. 南京：江苏凤凰教育出版社, 2014.6.

［6］吴庆麟. 教育心理学［M］. 上海：华东师范大学出版社, 2013.12.

从模仿走向原创
——幼儿园原创韵律活动的实践研究

【摘要】本文以时间为线索,记录了笔者成长的三个阶段:首先,"纯模仿"阶段;其次,"改编"阶段,包括对原活动的部分细节进行优化、替换角色调整游戏和组织策略、借助创意重构音乐进行活动设计;最后,"原创"阶段,包括根据作品改编、根据作品演变、根据音乐材料创造。本文结合具体的教学案例,介绍了模仿活动的意义,总结出改编活动的三个策略以及原创活动的三个要素。

【关键词】幼儿园;韵律活动;模仿;原创

2001年《幼儿园教育指导纲要(试行)》(以下简称"新《纲要》")的颁布,更新了现代意义的学前教育理念,同时也使很多的幼儿园教师在执行新《纲要》的过程中,产生了很大的困惑,老师们不知道应该怎样将新的教学理念转化为自己的教学行为,对应该如何教学才能符合新《纲要》的先进教学理念感到迷茫。笔者是一位拥有十多年教学经验的老师,也同样具有这些困惑。在经过很多的培训后,逐渐体验到原来先进的理念并不是遥不可及的,特别是接触了南京师范大学许卓娅教授的幼儿园音乐教学实践研究后,深受启发。笔者在音乐教育实践中不断地挑战自我,从最初的模仿学习到后来的独立创造性学习,经历了一次次教学理念的更新和实践提升,希望笔者的这段成长历程能够为教师们的专业成长提供可借鉴的经验。

一、纯模仿阶段

首先,笔者通过学习、观摩大量的经典教学实录,了解到不同年龄段幼儿园韵律活动的组织形式、基本流程、空间位置安排、重难点的解析,以及在组织教学过程中教师的语令、提问以及回应的策略,同时也让我感悟到将理念转化为自己的教学行为的许多行之有效的策略。但是知道不等于会做，做了不等于熟练，于是我选择了优秀音乐课例，做了模仿学习的教学尝试。在对经典课例的模仿中，我发现在范本课例的教学基本流程和组织策略中，教师十分关注幼儿的经验水平，所以我在模仿尝试中，重点放在了提前熟悉孩子，了解孩子的经验水平，根据幼儿的经验和需要来调整难易程度上。在教学现场，更多地去关注孩子的表现，积极地进行师幼互动。通过对几个活动的完全模仿，我熟悉了针对不同年龄段幼儿选择音乐的标准、课堂教学情绪的调控、教学的方法技巧和策略以及活动设计的内涵。我自己最喜欢也最符合自己教学特点的中班韵律活动"小老鼠和泡泡糖"，在众多活动中被选中，代表上城区去临安参加支教活动，取得了很好的效果，让我体验到了教学成功的快乐。

二、改编阶段

对活动的单纯模仿学习，已经不能满足我对音乐教学的探索，为了能更好地提高自己的教学能力，我对自己提出了新的挑战——在模仿学习的基础上进行适当的改编。

（一）对原活动的部分细节进行优化

例如，原大班活动"小小按摩师"的游戏设计非常有趣，音乐选自《动物狂欢节》终曲。由于乐曲是快速的，幼儿对音乐中第二段与第三段过渡句中的4拍听不清楚，从表现甩手动作转换到捏脸动作显得非常仓促。我在不改变音乐性质的情况下将音乐的速度放慢了一点，改编后的音乐幼儿能清晰地听清楚，并能从容地从甩手动作转换到捏脸动作。这个活动在区教坛新秀教学周中展示，得到了专家的好评。

（二）替换角色，调整游戏和组织策略

为了进一步挑战自己，笔者在中班"小雨和花"教学活动中，将其中的小雨和花变成了与此音乐结构和风格同样适合的蜜蜂和花。由于蜜蜂和小雨的形象很不一样，游戏的组织策略就发生了很大的变化。例如：原活动中小

雨和花的角色互动始终是两位幼儿之间的两两合作,现在在"蜜蜂"和"花"的角色互动中,扮演蜜蜂的幼儿可以自主地选择与多位扮演花的幼儿进行互动,"蜜蜂"可以在每一个乐句找到一朵"花"互动。这样,扮演花朵的幼儿为了吸引扮演蜜蜂的幼儿来采蜜,做出的花造型更加丰富了。但我也发现即便这样的修改,还是会有原来活动的影子。模仿学习的目的是为了让自己也能设计出一些优秀的活动,于是我又尝试了第三种方法。

(三)借助创意,重构音乐和活动设计

根据大班"洗衣机"活动,我有了用身体动作表现洗衣过程的创意。我将原来的流行音乐《洗澡歌》,变成了更加符合洗衣机洗衣服过程的含有模拟按钮声、水声、洗完衣服后嘀嘀嘀声效的全新的音乐"洗衣噜啦啦",重新设计了"洗衣噜啦啦"的活动。活动根据音乐的几个部分,采用了分段欣赏的方法,表现衣服被妈妈放入洗衣机后的各种造型、放水了衣服漂浮起来、衣服转动、甩干、衣服洗好了晾在衣架上的过程。由于音乐和教学方法都与原"洗衣机"活动不同,这个活动设计参加了第五届音乐研讨会教案的评比,并获得了三等奖。"洗衣噜啦啦"的活动没能走上更高的平台,去全国展示,还是因为有原来"洗衣机"活动的影子。虽然有些遗憾,但这一次次的改编让我积累了如何更加深入地解读材料,如何让音乐材料更加适合儿童,如何让音乐与设计的形象更加吻合,如何更科学、更合理地组织一个教学活动等非常宝贵的经验。

三、原创阶段

在学习的过程中,对老师来说最困难的,也许就是独立地选择合适的音乐材料创造和实施新的活动设计。整个历程虽充满了艰辛,但也不断会有挑战自己带来的成就感和快乐感。笔者经过反复的尝试和实践发现:设计一个充满成长快乐体验的原创音乐活动必须首先从儿童的合理需要出发,从教师自己的最近发展区出发。在这个过程中,我主要经历了三个比较典型的阶段,分析原作品样本尝试改编——根据原作品样本逐步演进——根

据音乐材料直接创造。在这个过程中，我不断地通过实践、反思、调整、再实践、再反思……花了几年的时间，读懂了儿童，读懂了教学法，读懂了音乐，真正领悟到了设计优秀音乐活动的规律。

（一）根据作品改编

原创的开始阶段，我有目的地观看了大量各种各样的舞蹈视频和音乐素材，并将他们加入到我的音乐资源库里。考虑到自己是初次原创，就选择资源库里经典的舞蹈作品来进行创作，因为舞蹈作品既有音乐又有动作，只要将它们的音乐和动作改编到适合幼儿的水平，然后再设计成韵律活动相对比较容易操作。韵律活动是幼儿园音乐教育领域中培养和提高幼儿的音乐能力，增强幼儿对音乐美的敏感性，发展幼儿审美能力不可缺少的形式之一，但长期以来，在幼儿韵律活动的教学中，教师更加关注幼儿技能技巧的提高，忽略了幼儿在学习过程中的主动探索能力与创造能力的培养。我以"快乐皮影人"为例，来谈谈对音乐和动作的改编，希望通过对创造性韵律活动的尝试和实践，渗透"人人参与，注重对音乐的体验和感受"这一新的教育理念，为孩子提供更多自主表现的空间，引导孩子积极探索，尝试身体随着旋律自由地、富有个性地做律动动作。

2006年中央电视台春节联欢晚会的节目皮影舞蹈——《俏夕阳》，既吸收了传统艺术元素又整合了现代舞蹈、音乐、灯光等时尚元素，妙趣横生。我很想把这个优秀的艺术形式和作品介绍给孩子们，但原作品《俏夕阳》无论在长度、速度还是结构上都不太适合幼儿进行主动探索、创造性地表现。创造性韵律活动所选择的音乐作品，应该是音乐形象鲜明，结构工整，其音乐元素具有较为明显的对比（如速度、音色、节奏、音区等），以便老师更准确地找到教学目标，有利于幼儿在活动中能随着音乐的变化主动、创造性地进行表达和表现。经过反复研究和斟酌，我对原作品进行了处理，通过删减、压缩和粘贴，将之改编为ABA的结构：A段音乐诙谐有趣，幼儿随乐整齐划一地走皮影步，从而习得皮影舞的元素性动作。B段音乐的乐句为a+b结构，前半乐句（a）有旋律，后半乐句（b）仅由锣及木鱼按 X XX | OX X |的节奏型演奏。动作结构为，a部分创编皮影造型，b部分造

型定格。如此设计为幼儿的创造性表达提供了自由空间和秩序的保证，既使幼儿有比较充分的思考反应时间，也使幼儿获得新奇感和满足感。

（二）根据作品演变

在对原作品进行改编的过程中我发现：虽然我们的音乐和动作经过改编很适合本年龄段幼儿的实际水平，但如果要让每一位幼儿在活动中都能够体验成功的快乐，需要孩子具备大量的知识和动作经验，因为创造是在模仿高度熟练的基础上才能完成的。在丰富幼儿经验的时候我们往往用的是被动接受的方法，因为我们设计的动作往往还不是本阶段幼儿已掌握的动作。如何让幼儿在每一次甚至每一个创造环节中都体验到成功的快乐？首先我们要设计符合幼儿经验的动作，并让我们的活动设计的内容始终处于儿童的最近发展区内。但是在原创时，我们很难判断自己设计的动作和活动流程是否刚好适合幼儿挑战，所以在原创的过程中我们需要不断地实践、反思、调整，再实践、再反思、再调整。在一次偶然的机会中，我欣赏到由一群中学生表演的民间舞蹈《蕲竹舞》，我受此启发设计了大班教学活动"敲敲乐"。下面借大班音乐活动"敲敲乐"演变表来谈原作品《蕲竹舞》的音乐与动作的不断演变过程。

"敲敲乐"演变表

演变阶段	名称	音乐	动作	道具
原作品	蕲竹舞	引子—A—过渡—BCD—A—尾声	手持长竹竿舞蹈（跳、走圆圈和S形），手持双竹棍造型、敲击。	每人有时拿长竹竿，有时拿两根竹棍。
演变1	竹棍舞	ABA A段音乐柔和缓慢； B段强烈且富有震撼力，结构为(a+b) a: 有旋律 b: 排鼓演奏的节奏型，ab为应答句式	A段：双手持竹棍随乐敲击身体不同部位缓慢地走出来（移位）。 B段：单人手持两根竹棍做造型、敲击。 a: 造型； b: 敲击。	每人两根竹棍。

（续表）

演变阶段	名称	音乐	动作	道具
演变2	竹儿响咚咚	ABA A段音乐活泼欢快（为了更加适合幼儿将A柔和的音乐调整为活泼欢快风格）。	A段：手持一根竹棍随乐敲击身体不同部位。 B段：两两手持一根竹棍做造型、敲击。一人在有旋律a造型，一人在节奏型b部分敲击（这样的设计让幼儿有更多思考反应的时间）。	一人一根竹棍。
演变3	鼓儿变变变	AB （为了进一步降低难度将音乐调整成AB结构。）	A段：用手敲击身体的不同部位。 B段：两两合作，用手掌变鼓造型敲击动作。一人在a部分用两只手掌做造型，另一人在b部分用两只手敲击。	无道具徒手（两只手掌变造型、敲击）。
演变4	鼓儿变变变	AB	A段：用手敲击身体的不同部位。 B段：幼儿单人完成用手掌变鼓造型和敲击动作，幼儿在a部分用一只手掌变鼓造型，在b部分用另一手进行敲击。	无道具徒手（一只手掌做造型、另一手掌敲击）。

在第一次的改编中，教师将音乐和动作进行了简化，并减去了原先的队形和长竹竿道具，将音乐变成了ABA结构，并使AB两段音乐具有鲜明的对比效果，A段音乐柔和，B段音乐强烈且富有震撼力，A段音乐动作设计成幼儿手持两根竹棍敲击身体不同部位缓慢地走出来，播放B段音乐时，让幼儿仅仅使用两根竹棍做造型、敲击。但是在试教的过程中笔者发现音乐虽然对比强烈，可是这样柔和的音乐不被幼儿喜欢，就再一次将A段音乐改换成原作品中比较活泼欢快的音乐。拿两根竹棍对幼儿来说还是太难，就减掉一根竹棍，手拿一根竹棍做敲击动作。第二次试教时，我发现幼儿虽然喜欢音

乐了，但音乐偏长，对幼儿来说还是有难度，就进一步将音乐调整成 AB 结构，但我同时也发现一根竹棍对幼儿来说还是太难，幼儿关注了道具就很难关注音乐，就又减掉了一根竹棍，将使用一根竹棍造型改成了徒手用两只手掌变鼓的造型动作。第三次试教的时候我发现虽然音乐的长短适合幼儿，但在 B 段用两只手掌变造型时，幼儿往往只关注两只手掌的创意造型，而忽视了对音乐的感受。而在感受音乐阶段，我们设计的动作是要帮助幼儿理解音乐的。于是我又再一次做了减法，将 B 段的两只手掌的造型动作变成了使用一只手掌造型。在一次次的试教过程中，我不断地观察音乐和动作是否适合本阶段幼儿的实际水平，进行一次次的调整，直到适合为止。

当完成动作演变后，我们要设计循序渐进的创造环节，让幼儿从模仿开始，从简单创造到复杂的创造，层层递进，环环相扣，让幼儿在每一个环节中都体验创造的快乐！

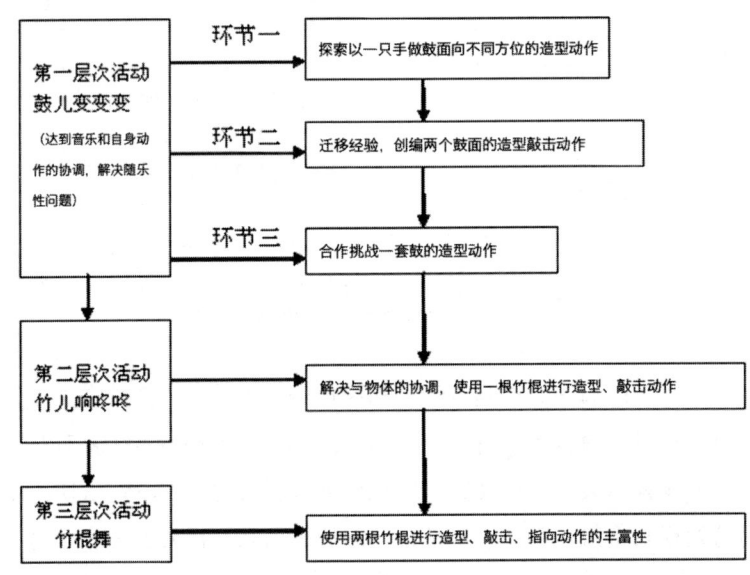

（三）根据音乐材料创造

在原创过程中我希望将更多的优秀作品带给幼儿，笔者尝试用非常具有审美价值的西方古典音乐、经典名曲片段作为音乐素材，但经典名曲仅仅是乐曲，没有可供参考的韵律动作，这给原创音乐活动设计提出了更高的挑战。由于经典名曲不是专门为幼儿园音乐教学服务的，作品的长度往往超出幼儿的生理舒适范围，但是通过剪辑又会破坏原乐曲本身的流畅性和审美性，那么如何在音乐的长度和幼儿的生理耐受性之间寻找一个适宜的平衡点呢？整个幼儿阶段是感知运动思维阶段，为了降低幼儿的认知难度，我们必须为音乐设计动作，帮助幼儿理解音乐，审美流畅性是在认知负担较轻的情况下才能感受得到的，为了避免音乐过长增加幼儿的记忆负担，这就需要我们设计的动作非常简单，但简单无意义的动作不被幼儿所喜欢，所以我们从幼儿的需要出发，为这些动作创设有趣的故事情境，故事的结构符合音乐的结构，同时符合孩子的故事趣味。这样才会让孩子带着积极的情绪感受音乐。下面以《化石》为例，谈谈根据音乐材料直接创造的过程。

音乐《化石》选自圣－桑作曲的经典世界名曲《动物狂欢节》，该乐曲为ABACA回旋曲结构。《化石》A段急促活泼的木琴敲击声就好像是手指在弹奏，我们就根据音乐的节奏设计了弹奏动作，B段乐曲犹如在点指，设计了点指动作，C段乐曲相对比较自由，犹如身体在舒展地动起来，设计了苏醒动作。我们根据幼儿的思维特点、兴趣出发点，结合音乐的风格与结构来设计故事。幼儿对"化石"的理解和我们成人对"化石"的理解是不一样的，通过和幼儿对话，了解到孩子是怎样理解将石头化开的过程的，结合音乐我的脑子里逐渐浮现了石头被弹奏、被手指点后开始化开的情景。那么怎样让故事变得有趣、让孩子们喜欢呢？根据幼儿的泛灵心理，我们要将石头拟人化，让它变得形象、有趣，《化石》的音乐幽灵般的意境，与孩子们喜欢的魔仙形象很吻合。如果这些石头都是活生生的人被施了魔法后的石头雕像，魔仙通过弹奏法、点指法将他们解救、复活、孩子们一定喜欢。为了创设更有趣生动的故事情境，我提取了童话故事里孩子喜欢的一些元素，将故事情景进一步渲染：在很久很以前，有位国王有许多位活泼可爱的王子和公主，有一天，一个坏心肠的巫婆用魔法把他们变成了石头雕像，一动也不能动了，国王非常伤心，每天都在想办法解救王子和公主。终于有一天，国王感动了天上的魔仙，魔仙有两种神奇的魔法，一种是弹奏法，一种是点指法，音乐里说的就是魔仙使用弹奏法、点指法解救王子和公主，使雕像复活的故事。

要逐渐建立起音乐和故事的匹配度，根据幼儿的需要，抓住动作的主要特点来设计活动，原创的活动不是一次完成的，是在自己不断努力以及研究团队的共同支持下，在不断思考、打磨、验证中不断完善的。

从模仿到改编再到原创的每一阶段并非相互独立，每一个阶段的发展和过渡都是建立在前期的经验积累上，并不断促进自我专业的发展。教师只有主动地不断地将理论联系实际，根据教师自己的最近发展区，不断地挑战自我，才能获得教学的自我效能感，体验专业成长的快乐！

参考文献：

［1］许卓娅. 韵律活动［M］. 南京：南京师范大学出版社,2002.

［2］皮连生. 教育心理学［M］. 上海：上海教育出版社,2004.

［3］陈静奋. 观察－模仿学习促我成长［J］. 幼儿教育,2013(3).

［4］李林曦. 幼儿园音乐教育活动中教师教学行为研究——以K市幼儿园教师为例［D］. 重庆：西南大学,2013.

［5］孟昱."变奏"应用于幼儿园音乐教育的理论思考与实践探索［D］. 北京：首都师范大学,2013.

［6］金鑫. 幼儿园音乐教学活动中教师音乐素材选用的调查研究［D］. 南京：南京师范大学,2014.

部分内容刊登于《幼儿教育》2013年第3期。

追求一个更好的自己

在幼儿教育事业这条道路上，我全身心投入其中，将爱化作呵护，用音乐感召孩子，在探索最适合孩子发展的教育方法上从未停歇，在追求一个更好的自己的道路上从未止步。在音乐教育领域中，我在从模仿到原创的路上越走越坚定。如今，我创编的"魔仙的指法""真假美猴王"等已成为幼儿韵律活动的经典课例。在良师益友的帮助下，我逐渐成为一名研究型教师，面向未来，我需要更了解幼儿的心理，更有专业素养。

在模仿中追寻趣味

在幼儿园里，常有孩子问我："颜老师，我们今天玩音乐吗？""玩音乐"是我想传达给孩子们的感受。这缘于我爱孩子，爱幼儿教育，所以才会穷心于斯，醉心于探索。爱是我成长的根本动力。在音乐活动中，我以饱满的热情投入教学，用自己的激情感染幼儿。在编唱歌曲和韵律活动中，我会鼓励幼儿尽情发挥想象，培养幼儿敢想、敢说、敢做的意识。就像浙江省特级教师王芳说的："她以自己的方式在各种形式的'玩'中让孩子感受音乐的节拍与旋律，理解音乐的要素，享受创造的快乐。"

我认为，仅仅把音乐放给孩子们听，他们无法产生共鸣。教育的最高境界是让孩子在不知不觉中学习。我将音乐变成了动作，变成了故事，音乐活动成了音乐故事，孩子们通过动作将自己的感受表现出来，这样的音乐活动好玩极了。就这样，我找到了一条可以让孩子在"玩中学"的音乐教育之路,在这背后是一条长长的探索之路。"快乐皮影人""敲敲乐""魔仙的指法""真假美猴王""彩虹鱼找朋友"是这条路上的里程碑,是我努力追求最好的幼儿音乐教育的见证。

2001年,是我做幼儿教师的第八年,这一年,《幼儿园教育指导纲要(试行)》颁布,新理念如何落实成为新老教师不得不思考的问题。我主动找来大量的经典教学案例进行分析。我认为,了解不同年龄段幼儿韵律活动的组织形式、基本流程、空间位置安排、重难点,以及在组织教学过程中注意教师的语令、提问和回应策略,十分重要。通过对这些活动的模仿,我熟悉了选择不同年龄段幼儿音乐的标准、课堂教学情绪的调控、教学技巧、方法和策略,也更理解活动的内涵了。

如今,已是骨干教师的我,依旧坚持不懈地在学习。将学习进行到底,是我的成长经验,她带来一次又一次的模仿,一次又一次的成长。我的幼儿韵律活动设计、组织策划能力以及对幼儿学习经验的把握能力都在不断地提升。

在创新中探索成功

2006年,我组织的"快乐皮影人"得到了很多专家学者的肯定。这标志着我不再亦步亦趋地模仿,标志着我在创造性韵律活动研究上有了新的突破。从对春晚舞蹈"俏夕阳"的改编开始,我推开了幼儿创造性韵律活动研究的大门,作为教师的生命再次蜕变,站上了更高、更大的舞台,先后创编了"敲敲乐""魔仙的指法""真假美猴王"等具有典范意义的课例,成为各地教师竞相学习的典范。

在开始原创阶段,我敏锐地从生活里抓取所需要的创新元素,有目的地观看各种各样的舞蹈视频和音乐素材,并将它们加入到我的音乐资料库里。

经典音乐对培养幼儿的审美情趣有着重要的意义。在创作"魔仙的指法"活动时,我对圣-桑的音乐作品《动物狂欢节·化石》片段进行了多次剪辑和调整，发现始终难以保持音乐的完整性和审美的流畅性，因此我放弃了修改，而是直接使用。孩子们欣赏完音乐之后会如何表达自己的感受呢？我苦苦思索，再次从春晚找到了灵感。2012年春晚上杨丽萍表演的《雀之恋》点醒了我，我又从当年她和小彩旗合作的《春》中得到了启发：指尖弹奏的动作很适合幼儿表现和创造。于是我设计了与音乐节奏和风格相吻合的有趣的故事——魔仙通过弹奏、点指解救王子和公主。一节生动又好玩的原创韵律活动就这样诞生了，并获得了全国幼儿园音乐教育研讨会研究成果一等奖，成为经典课例。

从模仿到原创，是学习成长的过程，更是我不断追求一个更好的自己的过程。近年来，我的集体教学活动设计连续四届获得全国优秀研究成果一等奖，课程光盘面向全国发行，在全国范围内公开教学近80余次；经我指导的30多位骨干教师在全国范围内展示并获奖近70余次，在全国优秀教案评比中，获得一项一等奖、三项二等奖和五项三等奖。我还参与了华东师范大学出版的《幼儿园建构式课程》的编写，并拍摄了50多个配套微课视频。此外，我以"幼儿园游戏化音乐教学研究""多元文化视野下的集体舞教学""原创韵律活动三部曲"为题，在上海、银川、咸阳、成都等全国30多个城市进行了100多次讲座。

在良师益友的指引下成长

我从小喜欢跳舞和唱歌，幸运地被浙江幼儿师范学校老师，也就是我后来的班主任黎安林老师破格录取。1993年，我幼师毕业，被分配到杭州一所部队幼儿园担任教师。我当时想的就是把我学到的本领用好，当一个好老师。现在我已经做到了，我正在向更高的方向奔去。

在部队幼儿园的十年，我充满阳光，朝气蓬勃，走路总是唱唱跳跳，连教孩子良好生活习惯的内容都被我编成了好听的歌曲。为了提高自己的演讲水平，我主动到园外请老师辅导；为了提升自己的歌唱感染力，我主动请教别人……我总是在不断地主动靠近成长的阳光,抓住一切可提升自己的机会。在部队幼儿园时,我就以创编能力强而出名,先后独立编导了童话剧"小熊变了",集本地方言、歌唱、舞蹈为一体的音乐剧"狐狸和小鸡",以及幼儿舞蹈"可爱的小鸡""动物游戏舞"。这是我能在幼儿韵律活动研究领域不断推陈出新的基础。

人的成长需要主动出击,而不是被动地等待阳光和雨露。只有主动的人才能够抓住机会,实现飞跃。2009年,我主动申请到南京师范大学访学,成了南京师范大学许卓娅教授的学生。在这里,我真正地实现了理论和实践的对接。理论如何落地这个困扰了我许久的问题终于解决了,更重要的是,我学到了如何了解孩子、观察孩子,根据孩子已有的经验调整和组织教学。

许卓娅教授还经常约我参加在南京市举办的教研活动,以及全国各地甚至是国际上举行的音乐研讨会等,在此期间,我还参与了一些活动的设计、组织等,令我获益匪浅。

同年,我有幸成为杭州市学科带头人培养对象,期间实践导师杨蓉对我的教学活动进行了认真的指导,也为我搭建了许多展示的平台。

2015年我加入汪劲秋名师网络工作室,汪劲秋导师从教学、科研甚至是生活上都给了我很多智慧的点拨。

浙派名导师王春燕更是对我的课题《多彩光谱 多元表现——幼儿园韵律活动的实践研究》做了精心的指导,开题报告、中期检查以及结题报告都严格把关,并耐心指导我完成书稿。

感谢教育路上给予我帮助、支持、引领的项海刚、周文敏、谢晓瑛等领导以及朱丽丽、杜悦艳、虞莉莉、傅蕴慧、黎安林、武建芬、王秀萍、陈宴、沈颖洁、张群、俞晓枫、沈杭凯等众多专家、教授;同时感谢研究团队陈波、安西平、吴吉琴等小伙伴们给我带来的启发和思考;更要感谢我的父母、爱人和女儿对我工作的大力支持,是他们在家庭中的默默付出,才能让我静心研究和成长。

"魔仙的指法"还在继续。孩子们刚刚苏醒的躯体,缓慢地舒展着,每个造型都是孩子对音乐的理解,是他们心灵的自由飞翔。

当音乐再次响起的时候,孩子们和台下观摩的老师们加入了狂欢的行列，游戏达到了高潮……这就是我希望达到的教与学的状态吧！

如果要说我有目标的话，那就是浙江省特级教师朱静怡老师。朱老师对幼儿的心理把握，对孩子的那份尊重，是值得我永远学习的。

做一个好老师，成就一个更好的自己，我正在努力前行。

图书在版编目（CIP）数据

多彩光谱　多元表现：幼儿园韵律活动的实践研究 / 颜瑶卿著 . —— 北京：华夏出版社，2017.11

ISBN 978-7-5080-9338-3

Ⅰ.①多… Ⅱ.①颜… Ⅲ.①学前教育 – 教学参考资料 Ⅳ.① G613

中国版本图书馆 CIP 数据核字（2017）第 255855 号

多彩光谱　多元表现——幼儿园韵律活动的实践研究

作　　者	颜瑶卿
责任编辑	丁晓黎
封面设计	汪佳卉

出版发行	华夏出版社
经　　销	新华书店
印　　刷	三河市少明印务有限公司
装　　订	三河市少明印务有限公司
版　　次	2017 年 11 月北京第 1 版 2017 年 11 月北京第 1 次
开　　本	720×1030　1/16 开
印　　张	19.25
字　　数	277 千字
定　　价	52.00 元

华夏出版社　　地址：北京市东直门外香河园北里 4 号　　邮编：100028
　　　　　　　网址：www.hxph.com.cn　　电话：（010）64618981
若发现本版图书有印装质量问题，请与我社联系调换。